KIDNAPPING

DU MÊME AUTEUR

Aux Éditions Fayard

Flic Story (porté à l'écran avec Alain Delon et Jean-Louis Trintignant).

René la Canne (porté à l'écran avec Gérard Depardieu, Michel Piccoli et Sylvia Kristel).

Le Gang (porté à l'écran avec Alain Delon et Nicole Calfan).

Aux Éditions Grasset

Le Play-Boy.

L'Indic (porté à l'écran avec Daniel Auteuil et Thierry Lhermitte).

L'Archange.

Le Ricain.

Le Gringo.

Le Maltais.

Le Tigre.

Le Boss.

Vol d'un nid de bijoux.

L'Affaire de la Môme Moineau.

Le Coréen.

Aux Presses de la Cité

La Filière.

La Cible.

Roger Borniche

KIDNAPPING

Roman

PRESSES DE LA CITÉ

ISBN 2-258-03238-5

« HAVE YOU SEEN ME ? » « M'AVEZ-VOUS VU ? »

Le kidnapping est un crime sans excuse.

Chaque jour, le Centre National Américain des Enfants Disparus distribue cet avis de recherches dans les boîtes à lettres dans l'espoir de retrouver un de ces garçonnets, une de ces fillettes, dont beaucoup sont livrés à des dépravés sexuels.

« HAVE YOU SEEN ME ? » « M'AVEZ-VOUS VU ? »

Les États-Unis vous attirent, avec leurs parcs naturels grandioses, leur Disneyland californien ou leur Disneyworld floridien, leurs impressionnantes présentations de dauphins dressés de Miami ou de San Diego. C'est le royaume des enfants.

Ne les perdez jamais de vue, ces enfants.

Vous pourriez le regretter.

« HAVE YOU SEEN ME ? » « M'AVEZ-VOUS VU ? »

Le corps gît au creux d'un canyon, recroquevillé, les mains plaquées contre les oreilles. A croire que la gamine n'a pas voulu entendre les détonations, comme si le silence pouvait la protéger. La première balle, elle l'a reçue dans le genou. La deuxième, dans la cuisse. Sa jupe, déchirée, est maculée de sang. La troisième balle a perforé la gorge, et la dernière, par la bouche, a fait exploser la nuque. Les yeux agrandis révèlent l'horreur d'un supplice que la mort même n'a pu gommer.

Pensif, le sergent Bill « Pumpkin » Franklin, du Los Angeles Police Department, contemple la scène avec écœurement, lorsque la voix de l'agent Scaglia le fait sursauter :

– J'ai ratissé partout, mon vieux. Pas la moindre douille. Ces salauds ont dû les ramasser avant de foutre le camp. Quel gâchis ! Une môme de huit ans...

Les yeux bleus de Bill Franklin se sont rétrécis de part et d'autre du nez en pied de marmite. Il tourne la tête, considère son adjoint d'un air consterné.

– Oui, Victor, souffle-t-il, pour du gâchis, c'est du gâchis. Ils l'ont tirée comme un lapin, la gosse. Massacrée. N'empêche : trois trucidées en moins d'un mois, ça commence à bien faire !

LEVER DE RIDEAU

1

31 octobre, 16 heures, Los Angeles.

Le vent du sud a chassé le fog vers les Santa Ana Mountains. En cette dernière journée d'octobre, le soleil frappe les collines de Hollywood avant de rebondir sur le Pacifique en éclats aveuglants. Dans un ciel sans nuage, les longues traînées blanches des jets se resserrent à l'approche de l'aéroport.

Indifférent au spectacle, Pablo Mendoza ralentit dès que les feux de Fairfax Avenue passent au jaune, d'autant plus respectueux du code que la Dodge Caravan, « empruntée » la veille à un restaurateur de Sunset Plaza, navigue sous le couvert de fausses plaques.

– Tu as vu, Pablito, là-bas dans le coin ? murmure Aurora, son aînée de huit ans, désignant du menton une voiture dissimulée dans un renfoncement de Blackburn.

Un coup d'œil suffit à Mendoza pour reconnaître la Chevrolet à capot et coffre noirs du LAPD, le Los Angeles Police Departement. Il ramène sur ses yeux les Ray-Ban qui cernaient comme une tiare son crâne chauve, luisant de sueur, se tourne vers sa sœur assise à côté de lui, maugrée :

– Bien sûr que j'ai vu. Mais mon nom est Pablo, pas Pablito.

Aurora hoche la tête. C'est une vieille plaisanterie entre le frère et la sœur. Mendoza répète toujours avec véhémence qu'il mesure un mètre cinquante-neuf, mais Aurora sait qu'il doit bon nombre de centimètres à ses bottes aux talons démesurés, souvenir du temps où les Mexicains s'enorgueillissaient d'éperons du diamètre d'une soucoupe.

Il en possède une impressionnante collection, Pablo ! De tous les cuirs, de toutes les couleurs, de toutes les formes. Les unes à la tige ornée d'incrustations, d'autres à l'empeigne gaufrée, d'autres, plus délicates, à retroussis de soie. Pourtant la paire qu'il vénère, en crocodile naturel, il l'a achetée une petite fortune à un ancien pistolero de Pasadena. Il ne la sort que dans les grandes occasions, comme les soirées folkloriques à l'Old Plaza, où les trompettes et les guitares se déchaînent sur les airs du pays. Les bottes aux écailles lustrées complètent le pantalon noir ajusté sous le boléro, le sombrero géant et la lavallière en proportion dont il s'affuble pour la circonstance. Il ne lui manque, pour concurrencer le pittoresque costume d'opérette des musiciens ambulants, que les dorures de fantaisie et la quincaillerie qui scintille et cliquette lors de leurs sérénades.

Malgré tout cet attirail, Pablo n'est cependant jamais parvenu à être, aux yeux de l'impitoyable Aurora, que Pablito, le petit frère...

– Démarre ! ordonne-t-elle d'un ton brusque.

Comme d'habitude, elle fait la gueule, Aurora, longue perche de trente-trois ans dont le visage anguleux, aux oreilles décollées et aux lèvres minces, est couronné de cheveux noirs taillés à la garçonne. Une silhouette sèche, où l'on chercherait en vain le relief d'un sein ou d'une fesse. Par contraste, le minuscule Pablo, tout rond, dont la calvitie et la face lunaire respirent une jovialité vulgaire, semblerait plutôt sympathique.

Quoi qu'il en soit, ces deux êtres disgraciés ont reçu en partage un quotient intellectuel au-dessus de la moyenne. Immigrés clandestins, ils ont axé leur vie sur la débrouillardise, le trafic et le vol. C'est le lot de nombre de leurs compatriotes qui cherchent un bon job et que la police américaine tente vainement de refouler.

La Dodge vire à gauche sur Third Road Street, aborde à faible allure la rampe du Farmer's Market, le centre commercial attractif et coloré de Los Angeles.

– Il y en a du monde, aujourd'hui ! dit Pablo en découvrant les parkings bondés. Comment veux-tu qu'on se trouve une place là-dedans ?

Aurora lève les yeux au ciel, excédée.

– Tu m'emmerdes à te plaindre tout le temps, Pablito ! Tu ne comprendras donc jamais que la foule nous sert ? Rappelle-toi dimanche dernier à Disneyland... Pas vrai, Jesus ?

A l'arrière de la voiture, recroquevillé sur la banquette, Jesus Morales murmure « Ouais, ouais », une bonne fois pour toutes d'accord avec tout ce qu'énonce la Mexicaine.

Ce n'est pas un dur, Jesus. Les yeux fiévreux, son visage basané constellé de gouttelettes de transpiration, il est dans l'incapacité de proférer une parole avant l'action. Il voit Aurora hausser les épaules et il maudit une fois de plus le jour où Koo, sa petite amie de Chinatown, lui avait présenté Pablo Mendoza.

La Dodge glisse, silencieuse, sur l'aire cimentée. Ce qui n'était, à la fin des années trente, qu'un terrain vague où des fermiers proposaient au public les produits de leur terre est devenu un immense complexe commercial surmonté d'un faux clocher à croisillons, situé entre Santa Monica et Wilshire Boulevard, deux des artères les plus animées de LA.

Jesus Morales a momentanément secoué sa torpeur, et balayé les conseils de prudence de Koo la Chinoise. Il écarte le rideau de la vitre, stupéfait du toho-bohu du Farmer's Market. Jamais il n'a vu un tel nombre de véhicules à la recherche d'une place, tentant de se frayer un chemin dans la foule à force de vrombissements de moteurs et de coups de klaxon impératifs, si une telle cohue d'adultes et d'enfants dont un grand nombre, curieusement, portent des déguisements ou des masques macabres.

– C'est à vous flanquer la frousse ces masques et ces tenues de macchabée, dit-il. C'est comme ces potirons creux, avec des yeux, des trous de nez et une bouche aussi large que celle d'un gugusse, ça veut dire quoi ?

Aurora se retourne vers lui :

– *Calmate, hombre !* Pas d'affolement !... C'est Halloween ! Les Gringos tiennent ça des Irlandais qui se déguisaient la veille de la Toussaint. Ils avaient le goût du morbide et de la mascarade, en ce temps-là. La coutume est restée. Halloween est la fête des spectres, des revenants et des fantômes. C'est aussi celle des mômes à qui on colle des masques sur le mufle et qui s'en vont sonner aux portes pour récolter du fric. Quant à l'éclosion des potirons, elle marque la fin des beaux jours... Oh, Pablito ! Vise la Toyota qui dégage la piste devant le clocher. Prends sa place avant qu'on nous la pique ! On a du pot, c'est à la sortie sur Fairfax. On pourra déménager vite, comme tu voulais.

Élisabeth Tucson aborde sa trente-quatrième année avec une silhouette d'adolescente. Elle peut passer pour la grande sœur de Patricia, sa fille, une Lolita de dix ans dont les longs cheveux blonds soulignent le charme acide.

Élisabeth vient de garer sa Mercury près de la librairie Dalton lorsqu'un escogriffe décharné, le visage enfariné à demi caché par un loup aussi noir que son chapeau conique de sorcier, surgit devant elle, les guirlandes d'argent de son masque scintillant dans le soleil. Patricia demeure bouche bée. Drapé dans une cape doublée de soie rouge, l'homme éclate de rire, se met à haranguer les badauds agglutinés au pied d'une pyramide de citrouilles évidées. De sa canne à pommeau de plomb, il désigne un potiron qu'une bougie éclaire de l'intérieur, décrit des arabesques qui sont autant de signes cabalistiques.

– Qu'est-ce qu'il fait, maman, ce bonhomme ?

– C'est un sorcier, chérie. Il invoque les morts. Il appelle les esprits du mal. Mais c'est du cinéma. Demain, il aura oublié son pacte avec le diable, et retournera au travail, comme tout le monde.

Patricia tortille dans sa main fine une mèche de ses cheveux, esquissant une moue perplexe.

– Ça veut dire quoi, un pacte ?

– C'est lorsqu'un être agit en plein accord avec un autre, comme s'ils ne faisaient plus qu'une seule et même personne... Tu comprends ?

Patricia agite plusieurs fois la tête, en silence, puis :

– Avant que papa nous quitte, tu pactisais avec lui, alors ?

Élisabeth ne répond pas. Sans doute un jour sa fille comprendra-t-elle...

– Tu sais ce qu'on va faire, ma grande ? dit-elle la main sur la poignée de la portière. On achète les fruits et les légumes pour la semaine. Après, je t'emmène à la ménagerie des enfants te montrer les chevreaux, les agneaux et les canards... Il y a même un lama du Mexique !

Patricia ne peut retenir une moue désapprobatrice :

– J'aimerais mieux y aller tout de suite, pendant

que tu fais les courses... Mais avant tu m'achètes un masque, un vilain, que je mettrai pour faire peur à tante Lucianna, d'accord?

– Il y a longtemps que Lucianna ne croit plus aux fantômes, tu sais...

– Ça ne fait rien. Je lui ferai peur quand même. Elle n'est pas assez gentille avec moi quand papa lui demande de me garder.

Élisabeth sort de voiture, s'efforçant de sourire. A son tour, Patricia se glisse hors de l'habitacle, entoure de ses bras la taille de sa mère, se hausse pour l'embrasser.

– D'accord, maman? On l'achète, le Frankenstein?

Le temps est suspendu, une seconde. C'était John, qui, au carnaval de Nice, lui avait plaqué un masque sur la figure... Élisabeth évoque son espoir perdu. Elle y avait cru, à l'amour. Elle n'avait pas suivi les conseils de son père, médecin à Aix-en-Provence, qui la mettait en garde contre l'avocat américain épris des paysages de Cézanne. Elle avait été assez naïve pour le suivre au bout du monde, dans cette ville-pieuvre de Los Angeles dont les sismologues prédisent la disparition brutale dans les années à venir. Ils avaient été complices, un certain temps... Patricia était née. Puis la mésentente avait rongé le couple, comme une lèpre. Élisabeth, trompée, humiliée, avait dû se résoudre à divorcer de l'attorney John Tucson, conseiller de puissantes compagnies de pétrole, membre éminent de la Jet Society californienne. Cinq ans après la naissance de Patricia, Tucson s'était amouraché d'une actrice alcoolique, un sosie de Marilyn Monroe. Élisabeth avalait les couleuvres, pour conserver, tant bien que mal, un foyer pour sa fille. Trois années d'efforts pour aboutir au désastre. La fausse Marilyn avait gagné. Tucson, la mâchoire crispée, avait, devant les œufs au bacon de son breakfast, annoncé sa décision.

– Pat a huit ans. Pour l'instant, il vaut mieux qu'elle vive avec toi. Après, j'aviserai.

Sous le masque de Mickey qui le fait transpirer, un mini-écouteur dans l'oreille, relié au talkie-walkie dissimulé sous sa chemisette de lin, Jesus Morales a peur. Il a pris position devant le zoo miniature *The Great America,* à la place qu'Aurora lui a désignée, guettant une proie...

« Koo avait raison, pense-t-il de nouveau. Jamais je n'aurai dû me laisser embarquer là-dedans ! »

Le zoo a installé son chapiteau en forme de pyramide tronquée à quelques mètres de Dalton Booksellers, à mi-distance entre le clocher et le centre commercial, dans la zone de plein air où la foule joue des coudes et s'écrase les pieds pour caresser les animaux.

Oui, il a peur, Jesus, dans ce décor pourtant bon enfant, rassurant. Pablo, lui, ne risque pas grand-chose, assis au volant de la Dodge. Aurora non plus, dans son rôle de suiveuse. Mais lui, Jesus Morales, est en première ligne pour porter le chapeau si les choses tournent mal !

Suffoqué de chaleur dans son accoutrement de dessin animé, Jesus s'est senti en danger depuis le début de l'opération. Il détaille, l'un après l'autre, les flâneurs qui s'arrêtent devant lui pour rire de son masque de Mickey. Quand il a abandonné la coque protectrice de la Dodge, l'attitude anodine d'un gros barbu s'est transformée en menace. Tout à l'heure, il ne se serait pas inquiété du ronronnement de la caméra vidéo qui s'est braquée sur lui. Maintenant, le bourdonnement l'exaspère.

L'amateur-cinéaste à la barbe baba-cool n'est pas agressif. Mais Jesus, comme surpris en flagrant délit, se détourne, s'éloigne... Et si ce cameraman débonnaire appartenait au service de sécurité ? Il joue bien les Mickey, lui, avec ses grandes oreilles rondes, dans sa défroque blanche, rouge et noire ! Une idée d'Aurora, dont la voix sèche fait vibrer l'écouteur alors qu'il reprend ses esprits sous le toit en auvent du mini-drugstore :

– Qu'est-ce que tu fous, connard ?

Jesus avale sa salive, électrifié par la voix brutale de la Mexicaine. Elle a l'œil à tout, celle-là ! Il inspecte les alentours d'un air circonspect, revient à sa place initiale en gesticulant des bras et des jambes. Il n'a pas, lui, de micro pour répondre.

– Ne bouge pas d'où tu es, poursuit la voix. Une brune, petite, en tee-shirt et jean noirs, conduit sa gosse vers toi. La môme peut avoir dix ans. Blonde, avec une jupe plissée bleu marine et un masque de Frankenstein à la main. Vu ?

L'œil de Jesus n'a aucune peine à se fixer sur la gamine qui joue des coudes pour se faufiler dans sa direction. La voix d'Aurora résonne, aussi inhumaine que le timbre métallique d'un robot :

– Elle va la coller au zoo pendant qu'elle fait ses courses. Elle a sorti un caddie pliant de sa bagnole...

Le clignotement subit d'un néon, derrière lui, hache la fin de la phrase d'un grésillement de parasites :

– ... Du cousu main. Elle en a pour un bon quart d'heure, minimum. Quand les gamins sont au milieu de ces bestioles, ils ne veulent plus sortir. Je la suis, à toi de jouer.

Du cousu main ! Ils en ont de bonnes, les Mendoza, avec leurs formules à l'emporte-pièce ! Koo, la veille, était loin d'être de cet avis. Allongée sur une natte de raphia, les mains sous la nuque, elle semblait plongée dans un abîme de réflexion, le regard fixé sur le plafond écaillé. Jesus s'était approché, avait glissé une main dans l'échancrure du kimono entrouvert sur les seins menus.

– A quoi penses-tu ?

– Aux histoires qui vont t'arriver, Jesus ! Ça ne me plaît pas beaucoup que tu t'embarques comme ça avec Pablo. Encore moins avec sa sœur. Si j'avais su que les choses se dérouleraient comme ça, je ne t'aurais pas présenté à ces Mendoza de malheur !

Jesus avait ressenti un frisson désagréable. Depuis sa rencontre avec Pablo, la frayeur le surprenait, à n'importe quelle heure du jour ou de la nuit. Et voilà que Koo, qui était à l'origine de cette association, lui demandait de la rompre !

Il avait caressé les seins qui durcissaient sous sa paume avant de demander :

– Pourquoi dis-tu ça ?

Elle s'était soulevée sur un coude, ses yeux noirs rivés à ceux du Mexicain. Avait-elle eu vent de leur dernier projet ?

Au début, Jesus se bornait à faire le guet quand le frère et la sœur Mendoza cambriolaient les villas de Beverly Hills et de Malibu. Pablo excellait dans l'art de museler les systèmes d'alarme... Puis étaient venus les premiers rapts d'enfants.

– Pourquoi je dis ça ? Parce que je sens que tu montes d'un cran dans l'escalade. Je ne suis pas idiote... La cagnotte, sous l'évier, s'arrondit un peu plus à chacune de tes sorties. J'ai peur que tu ailles trop loin, c'est tout.

Morales avait observé le visage de porcelaine, sans pouvoir se rendre compte si Koo avait compris.

Pablo avait été catégorique :

– Terminé, la cambriole, *chico !* Ma sœur a rencontré un gars, l'autre jour, un pourri qui nous a branchés sur une combine pas croyable. Dix fois moins de risques et dix fois plus de pognon qu'avec les casses. Si tu veux, je t'en fais croquer...

– C'est quoi, sa combine ?

Pablo avait marqué un temps d'hésitation, une réticence.

– *Ninos, amigo !* Les mômes !

– Les mômes ? Explique, Pablo ! Des enlèvements d'enfants, c'est ça ?

Mendoza avait éclaté de rire. Un rire forcé qui, suivi d'une forte claque sur l'épaule, avait mis Jesus mal à l'aise.

– Qu'est-ce que tu crois, *amigo ?* D'abord, ici, on ne dit pas « enlèvement ». On dit « kidnapping », ça fait plus riche. Et ce n'est pas ce que tu t'imagines. Personne ne va demander de rançon. Les petits doigts ou les oreilles coupés, les valises remplies de billets, les pièges des flics, tout ça c'est fini ! Le client d'Aurora, tout ce qu'il veut, c'est faire des photos.

– Pourquoi il aurait besoin de nous pour faire des photos ? avait objecté Morales. En Californie, ils ne demandent que ça, les parents, de vendre leurs mômes pour de la pub ou des films !

Pablo l'avait regardé avec un mépris mal déguisé :

– Oui, mais nous c'est pas pareil. On travaille dans le porno. D'après ce qu'il nous a expliqué, le boulot est simple. On livre les gosses, les plus mignons bien sûr, et le travail terminé on touche notre fric. Le reste on s'en fout. Les photos sont un peu spéciales, forcément. Entre nous, qu'est-ce qu'on en a à foutre des photos spéciales, du moment qu'on touche !

Jesus Morales avait l'esprit lent. Ce n'est que le lendemain, après avoir réfléchi toute la nuit, qu'il avait décliné l'offre de son nouvel ami.

– Comme tu veux ! s'était écrié Pablo. Mais t'es un vrai dingue. Parce qu'on ne risque rien, je te répète.

– Tout de même, avait bredouillé Morales, en se dandinant d'un pied sur l'autre. Piquer des enfants pour leur faire faire des choses...

Pablo Mendoza l'avait pris par l'épaule et attiré contre lui fraternellement :

– Écoute-moi donc, imbécile. Je vais te dire un truc que tu garderas pour toi. Aurora me boufferait les yeux si elle savait que je t'ai mis au courant. Le gars dont je t'ai parlé, le pourri, tu sais qui c'est ?

– Non.

– Un flic, *amigo* ! Un flic ! Alors !

Des dizaines d'enfants se pressent dans le zoo du *Great America*, dans un brouhaha soudainement décuplé lorsque le lama se lance avec gourmandise à la poursuite d'une jeune Noire dont les tresses, auréolées de papillotes roses, volent au vent de sa course sur un crâne transformé en échiquier.

Jesus, étouffé par son masque de Mickey, perçoit les rires, les cris. Une fois de plus, il se demande pourquoi il s'est laissé entraîner. Il demeure immobile, pris entre l'envie de déguerpir et la reconnaissance qu'il doit à Pablo. A l'homme qui, spontanément, lui a offert la table, l'argent, le gîte et Koo. Il s'y est attaché, à Koo. Comme lui, elle n'a plus ni père, ni mère. Un oncle, seulement, dont le motel, le Sun Yat-Sen Lodge de Manhattan Beach, tombe en ruine.

– Tu rêves ou quoi ?

La voix aigre d'Aurora a résonné de nouveau dans l'écouteur.

– La môme est entrée sous ton nez au zoo. Tu pouvais l'intercepter. Elle était seule, quand elle a pris son ticket à la caisse !

Jesus, plus empêtré que jamais dans son déguisement de Disneyman, opère un mouvement tournant pour s'approcher de la barrière. Dans un brouillard de sueur, il voit la gamine offrir timidement du foin à une chèvre miniature qui a mis les genoux à terre. Il n'a eu aucun mal à la repérer dans la cohue, jupe bleu marine, chemisier blanc, masque de Frankenstein à la main. De tous les enfants, c'est la plus belle, avec ses longs cheveux blonds qui lui confèrent une sensualité étrange, inattendue pour son âge.

Les propos de Pablo au sujet des photos un peu spéciales lui reviennent à l'esprit. « Des reproductions de tableaux vivants, de danses porno, d'attouchements, de caresses et même des scènes de baise, voilà ce qui intéresse la clientèle. Je vais te dire : il n'y a pas de meilleurs acteurs que les mômes. Qu'ils soient à poil ou pas, ils se prennent vite au jeu et ils en redemandent... Tu verrais ça ! »

Devant la petite fille à la jupe plissée, Jesus est pris d'une soudaine tendresse. Il a envie de la protéger. Sans la quitter des yeux, il entre dans le zoo, se fraie un passage au milieu des animaux, prend la main de l'enfant.

– Comment t'appelles-tu ?

Rieuse devant ce Mickey à la voix douce, un peu étonnée quand même, elle répond :

– Patricia. Patricia Tucson. Ma maman m'appelle Pat.

– C'est joli, Pat... Tu es déjà venue me voir à Disneyland ?

Elle hoche la tête. Réponse affimative, mais muette. Jesus se penche sur les cheveux blonds.

– Où elle est, ta maman ?

Patricia n'écoute plus Jesus-Mickey, amusée par le dandinement d'un canard qui fuit après avoir volé d'un coup de bec le morceau de pain qu'un gamin tendait à un veau blanc semé de taches rousses. Elle rit, s'apprête à suivre le canard, mais Jesus saisit son bras.

– Viens. On va aller la retrouver, ta maman, dit-il. Tu te déguises pour faire peur à tout le monde. On va drôlement s'amuser.

Les yeux bleus le fixent.

– Maman m'a dit que je l'attende ici...

Jesus serre très fort la main de la gamine.

– Oui, mais à moi elle a dit que tu aimais bien Mickey et qu'on pouvait s'amuser ensemble. Viens, je te dis, on va lui montrer comment le Frankenstein te va bien.

Pat hésite. Finalement, elle en a un peu assez, des animaux. Flanquer la frousse aux enfants sur son passage, c'est plus drôle. Autant suivre Mickey. Jesus, d'autorité, assujettit sur son visage le masque de Frankenstein et la guide à l'extérieur de l'enclos, vers le centre commercial. Il a pris sa décision : Patricia lui montrera sa mère, et il l'abandonnera près d'elle.

– Bien joué, grince la voix d'Aurora dans l'écouteur. Amène-la devant les toilettes.

Sous le faciès aux larges oreilles, les mâchoires de Morales se crispent. Comment va-t-il sortir de cette situation pourrie ?

Aurora apparaît. Sa silhouette fil de fer se découpe sur la blancheur du bloc sanitaire. Derrière elle, Pablo, le nabot gras, arbore un sourire concupiscent qui confirme le choix de Jesus. Ils ne l'auront pas, celle-là ! Qu'ils aillent au diable avec leur fric ! Il accélère le pas, tirant Patricia, bousculant au passage le cameraman barbu dont les sourcils se mettent en accent circonflexe. Les apparitions fantasmagoriques qui entourent Morales semblent agressives, soudain. La voix d'Aurora le poursuit :

– Pas par là, Jesus ! On est sur ta droite !

Jesus Morales n'entend pas. Il ne veut plus entendre. Le frère et la sœur peuvent penser ce qu'ils veulent, il ne leur livrera pas la gamine.

Patricia, docile, se laisse entraîner. Soudain, Jesus s'immobilise. Pablo fonce vers eux, de toute la vitesse de ses courtes jambes, tenant son bras le long du corps, sans parvenir tout à fait à dissimuler le couteau à cran d'arrêt qu'il serre dans son poing. A quelques mètres de Morales, il s'immobilise, se ramasse sur lui-même, les yeux fixés sur le masque de Mickey.

– Fais ce que je te dis ! ordonne dans l'écouteur la voix d'Aurora. Amène-la ici !

Patricia essaie de dégager sa main.

– Pourquoi tu me serres comme ça ?

Jesus Morales ne réagit pas. Le souffle court, il est incapable du moindre geste, les yeux fixés sur le couteau brandi par le nabot.

– Tu me laisses ? insiste Patricia en arrachant son masque. Tu me fais mal !

Il devrait la libérer, lui crier de courir vers sa mère, mais un ordre brutal jaillit à nouveau de l'écouteur :

– Devant les toilettes, j'ai dit.

Morales porte les yeux sur Pablo Mendoza, lève la main en signe d'apaisement.

« Ça va, Pablo, Ça va. Ne déconne pas. Je fais ce que dit ta sœur... » Serrant plus fort la main de Patricia, il chuchote :

– Je la vois ta maman, là-bas. On va la rejoindre pour lui faire une farce...

Patricia répond quelque chose que le Mexicain n'entend pas. Il n'entend plus rien. Il ne voit plus rien. Si ce n'est, au-delà de la foule des badauds, la silhouette maigre d'Aurora, appuyée sur le mur blanc du bloc sanitaire. Il la voit se pencher sur son sac, dans lequel grésille le talkie-walkie.

– C'est bien, Jesus. Continue comme ça ! »

Encore quelques mètres. Sous le masque, Morales ruisselle de sueur. La face rouge, les yeux brillants, il est au bord du coup de chaleur, de l'asphyxie. Sur ses tempes, des veines gonflées martèlent le rythme de sa peur. Aurora est là. Elle s'est relevée. Elle avance vers lui. Sa main se tend vers Patricia, se referme sur son bras. Les serres d'un rapace. L'enfant, meurtrie, pousse un cri.

Jesus fait demi-tour. Abandonnant sa proie aux mains de la Mexicaine, il fuit, droit devant lui.

2

31 octobre, 16 h 45, Los Angeles.

D'un coup de langue savant, le Security Guard fait basculer la boulette de chewing-gum, cent fois mastiquée, d'une joue à l'autre, ce qui transforme son visage buriné en mâchoire de Popeye. Dans la chaleur caniculaire de cette matinée, il effectue sa cinquième ronde, préférant, selon un itinéraire bien précis, le frais clair-obscur des travées à la poussière des parcs de stationnement.

Depuis trois ans, sans avoir l'air de rien, il rôde, sept jours sur sept, de 9 heures à la fermeture de 19 heures, entre les files de voitures et à l'ombre des allées du Farmer's Market. Malgré les apparences, c'est un chasseur de crânes. En l'occurrence, les têtes des jeunes chapardeurs qui arrachent les postes de radio ou ravagent les étalages. Des voleurs minables qui pourraient devenir dangereux. Des Chicanos d'East LA, le ghetto mexicain, ou sortis des baraques insalubres, bâties sur le fond asséché du lac de Texcoco, transformé en mer de poussière lors des premières chaleurs, en marécage nauséabond à la saison des pluies. Des *pistoleros* en herbe, habitués des caboulots sinistres de Downtown, spécialistes des coups tordus, dealers de PCP ou de crack, des drogues bon marché qui tuent plus sûrement qu'une balle.

Si torride qu'elle soit, la journée s'est avérée beaucoup plus calme qu'il ne le craignait. Aucune *rapina* à mettre sur le compte de voyous. Pas le moindre vol d'orange, pas la plus petite bagarre entre les bandes rivales de Burbank et de West Hollywood.

Sous le cheveu poivre et sel, coupé à la mode militaire, l'homme transpire. Dans quelques instants, il rejoindra le réduit qui lui sert de bureau, ôtera sa casquette à visière de cuir, sa vareuse ornée de l'écusson Security, quittera des brodequins qui, pour réglementaires qu'ils soient, n'en meurtrissent pas moins singulièrement les pieds. Et ce soir, comme tous les soirs, il suivra les péripéties télévisuelles, par acteurs interposés, de « Deux Flics à Miami ».

La voix puissante du haut-parleur de l'allée quatorze incite soudain le vigile à tendre l'oreille. Un second appel, plus pressant, lui ordonne de regagner d'urgence les locaux de la Sécurité.

Il hausse les épaules. Une vieille chouette qui aura sans doute perdu les clés de sa limousine... L'incident est fréquent. Pas de quoi en faire un drame. A moins qu'un voleur à la tire, profitant de la foule, ait subtilisé un porte-monnaie. C'est le coup classique. On retrouve parfois, au-dessus de la chasse d'eau des toilettes ou parmi les détritus d'une poubelle, le sac contenant les papiers d'identité. Jamais l'argent.

Affectant la démarche chaloupée du flic de série B, l'homme de la sécurité rejoint calmement son bureau. Pourquoi se presser, alors qu'il est toujours trop tard pour intervenir ?

Une jeune femme est là, devant la porte du local, nerveuse, trépignant d'impatience.

– *Hello, m'aam...*

Ses yeux abrités par des lunettes de soleil

détaillent à loisir le corps de la femme, remontent lentement jusqu'au visage. Les traits sont convulsés, les yeux implorants... C'est plus grave qu'un simple vol de portefeuille.

– *Security Guard* Morrisson, se présente-t-il d'un ton calme en ouvrant la porte de son bureau. Qu'est-ce que je peux faire pour vous ?

La femme voudrait répondre mais les phrases se bloquent dans sa gorge. La question, dans sa simplicité, a provoqué chez Élisabeth Tucson une réaction de panique.

– Ma fille... parvient-elle à dire.

Avec des gestes étudiés, tandis que son œil gris-vert détaille encore la jeune femme, le vigile se débarrasse de son Smith & Wesson qu'il range dans le tiroir central, entre une cartouche d'encre de stylo et un rouleau de scotch qui lui sert à rafistoler les pages d'un agenda trop souvent malmené.

– Qu'est-ce qu'elle a fait, votre fille ? On l'a piégée en train de piquer un cheese-cake ?

A nouveau les mâchoires se crispent. Les doigts, noués, tremblent.

– Je l'avais laissée au petit zoo... Elle a disparu !

– Si ce n'est que ça... Elle n'est sûrement pas loin. Qu'est-ce qu'ils vous ont dit, au zoo ?

– Ils ne l'ont pas remarquée ! J'ai eu beau leur fournir son signalement, leur dire qu'elle portait un masque de Frankenstein, c'est comme si je parlais dans le vide !

– Elle a dû venir à votre rencontre. Peut-être est-elle tout bonnement retournée à votre voiture ?

Élisabeth secoue la tête. Des larmes glissent sur ses joues.

– J'y ai tout de suite pensé. Mais quand j'ai remis le caddie dans ma Mercury, Patricia n'y était pas. J'ai couru comme une folle, j'ai demandé à tout le monde... Personne ne l'a vue...

L'homme garde le silence. Si vraiment la gamine a disparu, l'affaire prend des proportions qui le dépassent. Il abrite son inquiétude derrière un sourire, débite son boniment :

– Sûr qu'elle ne va pas tarder à réapparaître, votre Patricia. Je veux bien lancer un appel radio, mais je vous fiche mon billet que dans les cinq minutes elle est là ! Le Farmer's Market, ce n'est pas le désert de la mort, quand même...

Il s'en veut aussitôt de sa remarque mal venue, toussote :

– Et puis, qui vous dit qu'elle n'a pas rejoint votre mari ?

– Je n'ai pas de mari. Je suis divorcée et le père de Patricia a d'autres occupations que de venir faire des courses ici...

Morrisson se dresse, les mains appuyées sur le bureau de métal laqué :

– J'en sais rien. Il aurait pu faire une visite-surprise à sa fille... J'en ai tellement vu, dans mes enquêtes, des choses bizarres ! Il s'appelle comment, votre... ex-mari ?

– Tucson. John Tucson, l'attorney...

– Vous êtes la femme de l'avocat Tucson ?

– J'étais, rectifie Élisabeth.

– Raison de plus pour vous épauler le plus possible. Je lance mon appel, et si elle n'est pas là dans cinq minutes, je préviens mes collègues du LAPD, OK ? Mais entre nous, je reste persuadé qu'elle n'est pas loin, votre Patricia !

Il fonce, Jesus Morales, tête baissée, laissant derrière lui un sillage de rires. Les badauds, amusés, s'écartent devant ce Mickey qui les bouscule, les oreilles au vent, le nœud papillon de travers, les pans de la redingote virevoltant au rythme de sa course effrénée. Ses chaussures démesurées heurtent des obstacles, menaçant à chaque instant de lui faire perdre l'équilibre. Il file vers Third Road Street, loin du parking, loin de Pablo et d'Aurora, loin de la petite fille qu'il vient de leur livrer. La tête et les poumons en feu, les muscles douloureux, inondé d'une sueur froide, il maintient l'allure avec l'énergie du désespoir.

Voici Third Road Street. Jesus traverse en catastrophe les colonnes de voitures stoppées au feu rouge de Fairfax, au moment où les haut-parleurs du Farmer's Market lancent l'appel pour Patricia Tucson.

La panique. Il manque le trottoir opposé, s'étale de tout son long. Le choc a fait rouler la tête de Mickey à trois mètres. Les yeux arrondis d'un enfant le regardent, derrière la glace d'une limousine. Jesus se relève avec peine, tâche de reprendre son souffle, quand le hululement d'une voiture de police le cloue sur place. Haletant, il ferme les yeux, les rouvre, s'agrippe à un poteau de ciment pour reprendre haleine. La Chevrolet au gyrophare tricolore coupe et remonte Fairfax, là-bas, à vive allure. Elle n'est pas pour lui.

Patricia lutte pour garder les yeux ouverts. Elle ne ressent plus qu'une agréable sensation de fatigue. Son regard embrumé flotte sur le plafond carrelé d'une pièce qu'elle ne connaît pas, passe sans s'arrêter sur les visages fiévreux d'un homme tout rond et d'une femme maigre, sèche, qui ne cesse de marmonner en espagnol... Laurel et Hardy. Patricia, amusée par cette ressemblance, est prise d'un rire nerveux.

– Qu'est-ce qu'elle a ? chuchote Pablo. Elle va bien, ou quoi ?

– Ta gueule, c'est la piqûre ! gronde Aurora sans lever les yeux, tout entière à sa tâche. Passe-moi plutôt la robe !

Patricia est soutenue par les aisselles. Sa tête bascule, son regard se fixe sur le visage tout proche de Pablo. L'homme transpire. Une mouche s'est posée sur le sommet de son crâne, buvant sa sueur. Les mains fébriles d'Aurora déboutonnent sa jupe, la font glisser sur ses hanches.

Patricia se révolte. Elle crie de honte. De peur, aussi.

– Fais-la taire !

La main de Pablo écrase la bouche de l'enfant. Les paumes au goût salé provoquent une nausée.

– Elle ne va pas dégueuler, quand même ! dit Aurora. File-moi donc un coup de main. On lui colle la perruque et on se tire.

Les doigts rêches de la Mexicaine enserrent les joues de la petite fille, bloquant sa tête tandis que Pablo la coiffe d'un court postiche brun. Patricia ne réagit plus.

Dans une semi-inconscience, elle voit la porte des toilettes s'ouvrir et la femme se glisser au-dehors. Les minutes s'écoulent, puis Patricia se sent soulevée. Après la pénombre du local sanitaire, l'éclat du soleil californien l'éblouit.

Quand elle relève ses paupières, son regard glisse sur la foule. On s'écarte sur le passage d'un père de famille mexicain, dont la *nina* à la peau bronzée, aux cheveux bruns et à la robe rouge, a été incommodée par la chaleur.

La sirène d'une voiture de police qui vient de s'immobiliser, à quelques dizaines de mètres de là, devant les locaux de la Sécurité, crispe Pablo Mendoza.

Patricia, elle aussi, a suivi la course de la voiture dont s'extrait un gros sergent à l'uniforme noir. Des gens entourent une femme affolée.

– Maman !

Toute l'énergie, toute la volonté qui lui restaient se

sont vidées dans ce cri. Sa mère est là, toute proche. Mendoza accélère le pas. Patricia voit Élisabeth se tourner vers elle, regarder dans sa direction... Elle va la reconnaître. Courir à sa rencontre. L'arracher des bras de cet homme...

Mais Élisabeth Tucson n'aperçoit qu'une petite Mexicaine en robe rouge, qu'un homme bedonnant emporte. Elle détourne les yeux vers le policier du LAPD qui vient d'arriver.

C'est fini. Jetée à l'arrière de la Dodge Caravan des Mendoza, Patricia ne retient plus ses larmes. Sa perruque a glissé, lui pique la joue. A côté d'elle, Aurora insulte son frère qui tarde à démarrer.

La petite fille gémit, murmure quelques mots.

– Qu'est-ce qu'elle dit ? demande Pablo.

– Elle appelle sa mère, répond Aurora. Ça lui passera.

3

31 octobre, 17 h 15, Los Angeles.

Sa trogne enluminée et sa rotondité ont valu au sergent Bill Franklin, du Los Angeles Police Department, le surnom de Pumpkin, le Potiron, dont des collègues irrévérencieux continuent à l'affubler. En position debout, lors de l'inspection journalière que le capitaine Spencer fait subir au personnel de la brigade, son estomac se répand en abondance au-dessus du ceinturon porte-pistolet. En position assise, devant le volant de la Chevrolet de service, il lui sert d'amortisseur en cas de décélération brutale. Les paupières clignotantes, le dodelinement de sa tête, surtout lors du bienfaisant engourdissement de la digestion, lui donnent l'apparence d'un endormi permanent. L'apparence seulement, car si le gros Bill Franklin est capable de rester figé, des heures entières, à l'affût du contrevenant, ses démarrages fulgurants, la rapidité de ses interventions et son intransigeance en matière de répression en font un élément apprécié de ses supérieurs.

Le visage de Morrisson, le chef de la sécurité du Farmer's Market, s'illumine lorsque Pumpkin s'extirpe de sa voiture pour venir le rejoindre.

– On a de la chance, dit-il à Élisabeth. Je le connais, c'est Pumpkin, un bon flic...

Sans un mot, Bill Franklin les précède et pénètre dans les locaux de la Security. Il fait trop chaud pour parler dehors...

– Bravo ! dit Morrisson en le suivant à l'intérieur. Toi, au moins, tu ne chômes pas en route ! Tu étais dans le coin ?

Bill Franklin acquiesce, serre la main tendue.

– Sur Colgate. Quand le Central a appelé, j'ai pensé qu'il y avait quelque chose de cassé chez toi. Qu'est-ce qui ne va pas, Arthur ?

Il s'avachit sur la chaise à accoudoirs calée entre un portemanteau et un classeur en bois sans tablier, allonge les jambes, s'essuie le front avec le mouchoir qu'il a tiré de sa poche. Morrisson pointe son doigt sur Élisabeth.

– Voici Mrs Tucson, dit-il. Sa fille a disparu.

Bill Franklin daigne bouger son postérieur. Ses yeux s'allument.

– Et alors ?

– Alors, j'ai alerté le Central pour qu'on bloque le quartier et qu'on la situe...

Bill retrouve ses accoudoirs.

– Qu'on la situe comment ? Faudrait d'abord savoir où ça s'est passé ! Depuis combien de temps, aussi... Calmez-vous, madame Tucson, et dites-moi tout.

Les larmes embuent les yeux d'Élisabeth.

– Je l'avais laissée au zoo le temps que je fasse quelques courses. Il était 4 heures, 4 h 10. Quand je suis revenue vingt minutes plus tard, elle n'était plus là...

Bill jette un coup d'œil au chronomètre en acier satiné qui orne son poignet :

– Ce qui fait un peu plus d'une demi-heure. Vous avez fouillé les parkings, les allées, demandé aux pâtissiers ? Je ne sais pas, moi, il y en a des coins et des recoins dans ce foutu Market ! Et les chiottes, vous les avez visitées, les chiottes ?

Morrisson ne peut retenir un geste d'énervement. Bill Franklin est un brave type, c'est sûr, mais il parle comme un plouc.

– On a lancé plusieurs appels par haut-parleur. Personne ne s'est manifesté...

Pumpkin exécute un mouvement tournant sur sa chaise pour dévisager Élisabeth Tucson :

– Elle ne s'est quand même pas envolée toute seule votre mouflette ? Ou alors...

– Ou alors ? s'inquiète Élisabeth.

– Ben ma foi, elle est allée retrouver un petit copain. C'est pas plus compliqué que ça. J'en ai connu, moi, des disparitions pour lesquelles les parents se sont fait un sacré mouron et qui se sont soldées par une bonne fessée... Il n'y a plus de gosses, maintenant. Quel âge elle a, la vôtre ?

– Dix ans. Vous croyez qu'à dix ans on pense à ça ?

– Aujourd'hui, oui. Avec tout ce qu'on voit à la télé et au cinéma... Ma voisine de palier a une môme qui peut aller vers ses onze ans, oui, à peu près... Eh bien...

Un coup d'œil de Morrisson coupe la phrase. Le flic esquisse une moue de désapprobation, sort de la poche de sa chemise un calepin noir, l'ouvre et inscrit :

1° Lieu où la disparition s'est produite : Farmer's Market.

2° Heure : entre 16 et 16 h 20.

3° Cause :

Il lève les yeux vers Élisabeth Tucson, questionne :

– Qu'est-ce que je mets comme cause ? Parce que je suis bien obligé d'en mettre une de cause, vous comprenez ?

Il n'attend pas la réponse, il enchaîne :

– Bon, je mets *fugue* pour le moment. On verra après...

– Ma fille n'est pas une fugueuse, sergent...

– Si vous voulez, dit Bill, dans un soupir. Moi je disais ça pour ne pas mettre enlèvement. Parce que des enlèvements...

Élisabeth Tucson quitte brusquement la fenêtre, vient se poster devant lui. Il lève la tête. La peau de son cou se plisse un peu plus.

– ... Ça arrive malheureusement souvent, énonce-t-il. Il n'y a pas deux semaines, à San Diego, une fille de huit ans dans la nurserie où on élève les rhinocéros au biberon. Envolée, la gosse. Trois jours plus tard, une autre, un peu plus âgée, douze ans, à Kings Canyon, le temps que son père recharge son appareil photo. Deux autres, coup sur coup, devant les studios d'Universal... Ça n'arrête pas. Le Centre des Enfants Disparus de Compton ne cesse de diffuser et rediffuser des avis de recherches. C'est pour ça que, moi, je préférais *fugue.* C'est moins triste...

– Mettez *fugue,* soupire Élisabeth, abasourdie par les paroles du flic, qui la frappent de plein fouet.

Et elle pense au « Have you seen me ? », ce cri désespéré lancé dans les boîtes à lettres. « M'avez-vous vu ? » Qui a vu Patricia ?

Pumpkin sourit, satisfait. Pour lui, tout baigne dans le beurre. Son crayon court sur la page :

4° Date de la disparition : 31 octobre.

5° Age : dix ans.

Il lève vers Morrisson son visage de porcelet :

– Au fait, c'est bien Tucson qu'elle s'appelle, hein ?

– Patricia Tucson, oui, dit Morrisson. Née le 25 mai 1979 à Santa Barbara. 1,45 m, blonde, vêtue d'un chemisier blanc et d'une jupe bleu marine. Madame Tucson m'a fourni tous ces renseignements.

– Formée ?

– Tu dis ?

– En évolution physiologique, si tu préfères. Je te demande ça parce qu'à notre époque, les filles se transforment vite. D'ailleurs, seins ou pas seins, les vieux salauds s'en foutent. Le capitaine nous racontait l'autre matin qu'il avait piqué une ordure qui attendait les filles à la sortie de l'école. Il les appâtait avec des bonbons plombés et il les entraînait dans une cabane de jardin. Heureusement, l'une d'elles était moins conne que les autres. Elle a mangé le morceau. Pas assez dans les vaps, sans doute. Elle s'est rappelé que des avions passaient à basse altitude au-dessus de la cabane. Les Fédés ont retrouvé le terrain vite fait... Parce qu'un enlèvement c'est un crime fédéral. Il a fallu que le capitaine passe la main. Bref, où j'en étais ?

– Aux vêtements, dit Morrisson, navré du verbiage de son collègue.

– Les vêtements, c'est ça. Des bijoux ?

– Mais non, dit Élisabeth... Elle est bien trop jeune pour ça.

– Vous savez, à notre époque ! dit Pumpkin.

Il referme son carnet, le remet dans la poche de sa chemisette, se lève avec difficulté, glisse le crayon dans l'autre poche.

– C'est parfait, conclut-il. Je vais faire mon rapport au capitaine. Comme j'ai été le premier sur l'affaire, il y a des chances que je puisse la garder quelques jours avant que ces cons de Fédés nous la soufflent. Avec mon collègue, Scaglia, on a une chance de retrouver la gosse avant eux. Il est pas mal branché chez les voyous, Scaglia... Bon, ben c'est tout. Si j'ai du nouveau, je t'appelle, Arthur. Et toi, tu fais pareil. Vous aussi, madame. Cela dit, vous êtes sûre que votre Patricia n'est pas rentrée chez vous ?

– Impossible. Nous étions convenues que je la reprenais au zoo.

– Et son père, il était où pendant ce temps-là ?
– Madame est divorcée, dit sèchement Morrisson.
Bill Franklin affiche une moue sceptique avant d'énoncer :
– Je veux bien, mais faut quand même fouiller de ce côté. Allez savoir ce qui se passe dans la tête d'une fille, à cet âge-là. Salut.
La portière de la Chevrolet claque, la sirène se met à hurler.

Adossé à un mur de briques, dans l'arrière-cour d'un restaurant, Jesus Morales respire. Son cœur se calme, mais ses méninges tournent encore à cent à l'heure. Il n'a pas de planque sûre. Les Mendoza savent où il loge. Que faire ? Contacter Koo ? A cette heure-ci, elle doit être à Westwood, occupée à dresser les tables pour le dîner.
Chaque fois que Jesus pense à Koo, une bouffée de tendresse l'envahit. Il se rappelle son avertissement, l'autre soir, alors qu'elle était étendue sur sa natte : « J'ai l'impression qu'il va t'arriver des histoires, Jesus. Si j'étais toi... »
Jesus, agacé, ne pouvait plus reculer.
– Si je laisse tomber Pablo, qu'est-ce que je vais faire ? avait-il demandé. Je n'ai même pas un seul certificat pour trouver du travail.
– Ne dis pas de bêtises, avait répliqué Koo. Il y a des masses de clandestins, en Californie. Il vaut mieux se faire reconduire à la frontière que de se faire piquer avec de faux papiers et de se retrouver en taule pour des mois. Ici, on ne rigole pas avec le parjure. C'est un crime. Pablo t'a fait faire un faux serment pour obtenir un permis de conduire bidon. Réfléchis... Depuis que je te connais j'ai laissé tomber la coke. Fais un effort, toi aussi, tâche d'avoir un peu de plomb dans la cervelle. Si tu veux, on pourrait s'installer ailleurs. A Houston, par exemple. J'ai une copine qui nous logerait, provisoirement...

Il avait explosé.

– Je t'en prie, Koo ! C'est toi qui me les as fait connaître les Mendoza, non ?

Koo n'avait rien répondu. Quand Jesus avait ramassé ses affaires pour aller rejoindre Pablo et sa sœur, les yeux bridés laissaient perler des larmes.

Jesus était sorti en claquant la porte. Plus tard, il s'était calmé en marchant vers le rendez-vous. Avec le fric de ce coup, il pourrait remplacer leur bagnole pourrie. Envoyer de l'argent chez lui, à Ciudad Juarez. Faire peut-être un cadeau à Koo, pour se réconcilier... Bien sûr, ce qu'il faisait était illégal. Ces kidnappings de mômes étaient ignobles. Mais Dieu ne lui avait-il pas offert une vie ignoble ?

Au Mexique, il n'avait jamais eu de chance. Pas le moindre espoir. Alors, par une nuit d'orage où il ne faisait pas bon mettre un douanier dehors, il avait décidé de jouer le tout pour le tout en traversant à la nage la frontière. Opération réussie. En Californie, État miracle, plein de ressources, il allait pouvoir enfin organiser sa vie et expédier de l'argent à ses frères et sœurs restés au pays.

L'enseigne vert et rouge d'un restaurant chinois de Westwood, le Ching Garden, l'avait attiré. Il allait repartir, après avoir sollicité en vain un emploi de plongeur, quand la serveuse, dont le large kimono à broderies d'argent escamotait le corps menu, l'avait arrêté d'un geste. Était-ce sa carrure qui l'avait séduite, la tristesse de son regard qui l'avait émue ? Elle l'avait entraîné vers une table où Pablo Mendoza dégustait sa traditionnelle poule au pot parfumée au ginseng, sous un bouddha polychrome dont la main gauche s'ouvrait sur le genou en un geste d'offrande. Entre deux bouchées, l'homme tambourinait sur la table avec ses baguettes puis, d'un revers de la main, essuyait la sueur qui dégoulinait de son visage et de son cou, plaquant sur son torse un tee-shirt de coton orné de lettres phosphorescentes.

Les présentations faites, Pablo avait affirmé, grand seigneur :

– Pablo Mendoza n'a jamais laissé un compatriote mourir de faim. Assieds-toi et bouffe. Et si t'es pas manchot, j'ai sûrement un boulot pour toi.

Jesus, qui avait rêvé de l'ambiance chaude des bars américains, trouvait le lieu plutôt déconcertant. Des reproductions s'agrippaient aux murs, dans des cadres de bambou : fleurs de pruniers et de lotus, canards mandarins, carpes jaillissant de l'eau, coupes de fruits, et pies, symboles de bonheur. Pas une n'avait échappé aux effluves graisseux de l'endroit. Mais l'alcool de riz lui avait réchauffé le cœur. Il en était venu aux confidences :

– La vie ne m'a pas fait de cadeaux. A Ciudad, pas moyen de trouver du travail. J'ai tenté ma chance à Chihuahua. Je cousais des peaux de chien pour en faire des sacs, des portefeuilles et des ceintures. J'en avais la nausée. Alors je suis rentré au pays. Un vieux marbrier m'a dit qu'ici il y avait du boulot pour tout le monde...

– A condition d'être en règle, avait coupé Pablo, faisant mine de se nettoyer les dents avec une baguette. Et un visa, c'est pas facile à obtenir, *hombre*. Tu dors où, en ce moment ?

– Des fois sous la freeway 405, des fois sur la plage, à l'abri des pilotis d'une cabane. Ou encore dans des chantiers en construction sur le Wilshire...

Mendoza avait secoué la tête d'un air dégoûté.

– Je vais m'occuper de toi, *amigo*. Tu vas commencer par pieuter chez Koo, la serveuse. Elle habite Chinatown et elle est seule. Une brave fille, un peu paumée, un peu camée... La pudeur, elle s'assoit dessus.

Et comme Jesus faisait mine de protester :

– Te casse pas la tête. C'est pas le Beverly ni le Bel Air, mais ça te coûtera pas un dollar. Et même si la salle de bains est un tuyau d'arrosage au-dessus d'une bassine, qu'est-ce que t'en as à foutre du moment qu'il y a de l'eau ? C'est pas la première fois que Koo prête sa piaule à un copain, surtout quand c'est un beau gosse comme toi. Elle me doit bien ça. A propos...

Repoussant sa chaise, Pablo avait fouillé dans la poche de son jean. Ses petits doigts gras étaient réapparus, serrant une liasse de billets verts froissés et crasseux qu'il avait tendue à Jesus :

– Pour payer le taxi et le reste... Tu me rembourseras, un jour.

Morales, les yeux ronds de surprise, ne savait que dire.

– Prends, avait insisté Pablo. J'en ai d'autres, beaucoup d'autres. Et on va t'en faire gagner, avec Aurora ! Aurora, c'est ma sœur. Tu verras, elle est pas mal. Une femme de tête, tu vois ! Comme Koo. Sauf qu'Aurora ne sniffe pas, elle.

– Elle quoi ?

– Elle sniffe, *amigo !* Elle se came ! T'as jamais entendu parler de la coke, dans ton bled ? Ici, tout le monde en prend. Même les Yankees. Surtout les Yankees. J'en file de temps en temps à Koo. C'est pour ça qu'elle peut rien me refuser. Oh, pas des masses ! Chez elle, c'est par moments, quand elle est en manque d'amour. Et encore, je m'arrange pour la mélanger. Ça revient moins cher et c'est moins méchant. Un conseil, Jesus, ne touche jamais à ça...

Dès cette première rencontre, l'amitié des deux hommes était scellée.

Jusqu'à aujourd'hui.

Jesus se ressaisit. Il expliquera tout à Koo. Elle comprendra. Et ils partiront tous les deux à Houston, comme elle le lui a proposé. Ses économies leur permettront de tenir le coup une semaine ou deux, le temps de trouver un emploi. Officiel pour Koo, clandestin pour lui...

Les cheveux blonds de Patricia succèdent aux cheveux noirs de la Chinoise. La vision d'Aurora agrippant le bras de la gamine est insupportable. Il voudrait l'étrangler de ses propres mains. Tout comme ce salopard de Pablo qui, de simples photographies, en était arrivé aux poses spéciales, plus que spéciales même, pour des mômes d'une dizaine d'années.

Et si la petite disparaissait après avoir satisfait ses ravisseurs ?

Une idée germe dans son esprit dérangé. Un coup de fil anonyme à la police, avec le signalement du sinistre duo des Mendoza, leur adresse à San Juan Capistrano permettrait peut-être de découvrir la fillette saine et sauve, s'il n'est pas trop tard. Oui, mais si Pablo était arrêté, ne risquerait-il pas de le mettre lui-même en cause, avec l'appui de sa sœur ?

Jesus quitte le mur de briques, se débarrasse fiévreusement de sa défroque de dessin animé. Il pourra au moins circuler sans attirer l'attention.

Il patauge dans une mare qu'il n'avait pas vue, revient sur ses pas, sursaute en entendant la pétarade d'une moto, derrière lui. L'engin le dépasse. Ce n'est rien.

Mais la peur est revenue. Des aboiements de chiens tout proches... Les flics sont allés chercher du renfort. Ils bouclent le quartier. Les battues s'organisent. La chasse à l'homme a commencé. Jamais il n'atteindra le Wilshire.

Le cerveau vide, il inspecte les environs. Son regard s'arrête sur un Noir dégingandé qui balaie mollement un trottoir vide de feuilles. Si c'était un flic déguisé ? Jesus fait un détour pour l'éviter, s'engage sur Ardo Street. Le Noir ne s'intéresse pas à lui. Soulagé, Morales a soudain honte de voir le danger partout.

Il fouille sa poche. Quelques *quarters* tintent sous ses doigts. Ils suffiront pour joindre Koo à son travail. Le tout est de dénicher une cabine téléphonique, dans ce quartier. Oui, il a eu tort de s'affoler. Une fille qui, par amour pour lui, a renoncé à la coke, ne refusera pas de l'aider.

PREMIER ACTE

4

2 novembre, 11 heures, Los Angeles.

Petit et mince, la barbe fournie, le regard empreint de douceur sous le sourcil roux et broussailleux, William Strasser est caissier à la Bank of America. Un individu sans histoire, honnête homme et honnête père de famille, qui cache mal l'excitation qu'il ressent à être mêlé à une affaire policière.

Assis en face de lui, le sergent Bill Franklin visionne pour la troisième fois la bande vidéo que Strasser est venu déposer au commissariat central, la veille.

– Ce qui est dommage, murmure Pumpkin presque pour lui-même, c'est qu'une partie de la bande soit aussi invisible qu'inaudible. Mauvaise manœuvre, sans doute...

William Strasser rougit, cherche du regard le soutien de son épouse Rosa, assise à côté de lui, droite sur sa chaise, les genoux bien joints.

Mais Rosa Strasser, intimidée par l'uniforme du policier, garde obstinément les yeux baissés.

– Je suis désolé, sergent. C'était la première fois que je me servais de cette vidéo... On me l'a offerte la veille pour mes vingt ans de banque. J'ai dû appuyer par mégarde sur plusieurs boutons... Parce que je l'avais bien cadré, le Mickey, je vous assure. Deux fois même. La seconde quand il entraînait la petite par la main. C'était rigolo à filmer... J'ai cru qu'il s'amusait avec elle. J'ai compris ce qui s'était passé quand j'ai entendu l'appel radio. Dire que je les avais dans le viseur...

– Mais pas sur la bande, insiste Franklin. On voit bien, par moments, le faux Mickey aller, venir, gesticuler à proximité du sorcier en cape noire et rouge... On le voit encore amuser les enfants à l'intérieur du zoo, mais tout le reste est affreusement brouillé. Si, à un moment encore on aperçoit Mickey et la fillette portant le masque de Frankenstein et c'est tout... Pas brillants, comme résultats, vos débuts de cameraman...

– C'est-à-dire, objecte Strasser, tentant de se justifier, qu'avant j'opérais avec une super-huit. Il y avait moins de boutons... Quand on a entendu l'annonce, on s'est dit, ma femme et moi : « Tu vois pas que la petite qui était avec le Mickey ait été enlevée ? » On a eu peur de s'être fait des idées et qu'on se moque de nous. On a refait un tour et on a décidé de prévenir quand même la Sécurité. Quand on y est allés, il n'y avait plus personne. On est alors revenus près du zoo où j'avais filmé la grosse voiture...

– Quelle voiture ? demande Pumpkin, le front plissé. Il n'y a aucune voiture sur votre bande...

– Une grosse, intervient enfin Rosa. Moi aussi je l'ai vue. Une Caravan Ford ou Dodge. De couleur marron, je crois... Quand l'enfant et le gros type se sont installés, la femme les a rejoints...

L'étonnement se lit encore plus sur le visage du sergent.

– Ce que je ne comprends pas, avoue-t-il, c'est pourquoi vous vous êtes intéressés plus à cette voiture-là qu'à une autre. Et de quelle femme s'agit-il ?

Au tour du cameraman vidéo de prendre le relais :

– Voilà, monsieur l'officier. Quand je filmais Mickey, mon attention avait été attirée par des cris à côté de moi. J'ai décollé mon œil du viseur et c'est à ce moment-là que j'ai dû faire une fausse manœuvre. La femme répétait : « Jesus ! Pas par là, Jesus. » Ou encore : « Fais ce que je te dis, Jesus ! » Comme elle était seule, j'ai pensé que c'était une folle qui croyait parler avec Dieu. Je suis désolé, vraiment désolé que le micro n'ait pas marché...

– Elle était comment cette femme ?

– Grande, maigre, avec des cheveux courts et bruns. Elle avait une sorte de combinaison noire.

– Vous ne vous rappelez vraiment pas la marque de la voiture ? Ni des caractéristiques de la plaque ?

Avec un ensemble parfait, les Strasser homme et femme remuent négativement la tête. Pumpkin soupire, se lève, contourne son bureau.

– Je vous remercie quand même d'être venus m'apporter vos témoignages. Un agent va les enregistrer. Si un fait vous revient en mémoire pendant que vous vous expliquez, n'hésitez pas à le lui transmettre.

Bill Franklin quitte la pièce, referme la porte derrière lui. Adossé au distributeur automatique de café, un planton est en train de faire du gringue à une secrétaire. Le sergent l'apostrophe.

– Puisque vous avez du temps à perdre, Jones, prenez donc la déposition de ces témoins. *Pronto !*

– Bien, chef, répond l'autre sans s'émouvoir outre mesure. A propos, le capitaine Spencer aimerait que vous passiez le voir.

Pumpkin hoche la tête. Ça commence ! L'enlèvement remonte à peine à quarante-huit heures, et le commandant voudrait déjà que les ravisseurs soient sous les verrous... Tranquillement, le sergent glisse un *quarter* dans le distributeur, boit quelques gorgées et s'avance, de sa démarche calme d'hippopotame, vers le bureau du chef de service. Deux coups à la porte et il attend, l'oreille attentive, le regard errant sur le planton qui va et vient dans le hall, à quelques mètres de lui.

– Entrez !

– Vous m'avez fait demander, mon capitaine ?

Spencer est au téléphone. D'un geste, il fait signe à Franklin de s'asseoir et poursuit durant quelques minutes sa conversation.

– J'étais avec Ron Willis, dit-il en raccrochant. Le Supervisor local du FBI.

– Ah ! grommelle Bill Franklin. On lui repasse le dossier, c'est ça ?

– C'est ça.

Franklin soupire, se mord la lèvre, incapable de contenir son agacement.

– Comment voulez-vous qu'on mène une enquête à bien, mon capitaine, si les Fédés nous piquent l'affaire au bout de deux jours !

– Du calme, mon vieux, réplique Spencer d'un ton familier. Personne ne vous la pique, l'affaire, comme vous dites. C'est la procédure normale pour tout crime fédéral, et le kidnapping en est un, vous le savez... Rien ne vous empêche par ailleurs de continuer à mener vos propres investigations. A propos, qu'est-ce que ça a donné, la bande vidéo ?

Bill Franklin a un geste d'impuissance.

– Pas grand-chose, mon capitaine. Le type aurait pu filmer tout l'enlèvement mais il s'est emmêlé les pédales. Il m'a parlé d'une femme brune au comportement suspect... En ce moment, Jones tape sa déposition.

– OK. Vous la faites faire en double, l'original pour les Fédéraux, n'est-ce pas ?

– Évidemment, dit Pumpkin en se levant. Ce sera tout, mon capitaine ?

Il est près de 10 heures du soir lorsque Bill Franklin pénètre dans les vestiaires du commissariat pour prendre une douche et endosser ses vêtements civils. Le local est désert, à l'exception de Victor Scaglia, son coéquipier, qui achève de lacer ses chaussures, assis sur un banc en face de son placard. A son poignet, une imposante gourmette en or luit sous l'éclat des néons, attirant le regard de Franklin.

– Salut, Vic, dit ce dernier d'une voix morne. Tu étais où, tout cet après-midi ?

Scaglia relève la tête, salue son collègue d'un bref sourire.

– En balade, Pumpkin... Le capitaine m'a collé une histoire de vols de voiture dans East LA. Chaque fois qu'un Chicanos fait un pas de travers, c'est sur moi que ça dégringole.

Franklin hoche la tête, commence à se déshabiller.

– Et toi, demande Scaglia, où tu en es avec ton histoire de kidnapping ? Ça avance ?

– Mollement... Un témoin a tout filmé en vidéo, mais cet abruti est incapable de se servir d'une caméra. On n'y voit presque rien.

Scaglia a dressé l'oreille.

– Comment ça, « presque rien » ?

– Ben oui ! C'est flou, c'est mal filmé... Il y a bien un type en tenue de Mickey qui emmène la petite et deux ou trois séquences du même genre, mais pas terrible ! A mon avis, le témoin a dû se dire qu'il avait une chance de toucher la prime avec sa bande, voilà tout.

Les yeux de Scaglia s'arrondissent.

– Quelle prime, Pumpkin ?

Bill Franklin secoue la tête d'un air amusé.

– Pour un flic, t'es pas informé, dis donc ! Tu lis pas les journaux, t'écoutes pas la radio ?

– Pas le temps.

– John Tucson, le père de l'enfant, a offert une prime. Vingt mille dollars à qui fournira à la police un renseignement permettant de retrouver sa fille. Y avait la photo de la gamine, dans le journal. Strasser a dû la reconnaître sur sa bande et se dire qu'il avait gagné le jackpot ! De toute façon, Spencer m'a dit de passer le dossier au FBI, alors...

Victor Scaglia acquiesce d'un air entendu. Quelques instants plus tard, il quitte le commissariat, s'engouffre dans sa voiture de fonction et fonce dans la nuit.

5

2 novembre, 23 heures, Los Angeles.

Patricia claque des dents, sous une couverture de laine écrue qui irrite sa peau. Un silence de mort règne dans la mansarde obscure. L'enfant s'accroche aux bords du divan étroit, comme à un radeau. Elle a peur. Elle ferme les yeux pour ne pas voir le sinistre rayon de lune qui filtre à travers les rideaux mal fermés, glisse sur l'émail d'une cuvette placée sur la table de toilette.

Sous ses paupières closes défile le film du Farmer's Market. Elle se revoit aux côtés de sa mère, devant le sorcier et ses potirons. Elle sent le gant de Mickey dans sa main. Elle se souvient de la piqûre de l'aiguille, dans son bras, avant qu'elle ne perde la notion des lieux et du temps. Elle frémit de dégoût, rétrospectivement, au contact de l'autre bonhomme, le gros, le chauve, qui l'a balancée sur la banquette arrière de la voiture. Elle a émergé quelques secondes lorsque le véhicule a stoppé brutalement devant un pavillon dominant les lumières de Los Angeles. Le bonhomme l'a prise dans ses bras, comme un paquet, a gravi les degrés d'un escalier...

Patricia passe sa langue sur ses lèvres sèches. Quelle heure peut-il être ? Est-ce le froid qui l'a réveillée ? Impossible de rassembler deux idées, dans son cerveau anesthésié. Telle une zombie, elle se laisse glisser au bas du divan, se relève péniblement, titube jusqu'à la fenêtre, colle son visage à la vitre. Elle distingue, dans le clair de lune, des arbres, des falaises, et une perspective d'antiques becs de gaz qui diffusent une lumière jaunâtre. Un lac, en contrebas, reflète les étoiles.

– Maman, murmure-t-elle. Maman...

De grosses larmes glissent sur ses joues.

Elle tire les rideaux. Ses yeux accoutumés à l'obscurité captent le décor de sa prison vétuste. Une branche de buis est clouée sous un portrait de la Vierge, à droite de la porte qu'elle gagne à pas lents, prenant soin de ne pas faire craquer le parquet. Elle tourne la poignée, en vain, regagne la fenêtre. Elle se souvient d'un livre dont le héros avait déchiré sa couverture pour en faire une corde, et s'était ainsi évadé. Oui, mais Patricia n'a plus ni vêtements, ni chaussures. Ses ravisseurs ne lui ont laissé que sa culotte. Elle essaie tout de même d'ouvrir la fenêtre, se rend compte qu'elle est vissée. Ce piège parfait la décourage. Ses larmes redoublent.

Un grattement, derrière la porte, lui donne soudain l'impression d'être épiée. Elle se fige, retient sa respiration, colle son oreille au battant. Elle capte un souffle, un raclement de gorge. Effrayée, elle recule. Son cœur s'affole. Elle demeure un instant immobile, puis se laisse tomber sur le divan, sanglotant en silence. Un sursaut d'orgueil la remet sur ses jambes. Elle attrape la serviette éponge, la trempe dans la cuvette, nettoie son visage. De nouveau, elle s'approche de la porte. Une voix de femme murmure, dans l'escalier :

– Ne fais pas de bruit, Pablito. Elle dort. Tu vas rendre la bagnole et tu rentres à la maison avec ta Jeep. Je te rejoins après-demain, ou en fin de semaine, le temps de faire le voyage...

– Tu la livres quand, la poupée ? demande une voix d'homme.

– Normalement, avant deux jours. Vic m'a téléphoné. Je dois le voir demain matin. Je crois qu'il a déjà prévenu Olga, au ranch. Le tout est de repérer les points de surveillance, pour passer à travers.

Patricia entend des pas lourds descendre les marches. Les voix s'estompent. Une portière claque. Un moteur rugit. L'enfant se précipite à la fenêtre. Les phares d'une voiture balaient les arbres du chemin caillouteux, suivent le relief en dents de scie de la route des crêtes, avant de s'évanouir dans un virage.

Patricia se rassoit sur le divan. Elle n'a même plus la force de pleurer.

6

3 novembre, 7 heures, Los Angeles.

– Dingues, vous êtes complètement dingues de vous être attaqués à cette môme ! Tu as vu le ramdam que ça fait ?

Aurora Mendoza pousse un soupir d'agacement. Elle inspecte les alentours d'un œil circonspect, reporte son regard sur l'homme qui s'est attablé en face d'elle au Derby, un minable coffee shop de Darwin Avenue.

– Si c'est pour venir me dire ça à 7 heures du matin, tu pouvais rester chez toi, dit-elle d'une voix mordante.

Elle se renverse contre le dossier de sa chaise, déguste à petites gorgées un espresso, ses yeux noirs toujours fixés sur son compagnon, au-dessus de la tasse.

– N'empêche qu'avec vos conneries, on est dans la merde. Vous auriez pu piquer quelqu'un d'autre que la fille Tucson !

– Parce que tu crois qu'elle portait son nom sur le front ?

Victor Scaglia ne répond pas. Décidément, se dit Aurora, le costume civil ne l'avantage pas. Autant le bel uniforme noir du LAPD rehausse sa prestance, autant il ressemble aujourd'hui à un épicier italien. Il était en tenue, Victor, le soir de leur première rencontre, à l'époque où Pablo et elle vivotaient entre deux vols de voitures, entre deux cambriolages.

C'est alors qu'ils visitaient un appartement cossu, au sixième étage d'un immeuble de Beverly Glen, qu'il avait surgi, l'arme au poing, alerté sans doute par une sonnerie d'alarme extérieure qui avait échappé à Pablo, pourtant maître en la matière. Le policier n'en revenait pas du spectacle de désolation qu'offrait l'appartement. Au milieu des meubles éventrés, des rideaux arrachés et des tableaux lacérés, un carré de soie, noué aux quatre coins, contenait quelque trois cents dollars en coupures usagées, un peu d'argenterie et des bijoux qui devaient être du toc.

Adossée à la porte, narquoise, les bras croisés sur sa maigre poitrine, Aurora avait alors joué son vatout :

– Si tu crois que c'est pour ta pomme, tout ça, tu peux aller te branler, flic de mes deux. Je vous connais, tu sais, tous plus pourris les uns que les autres !

Pablo, terrorisé par cette provocation, les yeux exorbités, tapi contre le miroir du salon qui doublait le volume de sa bedaine déjà confortable, se demandait où sa sœur voulait en venir. Elle cria de douleur quand Scaglia saisit son poignet droit qu'il retourna brutalement, la forçant à mettre un genou à terre.

– J'ai horreur des grossièretés, grinça-t-il, obligeant Aurora à se courber un peu plus. Toi, le nabot, casse-toi, et en vitesse !

Pablo Mendoza n'avait pas demandé son reste. Les jambes flageolantes, il entrouvrait la porte de service au moment où les menottes encerclaient les poignets de sa sœur, ramenés derrière le dos.

Par la suite, Aurora ne lui fit grâce d'aucun détail

de ce qui s'était passé. Le flic l'avait forcée à s'allonger sur le tapis, lui avait arraché son jean. Il semblait fasciné par l'étroitesse des hanches, qui soulignait le triangle sombre de sa toison. Elle s'était raidie, serrant les jambes, tournant la tête pour échapper à son souffle rauque, tandis qu'il déboutonnait son ceinturon. La douleur se faisait plus vive, autour de ses poignets emprisonnés. Scaglia s'était couché sur elle, l'écrasant de sa masse, écartant ses cuisses de ses mains puissantes. Elle avait essayé de le mordre quand il l'avait pénétrée brutalement, d'un seul coup. Puis, comme il commençait à remuer en cadence, Aurora s'était laissée aller. Peu à peu, ses fesses se soulevaient pour répondre aux coups de boutoir du flic. C'était de plaisir qu'elle criait, maintenant. Leurs mouvements se répondaient.

Lorsqu'ils furent apaisés, Scaglia lui avait retiré les menottes.

– Jamais je n'aurais pensé baiser avec un flic, avait murmuré Aurora.

– Je t'ai déjà dit que j'avais horreur des grossièretés, avait grondé Scaglia.

Puis, passant sa grosse patte sur les fesses plates et dures :

– Pourquoi tu es si maigre ? Tu ne manges donc pas à ta faim ?

Sans attendre la réponse, il s'était levé, avait fourré dans ses poches près de la moitié du butin, avait désigné à Aurora le carré de soie :

– Le reste c'est pour toi. Et si tu veux me balancer au Central, demande Spencer, le capitaine. Tu lui dis que Victor t'a sautée et t'a piqué la moitié de ta recette. Victor, tout le monde connaît.

Le flic pourri et la marginale chicano s'étaient revus dès le lendemain. Puis les jours suivants, esclaves d'une passion trouble faite de rapports de forces, de sensualité, de violence. Très vite, Victor

Scaglia lui avait proposé de laisser tomber les cambriolages à la petite semaine pour un travail moins risqué et autrement plus payant.

Aurora repose la tasse de café, demande :

– Ça fait combien de temps qu'on se connaît, Vic ?

La douceur de la voix lui est comme une caresse.

– Je ne sais pas au juste. Deux ou trois mois...

Aurora sourit, se penche vers lui :

– En deux ou trois mois, *querido*, on n'a jamais eu le moindre petit problème avec les gosses. Ce n'est pas maintenant que ça va commencer, hein ?

Incapable de la contredire, Scaglia maîtrise sa voix pour objecter :

– Cette fois, ce n'est pas pareil. Morales fiche le camp et personne ne sait où il s'est planqué. Un témoin a filmé toute la scène en vidéo et le père de la môme offre vingt mille dollars à qui lui apportera votre tête. Et toi, inconsciente, tu trouves qu'il n'y a pas de problème ?

La main sèche d'Aurora s'avance au-dessus de la table pour se poser sur celle de son amant.

– Morales, on le retrouvera, où veux-tu qu'il aille ? Il suffit de contacter Koo la Chinetoque. Et si tu crains que cette foutue prime lui donne des idées, il faudra s'occuper de lui. Tu vois ce que je veux dire...

– Il faudra y réfléchir, acquiesce Scaglia avec sa prudence coutumière. Reste la vidéo dans le bureau du capitaine. D'après Pumpkin, on y voit Morales en tenue de Mickey entraînant la fille. Peut-être qu'on vous aperçoit, Pablo et toi, près de la Dodge. Je n'en sais pas plus. Ton frère s'est bien débarrassé de la bagnole, j'espère ?

– Tout de suite. Il l'a rapportée là où il l'avait prise. Si ça se trouve, le proprio ne s'est même pas aperçu de sa disparition. Pour la vidéo, qu'est-ce qu'on fait ?

Victor Scaglia avance une lippe en guise d'ignorance.

– Je n'en sais rien. Si je pouvais la piquer ce ne serait pas plus mal. De toute façon, il faut faire gaffe. Tâche de savoir où se planque Morales et je t'appelle ce soir... Il faut que j'y aille.

Scaglia se lève, extirpe de sa poche quelques billets verts froissés.

– C'est drôle comme tu vois maintenant tout en noir, Vic, murmure Aurora. Tu n'étais pas comme ça avant.

– Ouais...

Prenant sa main, il la retient un instant dans la sienne puis quitte le Derby. Aurora écoute le son de ses pas sur le macadam puis se retourne, sentant peser sur elle le regard insistant du patron. A son tour, elle quitte le café et se dirige vers la Toyota Camry blanche qu'elle a garée à l'angle de Johnson Street. A l'abri d'un renfoncement de magasin, elle s'arrête, le temps de jeter un coup d'œil alentour. Puis, en deux enjambées, elle gagne la voiture, s'installe au volant et démarre.

En s'amalgamant dans une circulation déjà difficile à cette heure matinale, Aurora ressasse les craintes de Scaglia. Elle hausse les épaules. Le cloisonnement étanche du réseau permet de limiter les risques en cas de coup dur. Morales ne le connaît pas. Par voie de conséquence, Koo la Chinoise non plus. Pablo sait que Victor sert d'intermédiaire mais Pablo n'est pas homme à bavarder. De plus, il ignore que Victor, seul, connaît le vrai patron.

Et placé comme il est au sein de la police, rien de l'enquête en cours n'échappera au beau Victor Scaglia !

7

3 novembre, 19 heures, Malibu.

Dans le ciel de Malibu, la station balnéaire proche de Los Angeles, se dressent le péristyle et la façade de marbre blanc de la villa de Christopher Briggs. Des colonnes et des statues antiques donnent un air de majesté à la galerie qui court sur trois côtés du bâtiment, reliant les salons de réception aux appartements privés. Au centre de la pelouse, une fontaine à triple vasque trône sur un essaim de fleurs multicolores. Le maître des lieux a fait creuser, à prix d'or, des terrasses en paliers dans le roc de la falaise. De là, il peut contempler l'horizon marin dont il ne se lasse pas. Son moment préféré, c'est lorsque le soleil couchant dore l'interminable plage de sable fin que borde la Pacific Coast Highway.

Hollywood ne peut se passer de Christopher Briggs. Ce décorateur-antiquaire de cinquante-deux ans est l'homme providentiel, la coqueluche des célébrités du cinéma dont les somptueuses demeures se cachent au sein de collines verdoyantes, à l'abri des regards indiscrets. Comme son voisin, le richissime J. Paul Getty, magnat du pétrole et collectionneur inégalé, dont la résidence-musée étale le faste d'une villa pompéienne, Briggs s'est offert la réplique d'une demeure patricienne de l'Antiquité. C'est là qu'il reçoit ses principaux clients, avec tous les égards dus à leur fortune ou à leur notoriété dans le monde politique, économique ou artistique de la Côte Ouest.

Fin connaisseur épris de classicisme, il apprécie tout autant les peintres de l'École hollandaise que les statues gréco-romaines dont la nudité, alliée à la pureté, le troublent. Quant à son mobilier, c'est du pur XVIIIe, acquis pour un prix exorbitant lors de ses fréquents voyages en Europe, où il découvre en même temps les livres rares qu'il range avec tendresse dans son immense bibliothèque.

Né d'un père anglais et de mère libanaise, Christopher Briggs paraît dix ans de moins que son âge. De son père, il a hérité une silhouette aristocratique et longiligne, légèrement voûtée, ainsi qu'une chevelure filasse aux ondulations artistement entretenues. De sa mère, un regard noir et un sens des affaires poussé jusqu'au mercantilisme.

Sa boutique d'antiquités de Los Angeles, sur Melrose, celles de New York, Washington, Boston et Dallas, villes-pilotes de l'économie américaine, constituent une affaire que l'on sait brillante et que l'on dit solide.

– Le célibat ne vous pèse pas trop ? lui avait un jour demandé en minaudant une veuve, laide à décourager la pitié.

– Quand j'étais jeune, madame, j'avais pensé à prendre femme, avait-il répondu avec ce sourire ironique qui ne le quittait jamais. C'était trop tôt. Désormais, c'est beaucoup trop tard.

– Il n'est jamais trop tard pour bien faire, avait-elle insisté.

La réplique, moins galante, ne s'était pas fait attendre :

– Je serais peiné d'épouser une femme laide. Et

berné, si j'en prenais une belle. Si vous saviez comme le lit d'un célibataire est confortable...

Il avait tourné les talons, une coupe de Krug à la main, au grand dépit de la veuve qui depuis un certain temps convoitait sa fortune d'un œil concupiscent.

Ce que Christopher Briggs n'avait pas dit, et que l'on chuchotait un peu partout, c'est qu'il était beaucoup plus attiré par la gent masculine que par les femmes, aussi belles, aussi riches, aussi sensuelles soient-elles. Durant un temps, il s'était obligé à poser à leurs côtés devant les flashes des reporters, dans des attitudes qui pouvaient prêter à équivoque, mais on ne lui connaissait, et pour cause, aucune liaison suivie. Emilio, le chauffeur mexicain des trois Rolls de Briggs – la noire pour les cérémonies officielles, la grise métallisée pour les rendez-vous d'affaires, la Corniche blanche, décapotable pour les week-ends – avait lâché à un des collègues, un soir de longue attente devant l'Ermitage, le célèbre restaurant de La Cienega :

– Si tu savais ce qui se passe là-haut, t'en serais soufflé.

Et comme l'autre insistait, protestant qu'Emilio en avait trop dit ou pas assez :

– ... Il a toute une collection de photos dégueulasses. Je suis tombé dessus par hasard. Surtout, n'en parle pas, je me ferais foutre à la porte.

– C'est quoi comme photos ?

– De tout. Des hommes, des femmes, des gosses à poil... Je ne peux pas t'en dire plus.

Le bouche à oreille avait fait son chemin dans le petit monde des chauffeurs de maître, et les amitiés particulières de Christopher Briggs, qui se voulait pourtant des plus discrets, n'étaient plus un secret pour personne, dans cet Hollywood où les affinités homosexuelles s'étalent habituellement au grand jour. Emilio Gonzalez aurait sans doute fini par être plus loquace si un malencontreux accident ne l'avait éliminé du parcours. Son corps, criblé de balles, avait été découvert dans sa vieille De Soto, au fond d'un canyon des Santa Ana Mountains. Christopher, manifestement très éprouvé par la perte de son homme de confiance, avait offert une prime de dix mille dollars à qui ferait découvrir le ou les assassins. Des dizaines de détectives, professionnels et amateurs, alléchés par le montant de la prime, s'étaient mis en chasse, piétinant sans vergogne les plates-bandes policières. Le mystère n'en avait pas été percé pour autant...

Depuis, un chauffeur-gorille noir a remplacé l'infortuné Mexicain, pour conduire et entretenir le trio de Rolls.

Keur Simba ne risque pas de trahir les secrets de son maître. Il est sourd-muet.

J'ai beau avoir pas mal roulé ma bosse, je ne peux m'empêcher d'être impressionné par le ballet des limousines-paquebots qui déversent des flots d'invités devant les grilles de fer forgé. J'ai abandonné ma BMW aux mains d'un valet en livrée rouge et bleu portant perruque, et je me fraie un chemin dans la cohorte qui, par le monumental escalier d'honneur aux marches de marbre, monte à l'assaut de la demeure. Un garde de la Westec Security, aux mains larges comme des battoirs, examine le bristol que je lui présente, le passe à l'huissier chargé d'accueillir et d'annoncer les visiteurs. Mon nom, distillé dans le micro-cravate, se répercute dans les frondaisons de palmiers et de pins. J'emboîte ainsi le pas au général Stanley, à l'uniforme copieusement décoré, devancé par madame, et je précède un attaché consulaire asiatique qui ne cesse de sourire, toutes dents dehors.

– Une soirée chez Christopher Briggs ne se rate

pas, m'avait affirmé Pierre Demoulière, le délégué au tourisme du consulat de France. Si vous voulez être des nôtres, j'ai un carton pour vous.

– Qui est-ce, ce Briggs ?

– Un architecte-décorateur en vogue. On se bat pour pouvoir l'approcher. Surtout quand il organise des fêtes comme celle-ci. Venez, vous ne le regretterez pas.

Il avait raison.

Les pelouses et les galeries de la somptueuse propriété voient déambuler tout ce que Los Angeles compte d'hommes influents et de jolies femmes. L'éclat des smokings blancs et le décolleté prometteur des robes me font oublier le triste froid de novembre à Paris où un voyage éclair m'a récemment entraîné. Alors qu'au retour nous survolions le Grand Canyon et que ses gorges déchiquetées en dents et tours innombrables se découpaient dans le jeu féerique des couleurs du crépuscule, mon voisin s'était penché vers moi :

– Votre visage ne m'est pas inconnu. Vous n'êtes pas Roger Vadim ?

– Roger, oui. Vadim, non, avais-je répondu, flatté tout de même d'avoir été, quelques instants, l'ex-mari de Brigitte Bardot et de Jane Fonda.

– Vous lui ressemblez drôlement, avait ajouté le passager physionomiste, après s'être présenté.

Une Mercedes l'attendait à Los Angeles Airport. Le délégué général au tourisme m'avait déposé sur Sunset. Nous avions sympathisé. Huit jours plus tard, il me proposait le laissez-passer pour la soirée de Briggs.

– Pour me faire pardonner mon erreur, avait-il plaisanté.

Adossé à une statue en marbre, reproduction grandeur nature de Périclès, je contemple le soleil qui descend sur la baie de Santa Monica, noyant l'océan, le sable, les villas et les arbres dans des reflets rougeoyants. La masse sombre des Santa Monica Mountains disparaît déjà dans la brume. Un serveur au teint basané, porteur d'un plateau de petits fours, se plante devant moi :

– Monsieur désire-t-il une coupe de champagne ?

– Volontiers, merci.

Là-bas, au milieu du décor qui semble attendre les caméras, le maître de maison, entouré d'admirateurs, pérore, un œillet rouge dans la pochette de son smoking de soie blanc... A chaque mouvement du poignet, l'énorme solitaire qu'il porte à l'auriculaire gauche scintille comme sous un projecteur.

Je consulte ma montre. La sympathique bedaine de Pierre Demoulière ne devrait pas tarder à se pointer. Mon regard se porte à nouveau sur Christopher Briggs, qui joue à merveille son rôle de maître de maison. Quand il m'a serré la main, tout à l'heure, en m'accueillant, il ne s'est même pas demandé qui j'étais et qui m'avait invité. Sans doute ne connaît-il pas le quart des pique-assiette qui ont envahi sa demeure. Je fais, comme les autres, partie de la figuration inévitable.

Pour Briggs, seuls importent les stars du Tout-Hollywood qui se sont donné rendez-vous ce soir sur les hauteurs de Malibu Beach. Les femmes sont superbes, gloires du grand ou du petit écran, starlettes pulpeuses jouant de leurs formes comme d'apprenties-Marilyn, femmes du monde dont l'influence se mesure aux carats de leurs bijoux. Un groupe s'est formé, contemplant béatement le teint velouté, le cheveu argenté, la stature et les muscles d'un acteur en renom. L'orchestre de musique de chambre, dissimulé derrière une haie de bougainvillées, donne du Lulli. Et Demoulière, mon nouvel ami délégué au tourisme, qui n'arrive toujours pas ! Je saisis une nouvelle flûte avant que le plateau du serveur ne cingle vers une vague d'invités-dévoreurs.

– Que pensez-vous de cette soirée, mon cher Borniche ?

La voix me tire de la rêverie. Je fais passer la coupe de droite à gauche pour serrer la main que me tend Sébastien Ripoix, le consul de France. Il porte beau, le représentant officiel de la République, dans son smoking bleu nuit. Cela me fait plaisir d'entendre ma langue maternelle, dans ce tohu-bohu de piaillements et de rires bruyants.

– Vous êtes venu seul ?

– J'attends Demoulière, qui m'a invité. Il ne saurait tarder...

Un sourire éclaire le visage du diplomate :

– Demoulière ? Il est toujours en retard, cher ami. C'est son petit défaut. Il est vrai qu'il ne se couche jamais de bonne heure. Tiens, Tucson...

– Tucson ?

– Oui, là-bas... Le grand type aux cheveux noirs, devant le serveur. C'est l'avocat-vedette du Comté. De toute la Californie, devrais-je dire. Il était marié à une de nos compatriotes. Une femme très bien, dont il s'est séparé. Elle est en pleine déprime. Sa fille de dix ans, Patricia, a disparu il y a trois jours. Depuis, elle est sans nouvelle...

– Comment cela, disparue ?

– C'est assez fréquent aux États-Unis. Beaucoup d'enfants, filles et garçons, disparaissent sans qu'on sache comment ni pourquoi. Des gamines, surtout, entre six et douze ans. Parfois, on retrouve un corps décomposé dans un lieu désert. L'autopsie révèle des violences sexuelles... Tucson a offert une prime de vingt mille dollars, ça n'a servi à rien pour l'instant. Peut-être le FBI parviendra-t-il à quelque chose, mais j'en doute. On pense qu'un gang a la haute main sur ces activités répugnantes. Une coupe ?

– Merci. J'en suis déjà à la deuxième. Il n'a pas l'air très déprimé, votre avocat...

Le consul secoue la tête :

– Tucson est un dur. Il ne fait pas de sentiments. Du moins, il n'en montre rien. Il s'était entiché d'une petite actrice dont les seins sont plus généreux que le talent. Elle l'a laissé tomber. Depuis, il ne s'en remet pas.

– C'est plutôt de la disparition de sa fille qu'il ne devrait pas se remettre, non ?

– Sans doute, soupire le consul. Son ex-femme m'a demandé d'intervenir auprès de la police locale et du FBI pour activer les recherches. Mais que puis-je faire, je vous le demande ? J'ai conseillé à Élisabeth Tucson de s'adresser à un détective. Elle ne veut pas. Son mari travaille avec les cabinets américains et elle est sûre qu'il y aurait des fuites. Vous comprenez, elle le soupçonne d'avoir enlevé sa fille. Personnellement, je n'y crois pas... Au fait, vous êtes détective, vous ?

– Je l'étais, après que j'eus quitté mes fonctions officielles, dis-je en examinant John Tucson. Mais c'est fini. Désormais, j'écris.

Une force assez redoutable émane de l'imposante silhouette de l'avocat, de sa mâchoire carrée, du menton proéminent, du regard dur sous les sourcils charbonneux. Il ne doit pas faire bon être du nombre de ses adversaires. Je ne peux me défendre d'un violent sentiment d'antipathie.

– Je vous disais cela, poursuit le consul, parce que vous pourriez peut-être donner des conseils à Élisabeth Tucson, intervenir auprès des enquêteurs, que sais-je ? Entre gens de métier on se comprend mieux, on est davantage porté à se rendre service...

Je considère, perplexe, le consul de France. L'invitation de Demoulière n'aurait-elle pas eu d'autre objet que de me faire rencontrer le diplomate, et de permettre à ce dernier de me suggérer une enquête ?

Sans doute lit-il un certain amusement dans mon regard, puisqu'il s'empresse d'ajouter :

– Bien sûr, je ne cherche pas à vous forcer la main, cher ami.

– Bien sûr...

Nos yeux se tournent à nouveau vers Tucson. L'avocat s'est approché d'une toute jeune prétendante à la succession de Liz Taylor, décolletée autant que le permet la décence, et lui fait manifestement une cour pressante. Dégoût ? Jalousie ? Mon antipathie redouble. La disparition de son enfant ne semble pas troubler le moins du monde cet amateur de chair fraîche.

– Cela ne me surprendrait pas qu'il ait mis sa gamine en lieu sûr, dis-je sans le quitter des yeux. Lorsque j'étais policier, j'ai connu des tas d'affaires de ce genre en France. Des enfants enlevés à leur mère par des hommes de main à la solde du mari... Je suppose que Mrs Tucson et la police l'ont questionné à ce sujet ?

– Naturellement ! L'explication avec sa femme a même été orageuse. Il l'a congédiée brutalement. Quant aux policiers, ils n'ont pas dû faire de grands efforts pour l'interroger. C'est intimidant, un attorney aussi célèbre. Et si je vous présentais à la mère de Patricia, qu'elle vous explique son cas ?

– Je ne vois pas ce que je pourrais lui apporter.

– Qui sait ? Tiens, j'aperçois Demoulière qui vient dans notre direction. Je vous laisse. Réfléchissez à ce que je vous ai dit. Si vous apportiez à Élisabeth un peu de réconfort moral, ce ne serait déjà pas si mal. Je vous appellerai demain chez vous. D'accord ?

– Pas trop tôt si vous voulez bien. J'écris la nuit, je ne suis donc pas matinal. Vous comprenez ?

Le consul hoche la tête en souriant, puis s'éloigne. Il me semble le voir échanger un regard de connivence avec Demoulière. Peu importe.

– Navré d'être en retard, lance le délégué au tourisme en me serrant la main. Le consul vous quitte, si je ne m'abuse.

– Oui. Et il m'a même transmis le message, dis-je d'un ton hypocrite. J'irai voir Mrs Tucson demain... Vous avez son adresse, je suppose ?

Pierre Demoulière me regarde sans rien dire pendant quelques instants, puis part d'un formidable éclat de rire.

– Touché ! Ça nous apprendra à vouloir jouer au plus fin avec un policier... La diplomatie, vous savez, c'est l'art d'utiliser le chemin le plus tortueux pour aller d'un point à un autre.

– Pour ma part, j'ai toujours préféré la ligne droite, dis-je, désarmé par sa bonne humeur. Si nous allions dîner chez Moustache ? Vous pourriez me parler d'Élisabeth Tucson entre deux bons plats français !

– Vous m'excusez, chère amie, on me demande au téléphone.

Christopher Briggs, discrètement prévenu, abandonne la propriétaire de la Galerie Christie, brillante personne à la chevelure d'argent, fend la foule de ses invités en distribuant maints sourires et poignées de main, retrouve le calme et la fraîcheur de son bureau personnel. Keur Simba, son garde du corps sourd-muet, referme derrière lui le double battant d'une porte de bois sculpté, vestige de l'hacienda californienne d'un colon espagnol.

– Briggs à l'appareil.

– C'est moi, annonce simplement une voix anonyme.

Le décorateur sursaute. Il a reconnu le timbre particulier de Victor Scaglia. Son front se plisse :

– Que se passe-t-il, cher ami ?

– Nous avons un problème, monsieur. L'un de

nos fournisseurs a disparu. Vu l'importance de notre dernière livraison, je crains qu'il lui soit venu de mauvaises idées.

Briggs conserve quelques instants le silence, le temps de décoder la phrase du policier. La dernière livraison, c'est la petite Tucson... Jusqu'à présent, le réseau de trafic d'enfants qu'il dirige n'a encore jamais dû affronter pareille bavure. Enlever la fille d'un attorney ! Ces crétins de Chicanos n'ont-ils pas le moindre jugement ? Lorsque l'offre de prime de Tucson est parue dans la presse, Briggs s'est douté qu'une telle somme aurait de quoi tenter les maillons les plus faibles de son organisation. Maintenant, à en croire Scaglia, le risque est devenu réel.

– Attendez...

Christopher Briggs s'interrompt, le temps de construire mentalement sa phrase. Il lui faut être clair tout en ne prononçant aucune parole susceptible d'éveiller la méfiance d'un éventuel service de police à l'écoute. Briggs ne pense pas être surveillé. Mais, après tout, les hommes du Watergate le pensaient-ils, eux ?

– Vous êtes là ? Bon. Si vous voulez mon avis, il serait préférable de mettre un terme à votre collaboration avec ces mauvais fournisseurs. Et si vous pouviez procéder personnellement à la liquidation de leur compte, ce ne serait pas plus mal...

Il y a une hésitation, à l'autre bout de la ligne.

– Si je comprends, j'annule le contrat avec nos *trois* fournisseurs ? demande Scaglia, avec une pointe d'angoisse dans la voix. C'est bien cela ?

– Tout à fait. Et le plus vite sera le mieux, cher ami. Vous retrouvez celui qui a disparu, et vous lui présentez la facture. Pour les deux autres, ça peut attendre... Mais il faudra aussi y songer. C'est plus sûr !

Nouveau blanc au bout de la ligne, puis :

– Bien, monsieur.

– Naturellement, vous me tenez au courant.

– Je n'y manquerai pas, monsieur.

Briggs raccroche, contemple le combiné sans le voir, perdu dans ses pensées. La sagesse ou la prudence commanderaient de liquider la petite Tucson, aussi proprement qu'avait été liquidée la petite Findler. Trop dangereuse. Beaucoup trop dangereuse... L'ennui, c'est qu'il a déjà trouvé un client pour elle. Un bon client, fidèle, et qui paie grassement. Dans moins d'une semaine, la fillette aura quitté la Californie, et personne ne la retrouvera jamais.

Jamais vivante, en tout cas.

8

3 novembre, 22 heures, Los Angeles.

Le motel Sun Yat-Sen dresse tant bien que mal sa façade lézardée entre deux panneaux publicitaires dont l'un vante les mérites d'une nouvelle voiture japonaise, l'autre étalant les charmes d'une pin-up en bikini au bord d'une plage de Hawaï. Bâti sur un terrain vague transformé en aire de stationnement pour poids lourds, le sordide établissement est situé sur Rosecrans Avenue, à la limite de Segundo et Manhattan Beach. L'honorable Sun Yat-Sen, fondateur du Kuo-min-tang, ferait grise mine s'il voyait, de l'au-delà, dans quel voisinage se trouve le motel qui porte son nom. L'usine voisine, désaffectée, achève de s'écrouler. Des herbes folles s'étiolent entre les briques disjointes. La plate-forme en ciment, au long de laquelle les camions venaient charger, n'est plus qu'un cimetière de tonneaux rouillés.

La nuit est déjà tombée depuis plusieurs heures quand l'agent Scaglia pousse la porte du Sun Yat-Sen. Le bureau du motel est désert. Un tapis de corde, usé sur le nez des marches, offre ses pauvres restes à l'obscurité de la cage d'escalier. Le balancier de la minuterie résonne dans le silence funèbre de ce palace pour déshérités. Parvenu à l'entresol, Scaglia cogne à une vitre derrière laquelle un store à lamelles laisse filtrer la lumière d'une faible ampoule. Les borborygmes d'une tuyauterie orchestrent le grincement des lamelles qui se soulèvent. Une face aplatie, aux yeux étirés, apparaît dans l'encadrement du vasistas.

– Qu'est-ce qu'il y a ? nasille une voix revêche.

La vue de l'uniforme transforme le masque rébarbatif en un sourire cauteleux. La porte s'ouvre, révélant un homme sans âge, au nez minuscule, dont les cheveux gras se soulèvent par plaques. Sa longue tunique mauve à manches, croisée devant, est maintenue par une ficelle qui s'effiloche. D'autorité, le policier entre dans la pièce, referme la porte.

– Vous avez un Morales chez vous ! aboie-t-il. Depuis combien de temps ?

Réprimant mal un hoquet de surprise, le Chinois offre un siège à son visiteur qui refuse d'un mouvement de tête agacé.

– Comment dites-vous ?

– Morales, répète Scaglia en déplaçant d'un coin à l'autre de la loge ses quatre-vingt-dix kilos de muscles. Jesus Morales. Je parle clair, non ?

Le visage de l'Asiatique singe maintenant l'étonnement.

– Je ne vois pas ce que vous voulez dire, monsieur l'officier. Il est comment ce...

– Morales, coupe Scaglia, qui tire une photo de sa poche pour la coller sous le nez de son interlocuteur. Si vous me racontez que vous n'avez jamais vu cette gueule-là, je vous embarque.

Un tintement de casseroles provenant d'un réduit qui doit servir de cuisine le fait se retourner brusquement. Sa prunelle noire fixe le crasseux rideau de séparation.

– Il y a quelqu'un, dans votre boui-boui ?

– Ma femme. Elle prépare du thé. Je vous en offre une tasse ?

– Garde ton thé, *Chink*. Ce Morales, c'est oui ou c'est non ?

Le Chinois examine la photo, relève la tête.

– C'est non.

– Tiens donc...

– Je connais tous mes locataires, monsieur le détective.

– Et celui-là, comme un fait exprès, tu ne l'as jamais vu ?

Les yeux de Charlie ne sont plus qu'une fente.

– C'est qu'il ne passe pas beaucoup de gens, par ici. Avant, oui. Vous voyez, c'est modeste. Quand je dis « tous mes locataires », j'en ai exactement trois, sur huit chambres. La ville m'a exproprié. D'ici deux mois, le Sun Yat-Sen n'existera plus.

– Ce ne sera pas une perte, dit Scaglia. Regarde bien cette photo. Et réfléchis avant de répondre... Ça me ferait de la peine que tu aies des ennuis. C'est vrai, ça. Tu n'es que résident provisoire, aux USA. Tu as fait une demande pour obtenir la Green Card ?

Le Chinois se voûte encore, baisse la tête.

– Cette carte verte, il faut faire preuve de civisme pour l'obtenir, poursuit Scaglia. Prouver que l'on sera un bon citoyen, soucieux de la morale, coopératif avec les autorités...

Les doigts de l'Asiatique tapotent la photographie.

– C'est drôle, finit-il par bredouiller, il y a quelque chose dans les yeux... On dirait... Non, ce n'est pas ça, je me trompe. Je regrette, je ne connais pas cette tête-là.

– On dirait ? reprend Scaglia, le sourcil méchamment interrogateur. Vas-y, dis-le... On dirait qui ?

– Personne... Quand l'usine fonctionnait, j'avais un client avec ce regard-là. Un Portoricain. Ça remonte à cinq ou six ans. Il marchait à fond, mon motel, en ce temps-là. J'avais même des touristes de passage que m'envoyait l'aéroport.

Cela, Scaglia s'en moque. Il poursuit son idée :

– Je vais te dire un truc, *Chink.* Sans Green Card et sans visa, ça va être difficile pour toi de vivre aux States. Sans travail en plus, si le motel est foutu...

Il reprend le cliché, le remet dans sa poche, tire une chaise à lui, s'assoit à califourchon, les avant-bras sur le dossier. Il enchaîne :

– Je t'ai laissé parler pour voir jusqu'où tu aurais le culot de mentir, Charlie Ngoc Dahn. Maintenant, je suis fixé. Je vais te dire, moi, ce que je sais. Il y a trois jours, Jesus Morales est venu habiter chez toi, à la demande de ta nièce Koo. Une belle fille... Si tu avais établi une fiche, tu n'aurais pas manqué de recopier les indications de sa Driver's Licence...

Victor Scaglia jette un bref coup d'œil au carnet à spirales qu'il tient au creux de sa paume.

– ... A 425640 Y, un permis tout récent qu'il a obtenu sur Colorado Boulevard. C'est là que j'ai eu sa photo. Tu ne l'as pas fait, Charlie, et c'est illégal. Première faute. Tu es peut-être malin, mais ce n'est pas à un vieux renard comme moi qu'il faut faire bouffer des salades. Il y a dans ton pays un proverbe : « Qui élargit son cœur rétrécit sa bouche. » Eh oui ! Si tu ne veux pas parler, c'est parce que tu aimes bien Koo et je le comprends. Malheureusement, je suis obligé de t'embarquer au Central, toi et ta femme qui aime tant le thé. Là-bas, on t'expliquera pourquoi Morales n'est plus une bonne fréquentation pour ta nièce...

Scaglia marque une pause. Ironique, il toise le Chinois. Il a l'impression que son petit discours est efficace. Deux plis soucieux barrent le masque de Charlie. Scaglia jette un coup d'œil à sa montre, avant de reprendre :

– Le petit ami de Koo s'est fichu dans une sale histoire, Charlie. Tout ce que je veux, moi, c'est le retrouver... Soit tu me donnes spontanément un coup de main, comme un bon citoyen, soit je te coffre pour recel de malfaiteur. Et je fais tomber Koo comme complice de kidnapping... Ça va chercher dans les dix ans fermes. C'es ça que tu veux, Charlie ?

Les doigts de l'Asiatique se sont crispés sur la ficelle de son kimono. Ses traits se sont contractés. Comment nier l'évidence, maintenant que les flics sont au courant ? Ils ont dû suivre Koo lorsqu'elle quittait le restaurant de Westwood pour apporter des provisions à son ami. Il suffirait d'une visite de quelques chambres pour que Morales soit découvert. Et le voilà, lui, Charlie, en prison ainsi que sa femme, à moins de payer une lourde caution qu'il ne pourra réunir... A aucun moment, Koo ne lui a parlé d'enlèvement d'enfant. Jamais il n'aurait accepté d'héberger un criminel, fût-ce le protégé de sa nièce. Est-elle seulement au courant, Koo, de ce que raconte le flic ? Après tout, il ne le connaît pas, ce Jesus Morales. Il a accepté de le loger au Sun Yat-Sen pour rendre service à Koo, pas pour lui attirer des ennuis ! Et puis ce flic aux manières brutales, à qui l'uniforme noir taillé sur mesure et la gourmette en or pendant à son poignet donnent des airs de souteneur, le met décidément mal à l'aise.

– Si je vous dis la vérité, finit par avouer Charlie dans un souffle, est-ce que vous nous laisserez tranquilles, Koo, ma femme et moi ?

Scaglia dissimule son triomphe. Il se lève, passe les pouces sous la boucle de son ceinturon, prend une pose de confesseur :

– En principe oui. A moins que tu essaies de m'endormir, comme tout à l'heure.

– Je ne savais pas que ce salopard avait fait une chose pareille. Koo non plus ne doit pas le savoir.

Elle est si gentille. Je me demande bien ce qu'il lui a fait pour qu'elle en soit tombée amoureuse...

Scaglia esquisse une moue compréhensive. Peu lui importent les justifications maladroites du Chinois. Ce qui compte, maintenant, c'est de retrouver Jesus Morales et de... Quel est le terme qu'a utilisé Christopher Briggs ? Ah, oui... de lui « présenter la facture ».

Le policier soupire, consulte sa montre. Onze heures moins vingt. Dire qu'après la nuit blanche qui s'annonce il devra encore aller pointer au commissariat, pour mener avec cet imbécile de Pumpkin l'enquête officielle sur l'enlèvement de la petite Tucson, enquête qu'il s'évertue, lui, à rendre impossible !

– Bon, dit-il, interrompant les jérémiades de Charlie. Ce Morales, tu l'as mis dans quelle piaule ?

– A la 6, juste au-dessus, répond le Chinois en baissant la tête.

– C'est bien...

L'espace de quelques secondes, Victor Scaglia joue avec l'idée de grimper quatre à quatre l'escalier branlant du Sun Yat-Sen Lodge, de défoncer d'un coup d'épaule la porte de la chambre et de vider le barillet de son Smith & Wesson sur cette ordure de Morales. Une idée amusante, mais stupide. A cette heure de la nuit, un *vrai* policier ne pourrait intervenir. Pourquoi éveiller les soupçons du vieux Chinois en agissant avant l'heure légale ?

– Il sort bien de temps en temps, ton client ? demande-t-il en se tournant vers Charlie.

– Jamais avant 2 heures de l'après-midi. Koo travaille comme serveuse dans un restaurant de Westwood. Elle vient le retrouver après son service, ils font un tour sur la plage et il revient dans sa chambre. Il a l'air malheureux...

– Le remords, dit Scaglia. La frousse d'être piqué aussi... Et il prend sa voiture, parfois ? Qu'est-ce que c'est déjà, comme bagnole ?

Le Chinois hésite à nouveau, hausse les épaules.
– Je ne sais pas, monsieur le détective. Une fois qu'il est dehors, je ne vois pas ce qu'il fait... Si c'est la sienne de voiture que j'ai vue, elle est toute déglinguée, marron avec une aile plus claire à l'arrière gauche, il me semble. Elle doit être garée sur la 40th Street, à l'angle de Vista del Mar...
– Je sais, coupe Scaglia. Je voulais encore m'assurer de ta franchise.
Charlie Ngoc Dahn courbe à deux reprises sa petite taille.
– Si ça peut vous rendre service, laissez-moi votre numéro. Je vous préviendrai quand il demandera sa note... Parce qu'à mon avis, il ne va plus rester là longtemps.
– Qu'est-ce qui te fait dire ça ?
– J'ai entendu une conversation téléphonique avec Koo. De la loge, on peut tout écouter. C'est une vieille installation, avec des fiches...
– Et alors ? questionne Scaglia.
– Alors, il a dit que ça ne pouvait plus durer comme ça. Il a demandé à Koo de faire réviser sa voiture. Puis il a dit que si elle tenait le coup, il pouvait être à Houston en trois jours.
– Pourquoi Houston ?
Faisant assaut de servilité pour tâcher de s'en sortir le mieux possible, le Chinois ajoute :
– C'est ce que j'ai entendu. Si vous voulez rester dans les environs, j'irai vous prévenir lorsqu'il quittera sa chambre...
Scaglia hoche la tête, satisfait. Que ce pauvre idiot de Morales quitte Los Angeles, c'est tout ce qu'il souhaite ! Une fois sorti de la ville, il pourra agir en toute tranquillité, sans témoins...
– Et comment sauras-tu à quel moment il décampera ? grogne-t-il en déplaçant sa masse vers la porte.

– Koo l'appelle tous les jours vers 10 heures. Je n'ai qu'à écouter ce qu'ils se disent et aussitôt je vous téléphone.

– Et tu feras bien, enchaîne Scaglia, l'air à nouveau menaçant.

Charlie s'incline à deux reprises, les mains jointes en signe de soumission.

– Comptez sur moi, monsieur le détective. Puisque vous avez promis de ne pas nous faire de misères, moi, je vous ferai signe, je vous le promets.

Scaglia se dirige vers l'escalier.

– D'accord, Charlie, dit-il. Mais attention. Si tu me doubles, je te le ferai passer le goût du saké, moi !

Dès que la porte se referme, le sourire respectueux de l'Asiatique se fige en une moue de profond mépris.

– Le saké, c'est japonais, crétin !

9

4 novembre, 9 heures, Los Angeles.

Juchée au sommet de la Kings Road qui grimpe en lacets à l'assaut des Hollywood Hills, la maison de bois d'Élisabeth Tucson domine un canyon où les villas, bâties sur pilotis, s'accrochent au granit. Le living, prolongé par une terrasse qui surplombe le vide, occupe tout le rez-de-chaussée. Un panorama superbe s'offre aux larges baies à glissières. Devant mes yeux s'étale l'immensité de Los Angeles, depuis Santa Monica, que les palmiers d'Ocean Avenue apparentent à la Croisette de Cannes, jusqu'à Century City, avec ses buildings géants de l'an 2000 qui ont remplacé les studios de la 20th Century Fox et, au lointain, Downtown, le centre administratif de la ville dont les gratte-ciel semblent courtiser quelques nuages. Droit devant moi, en toile de fond, les hauteurs de Long Beach, derrière l'aéroport où les jets de tous calibres se succèdent à un tel rythme qu'on pense qu'ils vont se chevaucher.

C'est une domestique à la peau cuivrée, fripée, qui m'a ouvert. Comme si nous étions de vieilles connaissances, elle m'a fait un léger signe de tête. Sa moue perplexe, quelque peu théâtrale, me signifiait-elle que sa patronne n'allait pas très fort ? Elle m'a proposé une tasse de *regular* que j'ai acceptée sur-le-champ, le café américain ne sollicitant pas davantage mes papilles que l'eau de vaisselle teintée d'encre noire. J'ai récidivé avec une seconde tasse. Puis elle m'a conduit auprès de la maîtresse de maison.

– Je prends toujours mon breakfast sous les premiers rayons du soleil, dit Élisabeth Tucson en m'accueillant. Je me suis mise à l'heure américaine : toasts, beurre, confiture, bacon... Merci d'être venu, monsieur Borniche.

Je serre la main tendue, m'assois dans le fauteuil en osier qu'Élisabeth me désigne. Des lunettes à verres fumés abritent son regard. Elle a l'accent chantant du Midi de la France.

La domestique, pur produit de l'Amérique centrale, dépose sur la table basse, devant moi, l'attirail du parfait consommateur de nectar : eau bouillante dans une cafetière de verre, tasse sur soucoupe, sucre et café en sachets.

– Servez-vous, monsieur Borniche. Le consul m'a dit que vous résidiez aussi à Los Angeles ?

– Oui. Depuis deux ans, mais je n'ai pas quitté Paris pour autant. Je vais, je viens. J'habite au-dessus de West Hollywood, en pleine colline, parmi les coyotes, les geais bleus, les perroquets et les cerfs qui viennent brouter une pelouse... Toutefois la vue n'est pas aussi spectaculaire que la vôtre.

Elle beurre un toast avec application, repose le couteau. Je glisse un sachet de poudre de café dans la tasse, l'arrose d'eau chaude. Nous restons silencieux pendant près d'une minute. Élisabeth semble ailleurs. Peut-être a-t-elle rejoint Patricia en pensée. Puis elle se secoue et reprend brusquement le fil de notre conversation.

– Lorsque j'étais avec mon mari, dit-elle, nous jouissions d'un panorama encore plus étendu. A cent quatre-vingts degrés. A la suite de mon divorce, j'ai dû quitter la villa de Doheny Estates pour celle-ci. Mais Patricia s'y sent bien. Elle aime sa chambre, son jardin...

La voix se casse à l'évocation de l'enfant.

– Bien sûr, le consul vous a mis au courant, reprend Élisabeth.

– Bien sûr, dis-je. Je l'ai rencontré hier. Il a... Disons qu'il a beaucoup insisté pour que je vous rencontre.

A nouveau, Élisabeth semble absente. Le silence pèse sur cette villa qui aurait pu être la maison du bonheur. Je ressens une gêne. Un de ces moments où les paroles sont superflues. Mes yeux errent sur les meubles d'acajou du living, sur les tableaux exposés, sur le tissu grège des murs : je reconnais les hôtels particuliers d'Aix-en-Provence, des XVIIe et XVIIIe siècles, les paysages de Cézanne, avec la montagne Sainte-Victoire peinte depuis Châteaunoir, et la baie de l'Estaque, au nord de Marseille. Mais ce qui me bouleverse, ce sont les photographies de Patricia, en portrait, en buste, seule ou aux côtés d'une gamine blonde de son âge. Patricia pour laquelle je suis ici.

Mal à l'aise, j'en suis à me demander pourquoi je suis venu faire cette visite de condoléances. Lorsque j'étais flic, on qualifiait ainsi les rendez-vous que nous prenions avec les magistrats pour leur signifier que l'enquête qu'ils nous avaient confiée se soldait par un échec. Comment pourrais-je aider la jolie Élisabeth à retrouver sa non moins jolie fillette, dans ce pays immense où je ne suis qu'un étranger ?

Mrs Tucson se secoue, se décide à prendre les devants :

– Le consul a dû vous expliquer pourquoi j'aimerais que vous preniez mon affaire en main. Je n'ai aucune confiance dans les privés américains. Vu la position de mon ex-mari, s'ils voulaient rendre service à quelqu'un, ce serait à lui, pas à moi !

Je la regarde, étonné :

– Pourquoi M. Tucson ferait-il obstacle aux recherches concernant sa fille ?

Elle hésite, baisse la tête, la relève :

– Ce n'est pas drôle à dire mais je le soupçonne de l'avoir fait enlever pour me nuire. C'est un sadique. Plusieurs fois, prétendant que j'éloignais Patricia de lui, il m'a menacée de faire modifier la garde. En fait, c'est elle qui ne voulait plus aller le voir. Elle en avait assez du défilé de ses maîtresses...

– Pardonnez-moi, mais je n'arrive pas à croire que M. Tucson ait enlevé sa fille. Le consul non plus, je dois dire.

Élisabeth me fixe, le visage durci.

– A moi, il m'avait répété qu'il le ferait. Il n'y avait pas de témoins, naturellement. Mais c'est une piste qu'il faudrait creuser. Si elle est bonne, Patricia me revient. Sinon...

Elle se mord les lèvres, les yeux pleins de larmes, se reprend après un temps de silence :

– Quoi qu'il en soit, je veux en avoir le cœur net. John, mon ex-mari, travaille avec les privés d'ici. Comment voulez-vous qu'ils le surveillent ?

– La police officielle...

– Débordée par le nombre d'affaires qui s'abattent sur une si grande ville. Je les ai tous vus. Le garde Morrisson du Farmer's Market, très gentil, le sergent Bill Franklin, pas futé pour deux *cents*, qui a tout juste réussi à recueillir le témoignage d'un cameraman amateur qui n'a servi à rien... et même le Supervisor Ron Willis, du FBI. Car le dossier est maintenant au bureau du Federal Building, sur Wilshire. Sans succès, d'ailleurs.

– Il faut leur laisser le temps d'agir. Une enquête ne se règle pas en deux minutes !

Élisabeth repousse sa chaise, se lève. A sa démarche trop raide, je me rends compte qu'elle n'a dû dormir que quelques heures, ces derniers jours. Elle s'accoude à la balustrade de bois ajouré qui clôt la terrasse.

– Chaque seconde est importante, monsieur Borniche. Vous vous rendez compte de mon angoisse ?

Certes, je m'en rends compte, mais cela ne nous avance guère.

– Vous me disiez que Ron Willis, du FBI...

– Il m'a convoquée deux fois pour me demander des tas de renseignements qu'il a communiqués à l'un de ses collaborateurs. Je les avais déjà fournis au sergent Franklin du Los Angeles Police Department. La notoriété de John semblait lui poser des problèmes.

Je m'insurge :

– Le FBI n'a pas la réputation de céder à quelque pression que ce soit. J'ai travaillé avec ses agents quand j'étais flic ou privé et je puis vous dire...

Elle ne m'écoute plus. Le téléphone a grésillé et elle s'est précipitée sur l'appareil. La gorge serrée, je réalise ce qu'ont dû être ces quatre derniers jours pour elle. Quatre jours d'angoisse, d'impuissance, à répondre aux questions de policiers blasés, à sursauter au moindre coup de téléphone...

Élisabeth repose l'appareil. Elle a écouté sans presque rien dire.

– Encore une radiesthésiste, soupire-t-elle en reprenant place dans le fauteuil. Tous les jours, c'est pareil. Des propositions à n'en plus finir. Des voyantes, des astrologues... Des détectives amateurs, aussi. Tous m'affirment que Patricia est vivante...

– Pourquoi ne le serait-elle pas ? dis-je d'un ton qui se veut convaincant. Je suis persuadé qu'elle vous reviendra très vite.

– Qu'est-ce qui vous fait penser cela ?

– Une intuition.

– Vous allez pouvoir m'aider ?

Comment résister à cet air digne et implorant à la fois ? Élisabeth a ôté ses lunettes. Ses yeux, soulignés de larges cernes, me scrutent. L'aider, oui. Mais de quelle façon ? Mes fonctions officielles ont volontairement pris fin il y a quelques décennies et, même alors, je n'avais aucune relation dans la police américaine. Sauf à Washington avec Richard Baker, un ancien Supervisor du FBI, un as qui a ouvert une fameuse agence de détectives. Nous avons travaillé ensemble, récemment [1]. Peut-être accepterait-il de me donner un coup de main... Mais que pourrions-nous faire de plus que les G-men du FBI ?

Non, décidément, je ne peux pas me permettre de donner de faux espoirs à Élisabeth Tucson.

– J'aimerais vraiment vous être utile, dis-je, mais j'ai peur de ne pas avoir les moyens d'agir dans ce pays...

Mon esquive paraît la décevoir.

– Rassurez-vous, dit-elle. Je vous paierai !

J'ébauche un geste de la main.

– Ce n'est pas un problème d'argent. Seulement de moyens d'investigation...

Élisabeth revient s'asseoir en face de moi. Sa main se pose sur mon bras, ses yeux se font suppliants.

– Vous pourriez au moins vérifier si mon mari ne séquestre pas Patricia. C'est tout ce que je vous demande...

Il me semble impensable de suspecter John Tucson, attorney de l'État de Californie, d'avoir kidnappé sa propre fille, au risque de compromettre définitivement sa carrière. Mais je ne peux vraiment pas refuser de rendre ce service à une mère aux abois.

– D'accord, dis-je. Je vais essayer, mais je ne vous garantis rien.

---

1. *La Filière*, Presses de la Cité.

Mon regard balaie à nouveau le living, parcourant les nombreuses photos de Patricia qui s'y trouvent.

– Pourriez-vous me confier l'une de ces photographies ? La plus récente possible.

– Bien sûr, dit-elle, d'un ton plein de reconnaissance. Venez...

Elle se lève à nouveau, me précède dans un escalier qui dessert une chambre d'enfant située sous la terrasse. Le rez-de-chaussée de ces maisons sur pilotis se trouve au niveau de la rue, et les chambres, au sous-sol, au-dessus du vide, de l'autre côté de la façade.

La chambre de Patricia évoque une chapelle ardente. Des photos, des fleurs, des jouets... Sur le lit, des poupées, un ours en peluche et, sur un bureau d'écolier miniature, un cartable ouvert.

– Elle faisait ses devoirs avant que nous partions au Farmer's Market, dit Élisabeth. C'est resté tel quel.

Une nouvelle fois, l'émotion l'étreint. Elle saisit sur le bureau d'écolier un album, l'ouvre à la dernière page, en extrait un cliché qu'elle me tend. Patricia, à côté de sa mère, sourit à l'objectif. Elles ont le même regard.

– Comme vous vous ressemblez, dis-je, en plaçant la photo dans mon portefeuille.

Élisabeth hoche la tête sans répondre, les yeux embués de larmes.

10

4 novembre, 9 h 45, Los Angeles.

Dans sa chambre du Sun Yat-Sen Lodge, Jesus se tourne et se retourne sur le lit. Le matelas trop dur, les draps trop rêches, le gargouillement d'un tuyau de vidange l'ont, une fois encore, tenu éveillé une partie de la nuit. De l'autre côté des vitres sales, le fog ouate la cheminée tronquée de la vieille usine, s'effiloche sur le pylône bardé de câbles du transformateur électrique. Les cris des mouettes pillardes au-dessus d'un tas d'ordures, le miaulement d'un chat, le claquement d'une porte, le font sursauter.

Il est presque 10 heures. D'une minute à l'autre, Koo doit l'appeler. Si la voiture est prête, il file à Houston.

Ces quatre jours de claustration lui ont semblé des semaines. Bouclé dans sa chambre pour échapper à d'éventuelles représailles, il s'est senti plongé dans un univers carcéral, retranché, immobile et clos. Il ne pouvait s'adapter à son isolement à la fois protecteur et destructeur. L'anxiété et l'attente sont pires que le mal. Les vagues qui venaient mourir au pied du motel, le roulement des voitures sur Rosecrans Avenue, le tintamarre des caterpillars transformant un terrain abandonné en parcours de golf, gorgeaient sa chambre de vie, de cette vie de liberté qui est l'idée fixe de tous les reclus, sans exception. Tout était à portée de la main mais rien ne lui était accessible. Il suffisait d'une entorse aux recommandations de Koo pour que Pablo ou les flics lui tombent dessus.

Elle avait été maligne, Koo. Plus roublarde que ce gros hypocrite de Mendoza qui voulait revoir Jesus à tout prix. Il voulait lui faire des excuses, l'indemniser, affirmait-il, pour le travail qu'il avait partiellement effectué. Koo, pas dupe, l'avait éconduit poliment, mais fermement.

– Un beau salaud, votre Jesus, avait-elle clamé, feignant l'indignation. Je l'héberge, je le nourris et il disparaît sans crier gare, sans mettre un mot, sans même me dire merci. Des oiseaux comme ça, tu peux te les garder...

– T'as pas une idée où il a pu aller ?

– Si je savais où, j'irais lui casser la gueule. Il est parti avec une montre, un poste de radio et soixante dollars que j'avais laissés sous l'évier...

Aurora, à son tour, était venue aux nouvelles. A plusieurs reprises, Koo l'avait vue rôder autour de chez elle et du Ching Garden. Cela ne présageait rien de bon. Aussi avait-elle redoublé de vigilance et pris une sage résolution.

– Tu restes chez mon oncle le temps qu'il faut, pendant que je fais réviser ta bagnole. Après, tu files à Houston. Ça vaut mieux que d'être transformé en passoire. Je te rejoindrai quant tout sera tassé.

Cela n'était pas près de l'être. Les coupures de presse qu'elle avait collectionnées avaient d'autant plus traumatisé Jesus que Patricia s'était révélée être la fille d'un avocat célèbre et influent. Lorsque ce dernier avait déclaré, lors d'une conférence de presse, qu'il offrait une prime de vingt mille dollars à toute personne permettant de retrouver sa fille, le

Mexicain avait entrevu une lueur d'espoir. Tout d'abord, il fallait quitter Los Angeles, disparaître, mettre assez de miles entre lui et les Mendoza pour qu'il leur soit impossible de le retrouver. Ce n'est qu'alors, à distance, qu'il pourrait peut-être se venger d'eux, tout en réalisant une belle opération financière. Un simple coup de fil suffirait. « Allô, monsieur Tucson ? Je sais où se trouve votre petite Patricia. Vingt mille dollars contre l'adresse, d'accord ? » Bien sûr qu'il serait d'accord, puisque c'est lui qui avait proposé cette somme !

Le gargouillis de la conduite d'évacuation arrache Morales à son rêve. Combien ne donnerait-il pas pour ne plus entendre ce bruit autrefois familier, mais que l'inquiétude et la tension nerveuse ont rendu insolite ! S'efforçant de garder son calme, Jesus revit les préparatifs de l'enlèvement, sa position recroquevillée sur la banquette de la Dodge volée, dans l'attente de l'action, sa pantomime saccadée devant le zoo, comme un joueur revit en rêve les péripéties d'une partie d'échecs. Il voit le visage confiant de Patricia, perçoit le ronronnement de la caméra vidéo du barbu aux sourcils touffus, récapitule les émotions qu'il a éprouvées depuis sa fuite du Farmer's Market. Ses muscles se crispent alors qu'il sait que ce n'est qu'un cauchemar et que, dans quelques minutes, Koo l'appellera pour lui donner le feu vert.

– J'espère que la voiture tiendra le coup, avait-elle dit la veille, lors de leur promenade sur le bord de mer. Parce que Houston, ce n'est pas la porte à côté. Mille cinq cents miles au moins, j'ai compté. Je t'ai mis un sac de couchage dans le coffre.

Houston, grâce à Koo, sera sa chance. L'exploitation pétrolière a besoin de main-d'œuvre. Son amie l'hébergera momentanément dans son logement de Westheimer Road, près du marché aux puces. Et

Houston, c'est presque la frontière. Les Mexicains y sont nombreux.

Soudain, Jesus perçoit une présence derrière la porte. Une peur inexpliquée s'empare de lui. Il se lève d'un bond, colle son oreille au panneau, retient son souffle. A première vue, le couloir lui paraît calme. En cas de danger, Xiao, la compagne de Charlie, femme-enfant brune et menue, ne doit-elle pas venir l'avertir ? Cela est convenu depuis son arrivée au motel. Une fois de plus, Jesus réalise combien il lui serait difficile de s'en sortir sans l'aide de Koo.

Il se ressaisit peu à peu. Un jour sale et timide filtre dans la chambre. Il gagne la fenêtre, risque un coup d'œil. Tout est calme. Des mouettes musardent sur le sable que la mer ourle d'une frange argentée. Rassuré, Jesus regagne sa couche, s'allonge, les mains sous la nuque, répète son plan d'action : 10 heures, si tout va bien, départ. A minuit, il peut être à Phoenix. Si le moteur ne chauffe pas trop. Phoenix, Arizona, le quart du voyage...

La sonnerie du téléphone le fait sursauter. Morales décroche fiévreusement, c'est la voix de Charlie.

– Je vous passe Koo...

Un grésillement, et Morales soupire de soulagement. Koo est joyeuse, tranquille. La voiture est prête, elle l'a garée en bas, à deux rues du Sun Yat-Sen Lodge, pour ne pas éveiller l'attention.

« Pars sans prévenir mon oncle, ajoute-t-elle. Il te demanderait où tu vas. J'irai le payer ce soir, pour la chambre. Appelle-moi quand tu seras arrivé à Phoenix, d'accord ? »

Dès qu'elle a raccroché, Jesus rassemble ses quelques affaires et boucle son sac. C'est fini. Dans quelques minutes, il aura quitté la ville..

Avec précaution, il soulève le loquet. Le couloir, sombre, est désert. A pas feutrés, guidé par la lumière tremblotante du panneau « Exit », il en gagne l'extrémité, pousse une porte à battant qui ouvre sur la réserve tenant lieu de blanchisserie. Une odeur d'humidité emplit l'air ambiant. Jesus, la frousse aux tripes, déverrouille une seconde porte, se glisse dans l'ouverture. Ses yeux s'étrécissent. Personne. Il éprouve un curieux frisson de jouissance.

Ses pieds s'enfoncent dans le sable humide. Il allonge le pas. A l'angle de la 37th Street, il s'arrête, écarquille les yeux. La guimbarde est là, luisante d'humidité, mais là, dans l'attente de l'ultime randonnée.

D'un bond, Jesus s'installe au volant. L'œil soudé au pare-brise, il met le contact. Miracle, le moteur démarre aussitôt. Une joie sauvage l'envahit lorsqu'il attaque Ocean Drive et que le rétroviseur lui renvoie l'image d'une avenue bien paisible.

La main de Charlie n'hésite qu'un court instant avant d'empoigner le combiné. Devant lui, sur le modeste standard téléphonique du motel, la fiche est encore branchée sur la ligne du 6. Il a tout entendu. Il sait que Morales a pris la fuite.

D'un doigt osseux, il compose le numéro griffonné la veille, sur un coin de son sous-main en papier buvard. Au bout du fil, une voix morne annonce :

– Commissariat central, j'écoute.

– Je voudrais parler à l'agent Scaglia. C'est urgent...

11

4 novembre, 11 heures, Interstate 10.

L'objet de musée frôle maintenant la vitesse autorisée sur Artesia Avenue, en direction de Palm Springs. Jesus ne prend pas de risques. Les flics de la Highway Patroll sont trop vigilants, trop répressifs pour qu'il se permette de dépasser les cinquante-cinq miles à l'heure. C'est d'ailleurs la vitesse maximum qu'il puisse imposer à une carcasse qui abandonne derrière elle un panache de fumée noire.

Los Angeles, une ville où un homme sans voiture est un homme mort, n'en finit pas. Jesus emprunte des voies bordées d'enseignes de stations-service, de supermarchés, de motels, plantés là dans une discordance de couleurs et d'architecture hétéroclite. Parfois, une gracieuse villa apparaît, nichée entre les bâtiments noircis d'une usine et un terrain en friche, avec sa façade de bois dentelé et des tourelles si légères qu'elles semblent flotter dans le ciel bleu.

Les miles s'ajoutent aux miles. Puis, brusquement, le désert. Une succession de vallonnements encombrés d'éboulis, hérissés de plantes maigres. L'Interstate 10 a succédé à la freeway. Elle suit la piste creusée jadis dans la pierraille brune de la Sierra Nevada. Partout, un amoncellement cahotique de rochers. Quelques miles plus loin, un panneau, immense, colorié, juché sur des poutrelles métalliques, signale aux touristes le Joshua Tree National Monument, réserve indienne devenue parc naturel. Mais Jesus n'est pas un touriste. C'est un homme qui fuit l'Ouest où il n'aurait jamais dû mettre les pieds et qui reprend espoir au fur et à mesure que son tacot disloqué ingurgite les kilomètres.

Un motor-home, mini-car des temps modernes, le double. Le Mexicain répond d'une main distraite aux bras des enfants qui émergent d'une fenêtre pour le saluer au passage dans un brouhaha d'exclamations et de rires. Mais le charmant spectacle est gâché par une vision différente. Une Chevrolet à capot noir et gyrophare arrive à sa hauteur, ralentit, calque son allure sur la sienne. Par la glace baissée, le policier fait comprendre à Jesus que le pot d'échappement souille l'atmosphère et lui ordonne de se placer dans son sillage. Ce qui va se passer, Morales le devine aisément. Le flic va gagner le parc de stationnement le plus proche, l'obligera à présenter ses papiers, épluchera sa Driver's Licence. Puis il dressera un procès-verbal pour pollution. Par bonheur, le permis de conduire est authentique. Ce qui l'est moins, c'est l'adresse fantaisiste qui s'y trouve mentionnée. S'il prend au policier l'envie de la contrôler par radio, la randonnée se terminera là, sur cette route à flanc de rocaille où de lourds camions roulent à un train d'enfer.

Jesus Morales, la gorge sèche, réalise que les minutes qui s'annoncent vont s'inscrire dans les pages noires de son existence. La prophétie de Koo se réalise. Il aurait dû l'écouter, rompre avec les Mendoza avant de commettre ces tragiques pitreries sur le parking du Farmer's Market. Seule, Notre Dame de Guadalupe, à qui il s'adresse dans les moments difficiles, est capable de le tirer de ce mauvais pas. L'exaucera-t-elle ? Il l'a si souvent négligée au cours des mois et des années passées. Pas la plus petite prière, pas le moindre acte de dévotion. Pas une seule visite à l'église de Ciudad Juarez, le modeste édifice d'adobe que le père Garcia, le fondateur de la ville, avait bâti.

L'œil de Jesus se rive sur l'arrière de la Chevrolet dont le pare-chocs miroite au soleil. Elle a surgi si brutalement, à l'improviste, qu'il n'est plus lui-même. Tandis qu'il s'essuie le front de la manche de son pull, une idée folle s'empare de lui. Elle pénètre dans son cerveau comme un coup de tonnerre. La fuite sera son salut. Une fuite rapide, précipitée à travers le surprenant amas de roches, entassées les unes sur les autres. Tant pis pour la voiture, tant pis pour le sac de couchage et les quelques hardes qu'il abandonnera entre les mains du flic. L'important, c'est de lui échapper. Jesus court vite. L'escalade ne lui fait pas peur. Il serait étonnant que le flic se lance à sa poursuite. Le temps qu'il dégaine son arme pour lui tirer dessus, Jesus sera loin, à l'abri, jouant les cabris à travers les défilés.

Depuis un moment, l'agent a levé le pied de l'accélérateur. Il ralentit encore, cherche du regard une aire de stationnement, finit par en découvrir une à l'écart de la bande de roulement réservée aux véhicules prioritaires. L'endroit est sauvage. Il surplombe un ravin dont les pans déchiquetés supportent les vestiges d'un ancien pont.

Sans s'attarder sur ce paysage quelque peu angoissant, le policier descend de voiture, s'avance sur la surface pierreuse, l'air décidé. Jesus se tient immobile à son volant. Il sait qu'aux États-Unis le conducteur ne doit ni quitter son siège tant qu'on ne l'y a pas invité, ni discuter. Il doit tendre ses papiers, tempérer le plus possible des gestes qui pourraient être considérés comme une menace. Question de vie ou de mort. Jesus ne tient pas à mourir. Se sauver simplement, quand l'autre s'installera à son volant pour rédiger sa contravention. Tout se jouera à ce moment.

– *Go down.* Descendez. Et allez vous coller contre le pont.

D'autorité, le flic a ouvert la portière. Sa main armée indique un pilier de voûte aux pierres disloquées. Le cœur battant, Jesus met pied à terre. La respiration lui manque. Il se met à trembler. Les événements prennent une tournure étrange. Ce ne sont pas quelques nuages de fumée, s'évaporant dans l'immensité de l'autoroute, qui motivent une telle attitude de la part du policier. Il y a autre chose, mais quoi ? A-t-il été dénoncé par les Mendoza ? Ils ignoraient sa planque, le jour et l'heure de sa fuite. Par Koo ? Impossible. Charlie, alors ?

Les yeux froids de l'agent clouent Jesus sur place. Cette façon de lui désigner le pont sans même lui demander ses papiers est anormale. Ou alors, il a une idée derrière la tête. En attendant du renfort, il va lui passer les menottes et l'attacher à la barre de fer scellée dans le pilier de ciment.

Jesus a une envie folle de s'élancer, mais ses jambes sont de plomb. Si l'autre l'enchaîne, c'en est fini de sa liberté.

– Contre le pont, j'ai dit.

Morales, au prix d'un effort surhumain, s'exécute. Tel un automate, il se dirige vers le pilier.

– Tu as peut-être déjà entendu parler de moi par tes amis, fait le policier, derrière lui. Scaglia. Victor Scaglia. Ça te dit quelque chose ?

Le nom lui est inconnu, mais Jesus Morales songe immédiatement à ce flic pourri dont lui avait parlé Pablo. Le flic qui couvrait leurs activités de kidnappers...

– Vous n'êtes pas...

– Si, ricane Scaglia. T'as le bonjour d'Aurora, Morales !

Jesus se retourne d'un bond, voit le Colt 45 du policier braqué sur lui. D'une détente désespérée, il se jette vers un sentier de chèvres qui serpente, quelques mètres plus bas, entre des broussailles squelettiques.

La balle de gros calibre le cueille en plein vol, juste derrière l'oreille, éclaboussant de sa cervelle la rocaille du chemin.

Scaglia suit des yeux le corps disloqué du Mexicain qui rebondit, de rocher en rocher, jusqu'au bas du ravin. Puis il rengaine son arme et revient tranquillement vers sa voiture.

Ni le chauffeur du semi-remorque chargé de fûts métalliques, ni les passagers de la limousine à trois portières qui filent sur Palm Springs ne se sont aperçus de rien.

12

5 novembre, 8 heures, Los Angeles.

Le Federal Building est superbement planté le long du Wilshire Boulevard, aux confins de Westwood Village, à mi-chemin entre Beverly Hills et Santa Monica, dans une oasis de verdure que l'association des Vétérans a acquise, puis aménagée en parc réservé.

L'immeuble, énorme parallélépipède de verre et de béton, expose ses façades, au nord aux Santa Monica Mountains, et au sud, au miroitement du Pacifique. Dix-sept étages de galeries, morcelés en bureaux de part et d'autre du bâtiment central, s'élèvent au-dessus de l'entrée dallée de marbre, aussi vaste qu'un hall de gare. L'adresse officielle du Federal Building est 11 000 Wilshire. En fait, on y accède par Veteran Avenue, face à Ashton Street. Un immense parking précède une terrasse surélevée où, durant les heures ouvrables, un bureau de poste et une cafétéria fonctionnent à plein rendement.

Dans le hall, la reproduction grand format de la déclaration d'Indépendance des États-Unis, à l'abri d'une triple vitrine en glace Securit, accroche les regards. J'ai déjà eu le loisir de m'y intéresser.

– Allez-y tôt, m'avait recommandé le consul. Les

Américains sont matinaux et ils apprécient l'exactitude. Ne faites pas comme Demoulière.

A 8 heures du matin, les couloirs du Federal Building sont en effet une fourmilière. Les ascenseurs sont pris d'assaut.

Je me suis levé d'autant plus tôt que ma nuit a été peuplée de cauchemars, secouée de réveils en sursaut. Mon entrevue avec Élisabeth Tucson m'a marqué, la détresse de la jeune femme devant les jouets abandonnés de sa fillette, impressionné.

Déterminé, dans la mesure de mes faibles moyens, à lui rendre service, j'ai fait et défait mille plans, dans un demi-sommeil qui m'a laissé perplexe au petit jour. Peut-être me suis-je trop avancé en lui proposant mon concours. Jadis, administrativement, policièrement, j'existais. Ma plaque de police en métal doré, ma carte barrée de tricolore étaient les sésames qui forçaient les portes de l'illégalité. J'arrêtais, je perquisitionnais, je fermais les yeux sur de bénignes condamnations par défaut, je pratiquais le jeu du donnant-donnant avec les indics, ces petits pions de l'ombre sans lequels on ne fait pas tomber de beaux crânes. J'étais la Loi. Du moins, je la représentais. Mes attributs professionnels faisaient de moi un être tabou, en France comme à l'étranger où les télégrammes officiels me devançant sollicitaient l'appui des autorités nationales ou régionales.

Aujourd'hui, je ne suis plus rien. Rien d'autre qu'un citoyen perdu dans la masse, malgré le titre d'inspecteur principal honoraire inscrit sur la carte dont l'Administration, bonne mère, m'a gratifié en récompense de mes bons et loyaux services. A Paris, cela me sert dans la mesure où les jeunes flics s'intéressent à mes anciennes affaires, que les livres et le cinéma ont popularisées. Mais à Los Angeles...

– Je doute que le FBI prenne mon initiative en considération, avais-je déclaré au consul lors de l'entretien téléphonique qui avait suivi ma visite à Kings Road. Je connais trop la psychologie policière. On n'est jamais très satisfait qu'un concurrent vienne piétiner ses plates-bandes.

Son assurance avait submergé mes réticences :

– Pas du tout. J'ai parlé de vous au Supervisor. Il vous attend demain à 8 h 15. C'est un monsieur très bien, Ron Willis. Le LAPD lui a passé le dossier. Entre gens de métier, je suis convaincu que vous vous entendrez à merveille...

Ouais ! Au moment où j'ouvrais le poste de télévision pour capter les nouvelles de la journée, le téléphone avait à nouveau bourdonné :

– J'ai oublié de vous demander de me tenir au courant, n'est-ce pas ?

J'avais acquiescé, écouté sans les entendre les informations de la NBC puis, après un rapide dîner, essayé de trouver dans le sommeil l'échappatoire possible, le moyen de me tirer de ma promesse. A chaque fois, le visage de Patricia m'assaillait, ce visage innocent que le destin avait tragiquement arraché à sa mère.

Je me suis donc levé tôt. En cette matinée de novembre, le temps est idéal, l'été encore présent. La douceur de l'air, une brise déjà tiède m'inciteraient à paresser sur le transat, au bord de la piscine. Un écureuil batifole sur le gazon de la pelouse et des geais bleus jasent dans les haies touffues où se mêlent palmiers nains et citronniers. Au loin, les imposantes tours de Century City scintillent déjà sous le sol montant. Difficile de quitter cet endroit idyllique.

Rasé, douché, cravaté, j'ai endossé un blazer bleu marine sur un pantalon de flanelle grise qui me confèrent plus l'air d'un supporter de Roland-Garros que l'aspect d'un policier dans l'exercice de ses fonctions. Le *french coffee* ingurgité presque bouillant –

l'eau teintée prisée des amateurs de café yankee n'ayant jamais eu mes faveurs – j'ai sauté dans ma BMW et dévalé le Rising Glen, Sunset Boulevard et Veteran Avenue, jusqu'au siège du FBI, sur Wilshire.

Bourrés jusqu'à la gueule d'employés et de visiteurs de toutes couleurs de peaux, de toutes confessions, de toutes tenues vestimentaires, parfois excentriques, deux ascenseurs y jouent les omnibus jusqu'au dixième étage. Deux autres, du 10e au 17e, dernière station avant le sacro-saint univers de la vérité policière, me filent sous le nez.

– Pour le FBI, c'est l'express de gauche, m'a postillonné le gardien-appariteur, mécontent d'avoir été dérangé dans sa conversation avec une femme de ménage pas plus haute que le manche de son aspirateur

Je fais le pied de grue jusqu'à ce que la cabine daigne enfin m'accepter. Lorsque j'appuie sur le bouton lumineux portant le chiffre 17, les regards se posent sur moi. Une femme noire, que poitrine et fesses font ressembler à une bonbonne, me tourne ostensiblement le dos. Ou elle n'a pas les flics en odeur de sainteté ou elle flaire en moi un de ces individus louches, convoqué pour outrage aux bonnes mœurs.

La porte se referme, le mécanisme ronronne. Le sifflement de l'air contre les parois de la cabine décroît au fur et à mesure que nous approchons du premier arrêt. Au palier 10, nous ne sommes plus que six à nous dévisager. Une ascension rapide jusqu'au 13, bureau des passeports, et me voici seul lors de l'ultime partie de la montée.

La cabine atterrit en souplesse au terminus. Les battants de la porte en aluminium poli glissent, découvrant un couloir à angle droit dont les murs sont assortis à la couleur gris-bleu de la moquette.

Me voici figé devant une porte de bois teinté, entourée de deux macarons muraux qui vantent à l'arrivant l'intégrité et le courage des membres du Federal Bureau of Investigations.

Je la franchis pour me heurter à une seconde porte, blindée celle-là, munie d'un œilleton. Je n'ai pas eu le temps de me manifester qu'elle se déverrouille et qu'un planton d'une trentaine d'années au poil brun, assis devant un écran de circuit interne, me demande déjà de remplir la fiche visiteur qu'il a détachée d'un bloc. Je m'acquitte de ma tâche avec conscience, n'oubliant pas de mentionner, même si elle ne m'appartient plus, ma qualité de flic.

– Le Supervisor Willis m'attend, dis-je d'un ton qui se veut important.

Le visage du factionnaire garde son impassibilité. Il se contente d'appuyer sur le bouton d'un interphone :

– Le client du patron est devant moi, annonce-t-il. Qu'est-ce que je fais ?

– 1715, rétorque une voix que l'on dirait sortie d'outre-tombe.

L'homme fait basculer sa chaise à roulettes, déploie ses longues jambes, me devance dans un couloir interminable. Des bribes de voix et des cliquetis de machines à écrire filtrent de la porte en verre dépoli devant laquelle nous nous arrêtons. Il l'ouvre, me fait signe d'entrer, la referme derrière moi, disparaît. Une jeune femme, élancée, les cheveux platine maintenus en queue de cheval par une barrette de faux diamants, quitte sa chaise :

– *Mister* Borniche ? demande-t-elle.

– *Yes*.

Elle ausculte la pendule hexagonale placée entre deux fenêtres garnies de lamelles antisolaires, m'adresse un sourire complaisant :

– Je suis Esther, dit-elle. Félicitations, pas une

seconde de retard. Le patron va être content. Il parle très bien le français, si vous voulez savoir...

– Ah, oui ?

Elle a un mouvement de tête affirmatif.

– Il a été longtemps en poste à Paris, rue La Boétie, où nous avons notre délégation pour l'Europe...

Le coin droit de sa table de travail supporte la photographie en couleurs d'un bébé joufflu qui sourit à l'objectif. Mon regard le quitte pour se fixer sur le galbe des mollets et des cuisses que révèle la jupe ultra-courte de sa jeune maman. Ce qui me choque, par contre, c'est la longueur incroyable des ongles, laqués aluminium, qui se tortillent comme des lianes au bout de doigts fins et blancs. A se demander ce qu'elle peut faire de ses mains à ce point handicapées.

– Paris, *very, very nice*... ajoute-t-elle en disparaissant derrière une porte capitonnée.

Je suis bien d'accord. Paris est une jolie ville qu'on a plaisir à voir et à revoir. Dix secondes après ce compliment, c'est à mon tour de pénétrer dans l'antre du chef des opérations policières fédérales et de lui expliquer les raisons de mon apparition dans ses locaux.

A en juger par ce que j'aperçois au-dessus du sous-main en cuir bordeaux, Ron Willis est un homme de haute taille, svelte, élégant. Ses cheveux drus coupés court, façon GI, son regard bleu acier et sa mâchoire carrée lui confèrent l'air martial d'un officier supérieur. Une fossette, que l'on prendrait pour une cicatrice, orne le menton volontaire.

J'ai l'impression – mais n'est-ce seulement qu'une impression ? – que ma démarche, provoquée par le consul, l'ennuie prodigieusement.

– Je ne veux pas abuser de votre temps, dis-je, en déposant ma carte de visite sur le bureau en acajou, les fesses calées dans le fauteuil de cuir que le Supervisor m'a désigné. J'ai travaillé autrefois avec vos services.

Ma phrase lui fait dresser l'oreille. Je poursuis :

– Avec Baker, du temps de John Edgar Hoover. Il a fini Supervisor à Washington où il a ouvert un cabinet de détectives. Un garçon formidable.

C'est vrai. Je revois Richard Baker débarquant à Orly pour la première fois, faisant saillir ses muscles sous l'élégant et léger costume de lin bleu ciel à fines rayures, l'œil lavande et la mâchoire masticatrice [1]. Le blond pourfendeur de la Mafia s'était précipité vers moi avec un retentissant « How are you » comme s'il me connaissait depuis toujours. Nous avions sympathisé. Il avait retenu une chambre au Bristol, l'hôtel quatre étoiles du faubourg Saint-Honoré, ce qui m'avait fait évaluer avec un brin d'amertume l'abîme séparant la prodigalité américaine des mesquineries administratives de nos services.

Le masque a perdu sa rigidité.

– Richard a été mon instructeur à la National Police Academy, dit Ron Willis. Un type formidable en effet.

Grâce à Baker, la glace est rompue. Le consul n'avait pas tort. Entre gens de métier, on finit toujours par se comprendre.

Si les opérations de Baker étaient toujours couronnées de succès, c'était parce qu'il avait le don de réunir les éléments indispensables avant de partir en campagne. J'avais apprécié sa façon d'opérer à Tanger, à Las Vegas, à Mexico. Tout récemment encore, à Beyrouth où il se jouait des difficultés avec une aisance qui faisait mon admiration. Play-boy à la stature d'athlète, éternel décontracté, il était sorti major

1. Voir le *Ricain, le Gringo, le Tigre*, éd. Grasset. *La Filière*, Presses de la Cité.

de sa promotion à la National Police Academy. Premier au relevé des empreintes digitales sur les lieux d'un crime, premier au calcul de la vitesse d'un véhicule d'après les marques de pneus laissées par le freinage, premier en techniques et méthodes de renseignements, premier en moyens de défense et utilisation des armes, premier, toujours premier... Je l'enviais. Et j'en arrivais à regretter que les cours des professeurs de notre école nationale de police ne soient pas à la hauteur des méthodes américaines d'instruction. Et que les moyens matériels et financiers de nos malheureux flics soient toujours aussi minables.

Le Supervisor réfléchit un moment avant d'exhaler un soupir :

– Votre consul m'a fait part de votre désir de participer à la recherche de Patricia Tucson. Cela vous honore mais je ne vois pas ce que vous pourriez faire de plus que nous, qui sommes organisés et qui n'arrivons pas à démasquer le ou les gangs de ravisseurs d'enfants. Patricia n'est malheureusement pas un cas unique...

Pour être organisé, le FBI est organisé. A Washington, Baker m'avait fait apprécier l'efficacité de son fichier central. Une merveille de l'électronique qui laisse loin derrière elle les manipulations archaïques de nos archivistes en blouse grise. A la moindre sollicitation, d'innombrables computers crachent leurs informations sur des écrans teintés, les répercutent avec les données de dernière seconde sur des imprimantes à copies multiples.

On fait ainsi surgir instantanément la totalité des marques utilisées par les blanchisseries, les quarante-deux mille échantillons de filigranes de papier, plus de cent quatre-vingts millions d'empreintes répertoriées, toutes les caractéristiques des couleurs de peintures employées par les fabricants de voitures automobiles, présentes ou passées, la quasi-intégralité des marques de machines à écrire, toute la variété des poils humains ou animaux et j'en passe.

J'avais pourtant tenu à sauver l'honneur de la police française qui est, au dire de certains, la meilleure du monde :

– D'accord, Baker, d'accord. Mais nous, nous avons nos indics. C'est peut-être malsain, c'est peut-être rétrograde, mais une bonne balançoire vous donne des indications aussi rapides sur le nom et la planque d'un truand que votre armée d'ordinateurs !

Il n'avait rien répondu. Moi non plus je ne sais quoi répondre à Ron Willis. Il a raison. Que pourrai-je faire de plus que son armée de professionnels dans cette lutte contre les kidnappeurs d'enfants ? Une sensation d'impuissance m'envahit. Je me sens tout d'un coup ridicule. A l'heure qu'il est, toutes les recherches sont en cours. Le LAPD avec ses meilleurs limiers, ceux de Beverly Hills, de Santa Monica, de West Hollywood et autres municipalités rattachées au grand Los Angeles. Je réalise surtout que je me suis fourré dans un guêpier dont je vais avoir du mal à me sortir sans y laisser un peu de mon auréole de flic. J'aurais mieux fait de réfléchir. Vieuchêne, mon ancien patron, le Gros pour les intimes, doit bien rigoler de là-haut, installé sur son petit nuage d'où il continue à superviser les exploits de ses poulains-poulets. « Les sages ont leur bouche dans le cœur et les sots ont le cœur dans la bouche », n'aurait-il pas manqué de prophétiser, puisant, comme d'habitude, ses maximes dans le dictionnaire de proverbes planqué dans le tiroir inférieur de son bureau. Je suis donc un sot. Un sot doublé d'un fanfaron.

C'est mon défaut. J'ai trop tendance à m'enflammer pour la bonne cause, à me lancer dans des chevauchées don-quichottesques qui me causent souvent plus de désagrément que de satisfaction. D'autant que l'autorité légitime n'étend plus désormais sur moi son aile protectrice.

Pas le moment de dévoiler à Willis mon intention de pister l'attorney Tucson et de vérifier, aussi discrètement que possible, si les soupçons de son ex-femme sont fondés.

– Le dossier que le LAPD m'a transmis est très mince, dit Ron Willis. Seul un témoin cameraman d'occasion a fourni quelques vagues précisions sur un couple et un ravisseur déguisé en Mickey. Insuffisantes néanmoins pour faire avancer les investigations.

– Le LAPD poursuit-il l'enquête ?

– Bien sûr. Et nous transmettra éventuellement ses renseignements. La guerre des polices n'existe pas chez nous. Le FBI apporte aux organisations répressives locales une entière coopération dans la mesure de ses possibilités. La réciproque est vraie.

Je ne puis m'empêcher de penser aux vacheries que se font en France la police nationale, la préfecture de police et la gendarmerie, une guéguerre qui n'est pas près de s'estomper ! Chacun de ses agents, jaloux de ses prérogatives, essaie de laisser un adversaire sur le terrain. Pour la grande joie des truands. L'affaire Jobic en a été le parfait exemple.

La question me brûle les lèvres :

– Les rivalités personnelles ne jouent donc pas chez vous ? Parce que, chez nous, quand il s'agit d'avancement ou de décoration, les coups bas se multiplient, vous pouvez me croire !

Ron Willis ébauche un sourire.

– Je sais, dit-il. J'ai vu cela quand j'étais en poste en Europe. C'est le tempérament latin qui veut ça. En Allemagne où la discipline joue, rien à dire. Mais en Italie, en Espagne et surtout en France, on ne se fait pas de cadeaux, du haut en bas de l'échelle. John Edgar Hoover a voulu que le FBI soit une grande famille. Chacun de ses membres, agent, enquêteur, technicien, sténographe ou employé de bureau, a conscience que la réussite du Service repose sur lui et sur lui seul... Peut-être que cela viendra un jour chez vous, quand l'arrivisme ne primera pas la probité professionnelle et morale.

Ron Willis paraît satisfait de son speech. Son regard s'est adouci. Voilà un homme qui aime son métier. Il aime l'Amérique. Il est fier d'appartenir à ce corps d'élite qu'est le Federal Bureau of Investigations. Comme j'étais fier d'appartenir au groupe de répression du banditisme, ce fameux GRB, dont le rusé Vieuchêne, grade oblige, s'était attribué la paternité.

Puisque le Supervisor semble bien disposé, je tente d'en savoir un peu plus sur l'affaire qui a motivé le rendez-vous.

– Le témoignage du cameraman n'a donc pu être utilement exploité ?

Ron Willis pousse un soupir :

– Hélas, non ! Il se servait de sa caméra vidéo pour la première fois et du coup, il a mélangé les boutons. Nous avons visionné et revisionné la copie du film, c'est une catastrophe. Nos agents ont pu interroger le couple, rien à faire. On sait seulement qu'un des ravisseurs avait revêtu une tenue de Mickey, qu'un complice, petit, trapu et chauve s'est emparé de l'enfant et qu'une femme maigre en combinaison noire s'est installée avec eux dans une Ford ou Dodge Caravan. Nous avons fait des recherches au fichier des voitures volées. La seule qui avait fait l'objet d'une plainte, une Dodge appartenant à un restaurateur de Sunset Plaza, a été retrouvée le jour même, à l'endroit où il l'avait laissée. Il est noté comme alcoolique.

Ron Willis s'interrompt pour s'intéresser soudain au clignotement rouge de son pupitre électronique. Il s'empare de l'appareil alors que, par discrétion, je fais mine de quitter la pièce. Sa main largement ouverte me signifie de n'en rien faire. Il écoute sans parler, fronce le sourcil, a un hochement de tête répété, murmure quelques « c'est bien, c'est bien », repose l'appareil.

Pendant qu'il interprétait les propos de son correspondant, mon œil faisait rapidement le tour de son quartier général. Un colossal bureau d'acajou, de style victorien, écrase l'angle de la non moins géante baie vitrée contre laquelle est posé le drapeau américain, droit sur sa hampe. Plusieurs fauteuils de cuir, des tables basses en bois foncé, des pots où somnolent, repues, des plantes grasses, complètent le mobilier. Au mur, quelques tableaux représentant le ministère de la Justice de Washington DC, masse compacte à lourdes colonnes, où les anciens bureaux du FBI étaient installés avant d'être transférés dans le nouveau building baptisé John Edgar Hoover, sur Independance Avenue. Justement, il est là, J.E. Hoover, fondateur du FBI, avec sa tête de bouledogue, son cheveu court et son nez de boxeur, figé dans le cadre planté au centre du bureau. Il est tel que je l'avais connu lorsque j'avais arrêté le sinistre Buisson, l'ennemi public numéro un, dans une auberge des environs d'Évreux.

– Excusez-moi, dit Willis, je suis obligé d'aller à un rendez-vous extérieur inattendu. Une affaire politique... Dites bien à Mrs Tucson que je fais tout ce qui est en mon pouvoir pour lui être agréable. Malheureusement...

Il se lève, écarte les bras en signe d'impuissance. Je réalise vite que l'entrevue, mis à part le mini-discours moralisateur du Supervisor, ne m'a rien apporté de positif. Je quitte mon siège à regret :

– Je n'y manquerai pas, dis-je, mais elle le sait déjà. Elle est suspendue au téléphone dans l'attente d'une nouvelle qui n'arrive pas... Si vous rencontrez Baker, faites-lui mes amitiés. J'aimerais beaucoup le revoir.

Ron Willis s'arrête net au milieu de la pièce, me dévisage :

– Rien de plus facile. Il est tous les quinze jours à Los Angeles où il a ouvert une filiale. Son affaire marche remarquablement. Vous pouvez le joindre au 652.2359. Pourquoi ne travailleriez-vous pas ensemble ? Il servirait d'intermédiaire entre nous. *How about that ?*

– C'est une idée, dis-je en lui serrant la main. Merci de m'avoir reçu.

13

5 novembre, 8 heures, Interstate 10.

– Combien de sucres, dans ton chocolat ? demande Aurora.

– Trois...

Patricia, sans grand appétit, tripote un croissant dont le beurre graisse ses doigts. Elle dévisage Aurora, puis se détourne.

– Vous allez me ramener chez ma mère, c'est vrai ?

Aurora, de sa main sèche, lui caresse la joue.

– Bien sûr, c'est vrai ! Mon cousin va venir nous prendre avec sa belle voiture blanche. Tu es contente ?

– Ouais... Mais je me demande pourquoi vous m'avez amenée ici.

– A ton âge, on ne peut pas tout comprendre...

Aurora contrôle sur le visage de l'enfant l'effet du léger soporifique qu'elle a mis dans le bol de chocolat. Lorsque les paupières se ferment à demi, elle se lève, prend la main de la fillette.

– La voiture est là. Viens.

Patricia se laisse guider jusqu'à la Toyota Camry de Victor Scaglia. Aurora la couche sur la banquette arrière, lui glisse un oreiller sous la tête, enveloppe ses jambes dans un plaid aux couleurs vives.

– En route, ordonne-t-elle après s'être installée sur le siège avant. Et pas trop vite, qu'on ne se fasse pas arrêter par un flic.

Victor sourit.

– Ce serait le comble de se faire verbaliser par un collègue, non ?

– Ouais... Roule doucement, quand même.

Scaglia hausse les épaules avec insouciance, mais c'est à vitesse réduite qu'il rejoint l'Interstate 10 en direction d'Indio. Durant quelques minutes, ils roulent en silence, bercés par le ronronnement du moteur et les accords sans surprises d'un air de Country and Western diffusé à la radio. Puis un pont vient couper la ligne d'horizon.

– C'est là, dit Scaglia.

– Tu crois qu'ils l'ont retrouvé ? murmure Aurora en scrutant la rocaille, comme si elle s'attendait à en voir surgir le fantôme de Jesus Morales.

– Ça m'étonnerait. On nous l'aurait signalé au commissariat. Ce qui serait drôle, c'est qu'on me confie l'enquête !

Aurora sourit, amusée par cette idée, puis le silence retombe dans l'habitacle de la Toyota, jusqu'à Indio, où la 86 rejoint la 8, San Diego-Tucson.

– Tucson, Arizona ! s'exclame Scaglia, de bonne humeur. Tucson comme la môme !

Au Joshua Tree National Monument, première étape du voyage, la voiture se gare sur le parking d'un snack. Le désert, autour, est majestueux. Les arbres dressent leurs branches vers le ciel, comme pour l'implorer. Des mouflons à l'épaisse fourrure, aux cornes en volutes, paissent en toute quiétude à proximité du Visitor's Center. Un blaireau, court sur pattes, creuse un terrier entre deux amoncellements de terre sèche et jaune.

Patricia s'est redressée sur un coude. Elle considère l'endroit d'un œil papillotant :

– Je suis déjà venue ici avec papa et maman, dit-elle. Il y a des lynx et aussi des coyotes. Elle est là, maman ?

– Pas ici, bébé, dit Aurora. On a encore un bout de chemin à faire. Je cours chercher des hamburgers et des Cokes. Tu veux autre chose ?

Patricia, hébétée, fait non de la tête. Son regard passe de la femme maigre au chauffeur qui a coupé le moteur.

– Vous êtes mariés ? demande-t-elle soudain.

– Bien sûr, dit Scaglia dans un gros rire. Et nous avons beaucoup d'enfants. Tu en verras quelques-uns ce soir. Dépêche-toi, Aurora. Je commence à avoir faim.

Lorsque, quelques minutes plus tard, Aurora revient, portant un *brown bag* chargé de victuailles, Scaglia s'avance au-devant d'elle, pour ne pas être entendu de la petite fille.

– Tu prends ton temps pour manger, dit-il en s'emparant d'un hamburger, et tu fais de l'auto-stop pour rentrer...

Aurora, cueillie à froid, met un moment à réagir.

– Tu ne m'emmènes pas ? dit-elle enfin.

Le ton du policier se fait tranchant.

– Hors de question. Déjà, si le patron savait que tu m'as accompagné jusqu'ici, il m'arracherait les yeux... Il vaut mieux pour tout le monde que tu ignores la destination du voyage.

Le ranch de la Bonne Famille dresse ses longs bâtiments à mi-chemin entre Tombstone et Douglas, à proximité de la frontière mexicaine. C'était autrefois l'habitation des propriétaires d'une vaste exploitation minière, appartenant à une même famille. Elle avait été peu à peu abandonnée par les héritiers qui, plus hommes de finances qu'extracteurs de cuivre, préféraient la vie tumultueuse mais plus civilisée de Wall Street ou Chicago à l'isolement de leur contrée d'origine où les descendants des Indiens Apaches vivent en tribu, au sein de cavernes creusées dans la roche volcanique.

Après le départ de ses anciens maîtres, le ranch fut abandonné. Les mauvaises herbes commencèrent à envahir ce qui avait été autrefois, autour des bâtiments de bois et des écuries, un jardin de rêve, entretenu à grands frais d'irrigation par les premiers propriétaires des lieux. Jusqu'au jour ou Christopher Briggs, intéressé par les constructions anciennes de Tombstone, ville mythique de la ruée vers l'Ouest, fit un détour par Bisbee. C'est ainsi qu'il découvrit le ranch. Il eut alors une illumination. Il cherchait un endroit suffisamment proche de la Californie, suffisamment éloigné de Los Angeles pour y faire transiter les enfants qu'il destinait à sa clientèle très particulière. Il avait fait installer de solides barreaux aux fenêtres des chambres destinées aux innocentes victimes, entourer le ranch d'une clôture électrifiée, aménager quelques salles spéciales permettant de réaliser des courts-métrages et des clichés pornographiques, loin de tout regard indiscret.

Un établissement installé avec autant de soins nécessitait une directrice de haut vol, une maîtresse de cours un peu particulière. La seconde révélation, Christopher Briggs l'avait eue lorsqu'un jour, à son magasin de Melrose, il avait reçu un coup de fil assez inattendu.

– Monsieur Chris ? Est-ce que vous vous souvenez de moi, c'est Olga...

– Parfaitement... Comment marche votre affaire ?

– Mal, monsieur Chris. Très mal. J'ai un problème assez grave.

Christopher n'avait pas été long à comprendre que

Mademoiselle Olga, la sœur d'un petit ami qu'il avait eu à Boston, avait besoin d'aide.

– Quel problème, Olga ?

Il la revoyait, mannequin rayé des maisons de haute couture pour dépravation et concurrence déloyale. Grande, crinière d'un blond doré et buste parfait. Un jour, elle lui avait proposé de partager le produit de la vente de meubles d'un de ses amis qu'elle voulait faire cambrioler.

– Je ne peux pas vous dire par téléphone, avait-elle chuchoté d'une voix rauque et sensuelle. Je suis à Los Angeles. Nous pourrions peut-être nous voir...

La première réaction de Chris avait été de se défiler. Olga avait besoin d'argent, il n'en doutait pas. Puis il avait réalisé qu'elle pouvait lui rendre service, si elle était disponible. Les êtres sans scrupules sont souvent utiles.

– Je n'ai pas beaucoup de temps, chère Olga. C'est important ?

– Très. Je suis obligée de me cacher.

Il avait jeté un coup d'œil sur son agenda.

– Où êtes-vous à LA ?

– Nulle part. De passage seulement. Je ne sais pas où aller.

Il y avait une telle insistance dans sa voix que Christopher n'avait pas hésité :

– Une heure au Library-Bar du Beverly Hilton. Au sous-sol. C'est sombre et c'est discret. Mais pas plus tard.

La nuit a depuis longtemps envahi la vallée de la San Pedro River lorsque la Toyota termine sa randonnée dans la cour éclairée du ranch de la Bonne Famille. Mademoiselle Olga, toute de blanc vêtue, se profile devant la voiture.

– Elle est bien mignonne notre nouvelle pensionnaire, dit-elle. Barrios !

A l'appel de son nom, un Mexicain s'approche, sans hâte, les mains dans les poches, le pas lourd.

– Prends ses affaires et conduis-la au dortoir, ordonne Olga.

Scaglia a mis pied à terre. Il s'étire.

– Ça fait quand même une sacrée trotte pour arriver dans votre bled perdu. Je ne vais pas avoir beaucoup le temps d'y moisir...

Sa main se fait pressante sur l'épaule de Patricia. L'enfant se redresse, interroge :

– On est arrivés ? Maman est là ?

– Oui, dit Scaglia en l'aidant à quitter la banquette. Mais à cette heure-ci, elle dort. Tu la verras demain. Pour le moment, tu vas faire comme elle.

Il prend Patricia par les épaules, la soutient, suivant le dos du Mexicain jusqu'au dortoir. Mademoiselle Olga, frôlant le corps massif de Scaglia, murmure :

– Vous pourrez lui dire, au patron, que je me décarcasse pour que tout aille bien. Avec les pilules, les enfants ne se rendent compte de rien. Vous lui remettrez les nouvelles photos qu'on a prises pendant le cours d'initiation sexuelle. Du beau travail. Il sera content et ça aidera les clients à faire leur choix.

14

5 novembre, 18 heures, Los Angeles.

Pour ce qui est de l'élégance et de la modernité, nos architectes pourraient prendre exemple sur celles de leurs confrères d'outre-Atlantique. Le Wilshire Boulevard est une féerie de façades d'aluminum et de vitres aux reflets d'or, d'argent, noirs ou mordorés, une magnificence de styles qui alloue à nos immeubles bétonnés de la Défense ou du Front de Seine un cachet bien suranné.

C'est au vingt-troisième étage d'une tour-miroir, au cœur de Beverly Hills, que l'attorney Tucson a installé son cabinet. Une plaque de bronze apposée sur la double porte de chêne verni informe le client qu'il dirige une dizaine de collaborateurs dont les noms en relief apparaissent sous le sien dans un ordre décroissant d'ancienneté. Le revêtement mural et une épaisse moquette où les chaussures s'enfoncent donnent au couloir qui le dessert une ambiance feutrée.

J'ai bien repéré les lieux. Difficile, pour ne pas dire impossible, de planquer, dans ce corridor animé d'un perpétuel ballet d'employés et de visiteurs des bureaux contigus. Les toilettes, que l'on baptise ici « restrooms », ne sont accessibles qu'aux détenteurs d'une clé spéciale. Irréalisable, également, l'attente, des heures durant, dans le majestueux hall du rez-de-chaussée où le marbre poli des murs renvoie les images comme le ferait une glace. Je ne suis pas certain d'ailleurs que mes allées et venues successives n'aient pas déjà attiré l'attention du cerbère noir à cheveux blancs claustré dans sa cage de verre.

Restait le garage où, comme chaque privilégié, l'avocat Tucson bénéficie d'un emplacement pour sa voiture. Encore faut-il pouvoir y pénétrer à l'insu du vigile qui monte une garde farouche à l'entrée du premier sous-sol, au bas de la descente cannelée, côté San Vicente.

– John a une Jaguar gris métallisé à intérieur bordeaux et téléphone, m'avait confié Élisabeth. Si vous le perdez, son adresse personnelle est 14041 Doheny Estates, là où nous habitions. Vous voyez ?

– Ce ne doit pas être difficile à trouver...

– Non. Mais la villa est isolée et collée contre la colline. Donc d'une approche délicate. Elle ne possède qu'une seule entrée. Large, exposée à la vue et protégée des intrus par un système d'alarme à rayons infrarouges. A la première alerte, les gardes de Westec Security vous tombent dessus. Ils ont le droit de tirer à vue... Je dois vous dire aussi que John possède deux autres voitures : une Rolls gris souris et une Porsche Carrera noire.

Des Jaguar, j'en ai dénombré sept, rien qu'au premier sous-sol. Toutes de même couleur, toutes avec l'intérieur de cuir bordeaux, toutes avec l'antenne téléphonique plantée entre la vitre arrière et les serrures chromées du coffre. A croire que lorsqu'un Américain adopte une mode, ses concitoyens lui emboîtent aussitôt le pas.

Celle de l'attorney a été d'autant plus facile à identifier que la plaque minéralogique arrière porte le nom de son propriétaire, ce qu'avait omis de me préciser Élisabeth. En Californie, pour quelques dollars de plus que la redevance normale, tout citoyen a le droit de changer le numéro que l'administration lui a attribué, en un nom propre ou commun de son choix sous réserve que le nombre de sept lettres ne soit pas dépassé. Les mots les plus extravagants, frisant parfois l'érotisme, fleurissent ainsi à l'arrière des voitures.

La Jaguar, je l'ai dénichée au quatrième sous-sol, jouant avec décontraction aux habitués du lieu. Le problème de la filature était résolu. En me postant sur San Vicente, à l'angle d'Orange Street, elle ne pouvait m'échapper. J'ai trouvé un emplacement idéal pour ma 325 i, une BMW rapide, capable de tenir en laisse n'importe quel bolide, surtout dans une agglomération où la vitesse est strictement limitée, où les feux rouges sont nombreux et où les véhicules sont tenus de rester dans leur ligne sous peine de verbalisation. Une place à deux *quarters* s'est libérée sur Tower Drive. J'ai tout juste eu le temps de m'y glisser avant qu'une fourgonnette de Federal Express, la poste privée qui bat l'officielle de cent coudées, ne me la kidnappe. Évidemment, elle s'avère moins pratique pour un démarrage sur les chapeaux de roue. Elle m'obligera surtout à couper le Wilshire au risque de me faire prendre en chasse par une patrouille de Beverly Hills dont les voitures blanches à bandes bleues fleurissent à chaque coin de rue. Mais la sortie du parking est dans mon axe de visée. Si Tucson emprunte le San Vicente pour gagner Doheny par Burton Way, j'aurai sans doute des difficultés pour le rejoindre avant la montée vers sa villa. Si, au contraire, il suit le Wilshire jusqu'à la banque Wells Fargo où la statue équestre de John Wayne monte une garde vigilante, et s'il tourne à droite, c'est gagné.

Depuis plus de deux heures maintenant, mes yeux s'évertuent à identifier les voitures qui émergent du parc souterrain. La nuit tombe. Dans la lumière dorée du crépuscule, les formes se découpent, les couleurs s'idéalisent. Au-delà de la chaîne des gratte-ciel qui s'allègent et s'évident, le soleil couchant embrase de rose le contour dentelé des nuages. L'espace, les dimensions, les teintes, tout semble irréel. A l'ouest, le ciel est mauve. Au-dessus de moi, l'ombre a déjà envahi le quartier où se pressent des files ininterrompues de voitures. Des klaxons hurlent, des phares m'éblouissent, des autobus bondés submergent le Wilshire dans un vacarme d'enfer et dans la puanteur de leurs gaz d'échappement. J'en accepterais le bruit et l'odeur si, en permanence, ils ne me coupaient la vue. Je ne cesse de me dévisser le cou. Une seconde d'inattention et Tucson risque de me filer sous le nez.

Je n'y vois plus grand-chose. Je quitte ma voiture, traverse le boulevard au risque de me faire écharper. Je suis dans le doute. Profitant de la circulation et de mon impossibilité à distinguer la sortie du garage, John Tucson a pu le quitter sans encombre. Il faut m'en assurer, refaire le tour de l'immeuble, y pénétrer sans éveiller l'attention du réceptionniste, emprunter l'ascenseur. Je suis mal parti. Le découragement me gagne. Que suis-je venu faire dans cette galère ? Pour effectuer des planques, des filatures de cette envergure, il faudrait être au moins trois, équipés de voitures-radio et de motos comme je l'étais jadis à Paris... Avoir surtout la possibilité de se garer à l'endroit idéal sans être importuné par les flics...

Soudain, alors que je m'apprête à faire demi-tour, le nez chromé de la Jaguar se pointe en haut de la rampe nervurée. Je n'ai pas besoin d'écarquiller les yeux pour reconnaître l'abondante chevelure noire et la mâchoire de fauve de l'attorney. Il n'est pas seul. Près de lui, une femme, jeune, brune, au décolleté avantageux, le front ceint d'un bandeau turquoise, s'emploie à enduire de rouge ses lèvres charnues en s'admirant dans le rétroviseur intérieur.

Je sens souffler sur moi le vent de la débâcle. L'occasion d'en savoir plus sur la destination et le comportement du couple était inespérée. Je reste là, planté sur le trottoir comme hypnotisé, incapable du moindre mouvement. Je n'ai plus le temps de regagner ma voiture garée de l'autre côté du boulevard, à une soixantaine de mètres de là.

La Jaguar marque un temps d'arrêt sur le ciment avant de s'engager lentement sur San Vicente. Son clignotant droit m'avertit qu'elle va emprunter le Wilshire. Je regrette d'avoir quitté ma BMW mais les regrets sont superflus. Si seulement je pouvais la rejoindre pendant que la circulation bloque Tucson au feu rouge ! Impossible. Le flot des voitures, pare-chocs contre pare-chocs, m'interdit une traversée suicidaire. Le sort en est jeté ! J'assiste, désabusé, au passage du couple sous mon nez. Je n'ai plus qu'une solution : foncer vers Doheny Estates. J'assisterai ou je n'assisterai pas à l'arrivée de la Jaguar mais, au moins, j'en aurai le cœur net.

Un taxi vert et blanc de la compagnie Independant Car longe le trottoir vide. L'espoir me regagne. Un signe au chauffeur, j'ouvre d'autorité la portière, je me laisse choir sur la banquette.

– Vingt dollars pour vous si vous rattrapez la Jaguar, là-bas devant vous !

La tignasse rousse sous la casquette noire à visière se tourne vers moi. Un œil bizarre me considère, mais le billet que j'agite emporte la décision.

L'homme se prend vite au jeu. On dirait qu'il a fait des filatures toute sa vie. Il se faufile entre les lignes, se glisse dans les espaces vacants, garde ses distances sur le Wilshire, se rapproche quand les feux de signalisation risquent de changer de teinte. Il sait surtout se placer dans un angle mort de façon que ses phares n'éblouissent pas Tucson par réverbération dans le rétroviseur.

Je suis nerveux. La Jaguar n'a pas pris le chemin de Doheny. Nous traversons Westwood, passons sous la freeway 405 Sacramento-San Diego, entrons dans Brentwood. Le trafic est moins dense. Lorsque la Jaguar ralentit pour couper les avenues désertes, mon commandant de bord a le réflexe de lever le pied. Les larges feux rouges de la Jaguar illuminent les arbres, disparaissent dans les virages, réapparaissent en ligne droite. Au passage je note les noms des voies tranquilles : Granville, Kiowa, Mayfield.

– Vous n'allez pas lui faire la peau, au moins, à votre rival ? Parce que, si je comprends, vous êtes cocu ?

La tignasse rousse s'agite à nouveau. Le regard me scrute par rétroviseur interposé.

– Pas du tout, dis-je. Ce type ne m'a pas piqué ma femme. Il me doit deux mille dollars que je n'arrive pas à récupérer. A part ça, il roule en Jaguar... Je veux savoir où il habite pour que mon avocat s'occupe de lui.

Un dernier virage à gauche et la voiture stoppe devant une villa précédée d'un jardinet au gazon fraîchement tondu. Les phares éclairent une statue antique nichée entre deux fusains. La femme au bandeau quitte son compagnon et ouvre les deux battants d'une barrière de bois entre lesquels la Jaguar s'engage et disparaît de ma vue.

Je suis fixé. Tucson va certainement passer la nuit à cette adresse. Le fait d'avoir remisé son véhicule à l'intérieur de la propriété le prouve. Quand tout à l'heure je reviendrai, après avoir récupéré ma voiture, ce sera un jeu d'enfant de dénicher un coin tranquille pour planquer.

– On ne va pas rester là à contempler la nature ? grommelle le chauffeur.

Son compteur indique quatorze dollars. Il a déjà sorti son carnet de route pour noter l'adresse où il s'est rendu, comme le règlement l'y oblige, mais je l'arrête d'un geste.

– On retourne d'où on vient, dis-je. Je signalerai demain à l'avocat où ce salaud habite... Il faudra bien qu'il me les rende, mes deux mille dollars.

15

6 novembre, 1 heure du matin, Los Angeles.

Comment la masse qui s'escamote derrière le faisceau d'une lampe-torche a-t-elle pu s'approcher de moi sans que bruissent les feuilles de marronniers qui encombrent l'allée ? J'ai l'ouie fine, pourtant, et mon expérience policière m'a appris à ne pas me laisser surprendre. J'en conclus que l'auteur de cet exploit est loin d'être un ringard. Et je suis sur mes gardes, toutes ! Le jet de lumière que m'octroie l'inconnu, me faisant comprendre que je ne suis pas le seul à jouer les noctambules dans ce quartier retiré de Brentwood à 1 heure du matin, est fort désagréable pour les yeux. Ce qui l'est plus encore, c'est le canon de pistolet qui devance le faisceau, et m'incite à garder mes mains bien à plat sur le volant.

Pendant quelques secondes qui s'éternisent, je garde une immobilité parfaite, tâchant de me remémorer l'article dix-huit du manuel du parfait policier, consacré aux réflexes d'autodéfense. Il faut croire qu'il s'est effacé depuis longtemps de mes circonvolutions cérébrales puisque ma portière s'ouvre, tirée par une main énergique, avant que lesdits réflexes ne se soient mis en branle. Une ombre surmontée d'une casquette à plaque argentée s'interpose entre mes yeux éblouis et le lampadaire blanc laiteux du coin de rue.

Une voix grasseyante ordonne :

– *Get out of that car !* Dehors !

Au-dessus du pistolet, deux yeux luisent. Est-ce la jouissance d'avoir dans leur champ un délinquant en puissance, ou la colère, ou peut-être la frousse ?

La voix grogne quelque chose comme : « Au moindre geste, je tire. »

Je suis suffisamment préoccupé par mon avenir pour ne pas, dans le présent, contrarier les directives du flic. Je m'exécute, tel un dealer minable surpris en flagrant délit de livraison, mais en annonçant tout de même la couleur :

– *Sorry. French police...*

– *Sure, buddy,* fait l'autre, avec un ricanement de mépris. Et moi je suis le président Reagan !

Une main aussi légère, aussi aérienne, que celle d'un lutteur de foire palpe mes poches. Le froid du pistolet braqué entre mes omoplates traverse l'étoffe de mon costume. Rasséréné par ma docilité, et plus encore par l'absence d'arme blanche, à feu, contondante ou tranchante, le flic se fait plus compréhensif.

– Que faites-vous ici, en pleine nuit ?

– J'attends ma petite amie, dis-je, le regard toujours fixé sur le capot. Elle ne va sûrement pas tarder.

– Trouvez autre chose. Je suis passé il y a deux heures, vous étiez déjà là...

Voici au moins un flic ancré dans la persévérance. C'est la seule consolation qui me vient, dans l'instant. Un policier en uniforme qui aime à ce point son métier, c'est rare.

– Emily est toujours en retard...

Par association, je pense au consul de France, à

Demoulière, retardataire légendaire, et, de là, à Élisabeth Tucson. Elle avait été catégorique, lorsque je l'avais jointe dès mon retour sur Wilshire. Je voulais savoir si la fille que j'avais vue en compagnie de l'attorney lui disait quelque chose. Le volant d'une main, la main droite tenant le téléphone de ma BMW, je conduisais sur un boulevard soudainement vide. A croire que les Américains se donnent le mot pour embouteiller les voies tous à la même heure.

– Brune ? avait demandé Élisabeth. Avec un bandeau sur le front ? Les yeux ?

– Je n'ai pas vu leur couleur. Ça va vite, une sortie de parking, et il faisait déjà sombre.

– Ce doit être sa secrétaire, avait-elle conclu après quelques secondes de réflexion. Une brune, oui, pas trop grosse, pas trop moche... Une garce, qui a témoigné contre moi lors du divorce. Une petite sotte amoureuse de son patron... Ça n'a rien d'original. C'était elle, n'est-ce pas ?

– Possible, je n'en sais rien.

– Si, c'est sûrement elle ! Elle a dû déménager. Avant, elle était à Westwood, sur Club View Drive, à la limite du Country Club. Elle a toujours aimé la verdure, cette salope. Patricia est peut-être chez elle. Vous y retournez ?

– Par acquit de conscience, pour bien repérer les lieux. Mais si c'est la secrétaire de votre ex, ça m'étonnerait qu'ils laissent Patricia seule toute la journée...

– Moi, ça ne m'étonnerait pas du tout. Il doit y avoir la mère de Margaret...

– Margaret ?

– La secrétaire. Sa mère est veuve. Elle a une cinquantaine d'années. Patricia la connaît bien, elle ne se méfierait pas d'elle.

– Je vais aller faire un tour là-bas. Je vous appellerai demain pour vous donner le résultat.

J'avais trouvé une planque d'où je pouvais voir la maison de Margaret sans être vu. Jusqu'à minuit passé, la lumière filtrait derrière les doubles rideaux de ce qui pouvait être le living. Les fréquents changements de couleur révélaient que Tucson et la fille regardaient la télévision. A minuit, la lumière s'était éteinte sur le devant de la villa. J'étais sur mes gardes. L'avocat allait-il regagner sa demeure de Beverly Hills ? Tapi sur la banquette de ma voiture, je guettais sa sortie. Une lumière plus tamisée s'était glissée entre les lamelles d'une fenêtre sur le côté, puis avait disparu. J'avais patienté encore un quart d'heure puis, sans bruit, retenant mon souffle, j'avais fait le tour de la maison. Le gazon amortissait mes pas. Dans la lueur du lampadaire voisin, le rideau du garage laissait entrevoir le pare-chocs brillant d'une petite voiture, genre Austin. Rien, dans ce décor, ne pouvait faire penser que Patricia pouvait être séquestrée là : ni jouet traînant dehors, ni vêtements de gamine mêlés aux dessous féminins qui pendaient sur la corde à linge, derrière un appentis au toit goudronné.

Mon inspection faite, j'avais repris ma place au volant, le temps de me faire une idée sur le programme de John Tucson. Des années de pratique policière, tant pour la Sûreté que dans le cadre d'enquêtes privées, m'ont en effet appris qu'un homme passant la soirée chez sa maîtresse ne pouvait se comporter que de deux façons. Il suffit d'attendre la fin des ébats, de guetter, surtout, les bruits de robinetterie que l'on arrive en général, dans la nuit, à percevoir même à distance. Si, dans la demi-heure qui suit, l'heureux élu n'a pas quitté les lieux, il y a de fortes chances qu'il reste chez sa belle jusqu'au petit matin.

A une heure moins cinq au cadran lumineux du tableau de bord, j'avais à nouveau effectué ma ronde. Tout semblait dormir à l'intérieur de la villa. J'avais décidé de patienter encore un quart d'heure et de revenir le lendemain à l'aube pour assister au départ du couple et tenter, à cette occasion, d'en savoir plus sur l'éventuelle présence de Patricia dans les lieux. Mais mon instinct de flic me disait qu'Élisabeth faisait fausse route en suspectant son ex-mari.

Ce que mon instinct n'avait pas prévu, par contre, c'est l'irruption soudaine du flic du Los Angeles Police Department.

– Vous avez des papiers ?

Bien sûr, j'ai des papiers, une multitude, même, dans un porte-cartes qui supporte sans broncher le permis de conduire, les inévitables cartes de crédit, la carte d'identité française, la Green Card et la carte barrée de bleue et de rouge de la Grande Maison.

– Dans ma poche, dis-je, sans bouger, l'arme toujours pointée sur moi.

– Donnez !

Et là, rien ne va plus. Quand le diable s'en mêle, tout se détraque. Ma main passe de la poche droite du veston à la gauche, descend, sans plus de succès, aux poches du pantalon. Pas de papiers ! J'ai dû les laisser sur la console de l'entrée avant mon départ. C'est le coup classique, quand je change de costume.

– Désolé, je croyais les avoir... Ils sont dans une autre veste, vous comprenez ?

Il n'a pas l'intention de comprendre, le flic... Le canon de son arme me met sur le chemin de sa Chevrolet. Il ouvre la portière arrière, me fait signe de monter, la referme sur moi. Me voici cloîtré dans un compartiment grillagé, sur une banquette qui a dû accueillir pas mal de délinquants. Une chance : je n'ai pas eu droit aux menottes. Ma bonne mine, peut-être ? En tout cas, pas ma bonne foi.

– Vous prétendez que vous êtes un policier français en train d'attendre sa petite amie ? Vous avez une drôle de façon de la guetter. Vous n'arrêtiez pas de faire le tour de la maison.

Je rectifie.

– Deux fois... Deux fois seulement ! D'ailleurs, j'en avais assez d'attendre. J'allais partir.

– Ouais. Vous expliquerez tout ça au sergent. Moi, je ne crois pas un mot de vos salades. On laisse votre voiture ici. Si vous n'êtes pas en règle, on viendra la chercher avec une dépanneuse pour la mettre en lieu sûr. On peut vous toucher chez vous ?

– Non, dis-je sans rire, puisque je suis avec vous...

– Je veux dire, gronde-t-il sans rire non plus, il y a quelqu'un qui peut répondre pour vous ?

A une heure et demie du matin, il me semble délicat de réveiller Élisabeth Tucson, ou le consul, ou le Supervisor Willis. Je me torture les méninges pour me tirer de ce piège, quand la voix nasillarde de l'opérateur du Central Police retentit dans la Chevrolet :

– Unité 67, donnez de vos nouvelles. Unité 67, des nouvelles d'urgence, s'il vous plaît.

Mon ange gardien décroche le micro.

– Unité 67, bien reçu, dit-il. Je suis en opération... Brentwood. Je rentre.

– Position ?

– Vais direction Montana. Y suis dans quatre minutes.

Il raccroche et démarre brutalement. La Chevrolet, ivre de puissance, se couche sur ses amortisseurs. Le grand jeu de la force policière. Les avenues défilent. Villas, jardins, boutiques éclairées à giorno, tout se mêle en un tourbillon frénétique. Le flic écrase l'accélérateur, juste pour le plaisir de se payer une petite pointe de vitesse. Je dérape d'un côté à l'autre de la banquette. Mes doigts se crispent sur les mailles d'acier de la grille protectrice. Je m'en souviendrai, de ce panier à salade pour policier imprévoyant !

Ce qui m'attend, je ne le sais que trop : la garde à vue, au moins jusqu'à demain matin.

Pour un peu, j'en aurais déjà ma claque de l'affaire Tucson !

16

6 novembre, 7 h 30, Los Angeles.

Pablo a abandonné sa Jeep sur North Broadway. De toute la vitesse de ses courtes jambes, il fonce à travers Chinatown en direction de Yale Street. Il aborde College Street, met le cap sur Cleveland. Pablo a ses habitudes dans le quartier chinois. Mais il les délaisse en ce début de matinée grise et fraîche. Il n'a vraiment pas envie de musarder. Il est si troublé qu'il en oublie la cuisine épicée du Green Jade qui, le lendemain, donne à la gorge l'impression d'avoir reçu un coup de soleil. Il est même trop préoccupé pour songer à la salle tout en longueur du Yang Tsé, l'un des meilleurs chinois de Los Angeles où il était venu un soir fêter la réussite d'un casse chez un rentier de Culver City. Il n'est plus le même, Pablo, depuis qu'il a pris en pleine figure l'article du *Los Angeles Times* de ce matin : « Meutre sur l'Interstate 10. » Figé dans l'encoignure d'une porte, il a dévoré les lignes qui tremblaient devant ses yeux, encadrant la photo d'un paysage désertique. Mais le choc est venu de la seconde photo, imprimée en médaillon à droite du décor au pont détruit. Pablo, inondé de sueur, a contemplé, incrédule, le cliché d'un homme jeune aux cheveux bruns, la chemisette largement ouverte sur un cou puissant. Cette photo, il la connaît bien. C'est celle de la Driver's Licence de Jesus Morales. Machinalement, il a relu plusieurs fois le texte : « Jesus Morales, immigré clandestin d'origine mexicaine, a été retrouvé assassiné sur l'Interstate 10. Il serait mêlé à un gang de trafic d'enfants. »

L'article ne lui en a pas appris plus, mais cette dernière phrase l'a submergé de terreur. Il s'est précipité dans une cabine téléphonique, tentant vainement de joindre Koo chez le fabriquant d'éventails de son immeuble délabré. La sonnerie a résonné dans le vide. Puisque Jesus s'est fait descendre, il faut qu'il joigne Koo coûte que coûte, le plus rapidement possible. Une heure et demie de route, si la freeway n'est pas trop encombrée. Il y sera vers 9 heures, juste à l'heure pour sortir la Chinoise de ses rêves bouddhiques. Il faudra bien qu'elle prenne une décision.

Pablo Mendoza presse l'allure, gronde, rageur : « Qu'est-ce que ce con pouvait bien foutre sur la 10 ? », sursaute au son de sa propre voix. Pris d'une terreur irraisonnée, il s'arrête, se retourne. Ses yeux fouillent la rue. Tout lui semble normal. A demi rassuré, il reprend sa marche.

Il sait bien, Pablo, ce que Morales faisait sur la 10. Ce salopard fichait le camp ! Les événements du Farmer's Market s'entrechoquent dans son cerveau. Heureusement qu'il a vite remis la Dodge Caravan en place, à l'endroit même où il l'avait volée. Jamais la police n'y relèvera les empreintes qu'auraient pu y laisser Jesus ou Patricia. Aurora avait pensé à tout. Une voiture abandonnée est passée au crible. Une voiture immédiatement restituée n'est même pas examinée.

Pablo ignore les jupes ultra-courtes des étudiantes en médecine qui gagnent le French Hospital. Il trotte aussi vite qu'il peut, pour fuir le poids qui l'oppresse. Puis il s'arrête à nouveau, essoufflé, en nage. Il réalise que les flics ne vont pas tarder à débarquer au Ching Garden, si ce n'est pas déjà fait, puisque c'est l'adresse que Jesus a donnée au bureau de la Driver's Licence. Il faut donc que Koo disparaisse. De gré ou de force.

Perdu dans ses idées, Pablo émerge en apercevant une patrouille remonter Alpine au ralenti. Il s'empresse de changer de trottoir, mouvement qu'il se reproche aussitôt. Mais non, les flics ne s'intéressent pas à ce bout d'homme. Soulagé, il respire bruyamment.

Silencieux comme un Sioux sur ses semelles de crêpe, Pablo grimpe l'escalier. Au troisième étage, il suit une enfilade de portes jusqu'à celle de Koo et colle son oreille au panneau. « Cette salope roupille encore, pense-t-il. Ou elle est dans les vaps avec sa came... » Il agite légèrement la poignée, la secoue un peu plus fort, ce qui a pour effet immédiat de faire surgir un homme hirsute en bretelles dans l'encadrement de la porte voisine. Cette fois, Pablo secoue franchement le loquet tandis que l'inconnu réintègre son bouge, grommelant une injure.

La voix de Koo, ensommeillée, parvient à Pablo à travers l'huis.

– Qu'est-ce que c'est ?

– Ouvre, c'est moi, Pablo, chuchote-t-il.

– Je t'ai déjà dit que je n'avais pas de nouvelles. Qu'est-ce que tu veux de plus ?

– Ouvre, Koo, c'est très, très important...

La porte s'entrebâille. La Chinoise, entièrement nue, apparaît dans l'embrasure, le fait entrer, l'air excédé. Elle s'empare de son kimono, l'enfile avec des gestes maladroits.

– Alors, questionne-t-elle, qu'est-ce qu'il y a de si important ?

Il s'arrête au milieu de la pièce, s'immobilise près d'un escabeau, le souffle court, les épaules penchées en avant.

Dans le visage rond de la serveuse, d'ordinaire souriante, les fentes des yeux luisent d'un éclat bizarre.

– Tu disais que tu n'as plus de nouvelles de Jesus ? finit par articuler Pablo. Eh bien, moi, j'en ai, et pas de bonnes !

Les yeux de Koo se rétrécissent encore. Sa main glisse, inerte, le long du kimono qui s'est entrouvert.

Pablo, sans prêter la moindre attention au spectacle qui se dessine devant lui, déploie le *Times*, le frappe du dos de la main.

– Tu as vu ces salades ?

– Quelles salades ? demande Koo, l'air buté.

Pablo prend son temps pour répondre, passe la main sur son crâne huileux.

– Ton jules s'est fait ratatiner. Vise sa photo. Et celle où on l'a découvert, avec sa bagnole...

Koo recule, s'adosse à la fenêtre, fait face au Mexicain, se met à trembler.

– Qu'est-ce que tu racontes ?

– Regarde, merde ! J'invente rien. L'article, je le connais par cœur.

Il fait deux pas vers elle, lui colle le journal sous le nez.

– Regarde ! insiste-t-il. C'est bien lui, non ? C'est bien son nom, en toutes lettres : Jesus Morales, « mêlé à un trafic d'enfants » ? Tu vois un peu dans quelle purée de merde il nous met, ton mec ? C'est de ta faute, tout ça. Si tu ne me l'avais pas présenté !

Koo vacille, s'appuie contre un fauteuil. D'un seul coup, son rêve vient de voler en éclats. Jesus est mort...

– Qu'est-ce que tu diras, quand les flics viendront t'interroger ? poursuit Pablo, indifférent à sa détresse. Parce qu'ils ne vont pas tarder à rappliquer, figure-toi. Ce con-là, au lieu de filer une adresse bidon au bureau de la Driver's Licence, leur a donné celle de ton restaurant ! Réponds-moi, bon Dieu ! Qu'est-ce que tu vas dire?

Koo ravale ses larmes, serre les lèvres, puis fait un effort pour affirmer :

– Je dirai que je ne connais pas ce Morales. Que je ne comprends pas pourquoi ce type a donné l'adresse de mon patron...

– Et que tu ne comprends pas non plus comment il est venu pager chez toi, à Chinatown, tant que tu y es ! Ils sont fouinards, les flics, ils vont venir interroger tes voisins. Et les voisins, ils l'ont vu, Jesus. Il ne passe pas inaperçu, l'athlète. Un conseil, Koo, faut déménager. Vite, très vite ! Autrement, on est marrons... Enfin, on pourrait l'être.

Koo répond par une grimace écœurée, enchaîne :

– Vous êtes de beaux salauds, ta sœur et toi. C'est vous qui l'avez entraîné dans ces histoires! Mais tout se paie, Pablo, méfie-toi. Il y a une justice quelque part, une sanction pour le bien et pour le mal. Si elle tarde, c'est que l'heure n'est pas venue mais elle arrive toujours. Rends la petite, ce sera mieux pour tout le monde.

– M'emmerde pas avec tes chinoiseries, coupe Pablo, les mâchoires serrées.

Il saisit Koo par l'épaule, la secoue. Le kimono glisse. A nouveau elle apparaît dans sa nudité totale.

– Tu vas te mettre à l'abri, le temps de voir venir, c'est compris ?

Koo essaie en vain de se dégager. Le nabot a la poigne solide. Résignée, elle n'insiste pas, baisse la tête. Il la lâche, s'éloigne un peu d'elle. La chair de Koo porte l'empreinte de ses doigts puissants.

– Pourquoi tu es venu ici, exactement ? demande-t-elle.

Il replie le journal, le fourre dans sa poche.

– Déjà pour te mettre au courant. Jesus a été abattu d'une balle dans la tête et sa guimbarde balancée dans le ravin. Aucun témoin, dit le canard.

– Ensuite ?

Il la considère longuement.

– Ensuite, je viens de te le dire. Il faut décamper le temps qu'on voie venir. Ça sent le roussi. Tu t'habilles et je t'emmène. Ma bagnole est en bas.

Elle ramasse le kimono, le ceint autour de sa taille, se réfugie dans l'angle de la pièce, contre l'évier sale et ébréché.

– Et si c'était toi qui l'avais descendu, réplique-t-elle, agressive, le doigt soudain tendu. Toi ou ta salope de sœur !

Pablo, bouche bée, est incapable de répondre. L'évidence des propos de Koo le frappe de plein fouet. Ce n'est pas lui qui a tué Morales, non. Mais qui d'autre qu'Aurora et ce foutu flic qui la couvre auraient eu intérêt à le faire ?

Abasourdi, Mendoza réalise brusquement la stupidité de sa démarche. Aurora fait liquider Jesus pour leur éviter des ennuis, et lui, Pablo, est assez idiot pour venir annoncer sa mort à sa propre amie !

– Il ne faut parler de ça à personne, Koo, dit-il d'un ton haché en avançant vers elle. A personne, tu entends ?

– N'approche pas, sinon je crie ! balbutie la Chinoise, terrifiée.

– Tu vas partir avec moi. Tu vas quitter Los Angeles. Tu vas tout oublier.

– Laisse-moi ! gémit Koo. Laisse-moi !

Presque inconsciemment, Pablo Mendoza frappe. Ses poings s'écrasent sur le visage, les épaules, le corps de la serveuse. Lorsqu'il s'arrête, épuisé, Koo s'écroule à ses pieds comme une poupée de chiffon.

17

6 novembre, 8 heures, Los Angeles.

J'attends.

J'attends toujours.

Le petit jour rend plus lugubres encore les fenêtres grillagées. Ce n'est pas la traditionnelle bonne odeur de café matinal que je respire, mais les effluves d'une mixture qui évoquent plutôt l'orge grillé ou la soupe aux orties dont on nourrissait les canards au fond de la campagne de mon enfance. Dans sa cage, le poivrot de service, fatigué de vociférer, ronfle, la tête sur la cuisse nue d'une prostituée aussi bigarrée qu'un sapin de Noël et qui somnole, hébétée, les bras ballants, dans une dégoulinade de maquillage.

Les postes de police se ressemblent tous, partout, à l'architecture près. J'en ai connu en Europe, en Asie, en Amérique et partout j'ai retrouvé, identiques, ces relents de cuir et de transpiration, ces sonneries stridentes de téléphone, ce vacarme des haut-parleurs de réception, ce crépitement de machines à écrire, ces jurons, ces hurlements, ces éclats de rire des gardiens.

C'est l'heure sacrée de la relève. Les équipes de jour vont se substituer aux patrouilles de nuit. Pressés de regagner leur *home*, les hommes du capitaine Spencer se hâtent de rédiger leurs rapports. Tirant la langue avec application, le flic qui m'a arrêté met au propre le brouillon qu'il a pondu sur les motifs de mon interpellation. Les deux premières copies ne lui ont pas donné satisfaction. Il s'attaque à la troisième. Son stylo court sur le papier, hésite, repart.

Oui, j'attends toujours, sagement assis sur ma chaise.

Les regards de la garde descendante ne se fixent plus sur moi depuis longtemps. La garde montante, en revanche, semble s'étonner de ma présence matinale.

Le flic qui m'a ramassé a été intraitable. Je lui demandais seulement de pouvoir faire un saut chez moi pour récupérer les papiers qui lui prouveraient mon identité et mon appartenance à la police française.

– *French police, French police,* soliloquait-il en négociant à la Prost les virages du Sunset. Je n'en ai rien à cirer, moi, de la *French police* !

Sur la freeway, les voitures s'écartaient devant le bolide. D'autres stoppaient carrément, craignant les foudres policières pour dépassement de la vitesse autorisée. Les pneus de la Chevrolet miaulaient. On passait. Le virtuose slalomait de plus en plus follement. Moi, derrière le grillage, je continuais à valser d'une portière à l'autre.

Dans le cyclone de notre course infernale, les piliers de béton des embranchements se jetaient à ma rencontre. Puis la Chevrolet s'était enfin immobilisée devant le poste, dans un déchirant gémissement de freins.

Mon ravisseur, d'un geste sec, avait rajusté sa casquette, me faisant signe de passer devant. La main sur la crosse de son Smith & Wesson, il paradait comme s'il avait réussi la prise du siècle. Derrière la barrière de bois qui sépare du public la salle réservée aux agents, il avait tenu à ce que je dépose sur la table tous mes objets personnels, précisant :

– La ceinture et les lacets aussi.

– Désolé, mes mocassins n'ont pas de lacets.

Son œil soupçonneux étudiait le bas de mon pantalon. A contrecœur, il avait dû se rendre à l'évidence.

– La ceinture, alors !

Je ne pouvais pas lui en vouloir de son ton déplaisant. C'était celui que j'employais naguère lorsque la parcelle d'autorité que je détenais me commandait de prendre les dispositions normales de sécurité.

L'œil résigné, je contemplais le contenu de mes poches, étalé sur les graffiti obscènes qu'un couteau avait gravés dans le bois. Avec des gestes irritants de collectionneur, le flic modifiait à plaisir l'ordre des objets. J'étais contraint de le regarder jouer avec ma montre, mon porte-mine, les clefs de ma voiture et de ma maison, une pince à billets en platine riche d'une centaine de dollars et une pochette de soie brodée à mes initiales. Comme s'il tentait de déceler un mystère dans ces objets de ma vie de tous les jours, il me fixait en silence, puis ses mains recommençaient à s'agiter, à manipuler les objets, à les aligner, à les faire passer les uns sur les autres comme les cartes d'un jeu de bonneteau.

La grosse horloge murale, constellée de chiures de mouches, indique 8 h 15 lorsqu'il se décide enfin à poser ses questions.

– Vous m'avez l'air d'un drôle de zigoto, bougonne-t-il en guise d'agréable préambule. Mais à moi, on ne la fait pas. Vous dites que vous êtes de la police française, et vous n'avez aucun papier qui le prouve. Pas de papier du tout, en plus. Vous prétendez attendre une amie alors que vous rôdez autour d'une villa à une heure avancée de la nuit. Vous voulez que je vous dépose chez vous, pour mieux vous carapater. Si vous croyez que le sergent Franklin va gober tout ça...

– Je ne demande qu'à le rencontrer votre sergent ! J'aurais peut-être des choses à lui dire, à lui.

Mon ton persifleur fait bondir le flic.

– Et pourquoi pas à moi ? Vous ne me prendriez pas pour un con, des fois ?

– Je m'en garderai bien. Seulement il y a des choses qu'on ne peut pas confier à n'importe qui.

Sa figure vire au violet.

– Je suis n'importe qui, moi ? Si je vous colle un marron sur la tronche, vous verrez si je suis n'importe qui !

S'il croit me faire perdre mon calme, il en est pour ses frais.

– Ce serait une violation des droits constitutionnels, avec sanction à la clef, dis-je.

L'argument le laisse bouche bée.

– C'est vous, un Français, qui parlez des droits constitutionnels, parvient-il à articuler. Alors ça !

– N'importe qui peut en prendre connaissance. Je ne vous menace pas. Je réponds simplement au souhait que vous exprimiez de me modifier le portrait. Je suis titulaire de la carte verte. Je possède donc tous les droits des citoyens américains, sauf celui de voter.

– Ouais, mais l'ennui, c'est que vous n'êtes pas capable de me la montrer votre carte. De même que vous n'expliquez pas ce que vous faisiez là-bas.

– Et si je vous disais que je mène une enquête privée sur les agissements d'un avocat célèbre, et que vous m'empêchez de faire mon boulot ?

Le flic ne se dégonfle pas pour si peu.

– Je vous répondrais, moi, que vous montez une pièce pour me faire tomber dans le trou du souffleur. Ça ne prend pas, mon bonhomme !

Le trou du souffleur ! C'est bien la première fois que j'entends cette expression. Pourtant, il revient à la charge, l'air méfiant.

– Quelle enquête ? insiste-t-il. Et quel avocat célèbre ? C'est de Tucson que vous voulez parler ?

– Je ne peux rien dire.

– Vous me prenez pour qui ? C'est devant la maison de Margaret McGuire, l'assistante de Tucson, que je vous ai pincé ! Signez là, après vous vous débrouillerez avec le sergent.

– Non.

Le masque de la douleur se plaque sur la face du policier.

– Alors, vous refusez de signer ?

– Oui.

Il rugit :

– C'est la première fois qu'on me la fait, celle-là ! Entrave à la liberté de l'enquête, vous vous rendez compte !

Son front se lève vers la pendule, lentement, empreint d'un profond découragement.

– Si je comprends, vous vous vengez en me faisant faire des heures supplémentaires ?

– Moi ? Non. Pourquoi ?

– Parce que si vous ne voulez pas signer, je suis obligé de faire un rapport verbal. Donc, d'attendre le sergent à 9 heures.

– Vous m'avez bien dit, à moi, de l'attendre !

Il hoche la tête, lisse ses cheveux d'une main lasse.

– Vous, ce n'est pas pareil. Je devais partir à La Jolla ce matin, avec ma femme et mes gosses...

– Et moi, je devais être à 9 heures chez mon ami Willis, le Supervisor du FBI.

Là, le flic perd pied. Ma planque, l'amie que j'attendais, l'enquête, l'attorney Tucson, la *French police* et maintenant le FBI, il y a de quoi couler à pic. Il se raccroche à la bouée de sa copie, qu'il relit une nouvelle fois, rature un mot, en ajoute un autre, relève la tête. Le ton s'adoucit :

– Vous êtes d'une mauvaise foi incroyable, dit-il. Un autre que moi aurait déjà employé le troisième degré [1] !

– Un autre que vous m'aurait permis de passer prendre les papiers que j'ai oubliés. Votre règlement précise que tout citoyen a le devoir de les présenter dans les vingt-quatre heures s'il ne les a pas sur lui. Vous n'avez pas daigné vérifier ceux de ma voiture, que j'ai dû laisser ouverte. Si on la vole, je me verrai contraint de saisir mon avocat...

– Arrêtez vos conneries, bon sang ! Signez là, et on n'en parle plus !

– Hors de question. Nous verrons tout ça avec votre chef, ou avec votre *commissionner*, à qui je vais demander audience.

Les veines qui gonflent sur les tempes du policier me font craindre une attaque. Voilà qu'il hurle, maintenant, réveillant en sursaut l'ivrogne et la prostituée. L'un se racle la gorge avec une vigueur qui fait trembler la porte de sa cellule, l'autre émet une sorte de miaulement en guise de protestation, tandis que le flic vocifère :

– Puisque c'est comme ça, au trou, avec les autres ! Vous verrez qui le sergent croira, entre moi et la soi-disant *French police* ! Dépêchez-vous d'entrer dans la cage, ou je vous y mets en morceaux !

La porte grillagée se verrouille dans mon dos. La prostituée me couve un instant d'un œil torve, vaguement apitoyé, qui ne tarde pas à se refermer.

1. Passage à tabac.

18

6 novembre, 8 h 30, Los Angeles.

Vacillant à chaque pas, Koo se traîne jusqu'au réduit qui lui sert de salle de bains. Le miroir constellé de taches d'humidité lui renvoie l'image d'un visage tuméfié, boursouflé. L'œil à demi fermé par un énorme hématome, elle ressemble à un boxeur au lendemain d'un match perdu. Chaque inspiration la fait grimacer de douleur. Sans doute a-t-elle une côte cassée...

Pablo a voulu la tuer. Pablo, qu'elle connaît depuis des années. Pablo qui lui a présenté Jesus. Pablo qui l'a peut-être assassiné...

Sans retenir ses larmes, Koo enfouit à la hâte quelques effets dans un sac en plastique, puis ouvre sans bruit la porte de sa chambre. Le couloir sombre de l'ancien hôtel donne sur un escalier métallique où, sur chaque marche, s'entassent les sacs-poubelle des locataires. Koo avance avec précaution, faisant glisser ses pas pour éviter une chute malencontreuse. L'immeuble baigne dans la torpeur. Prenant appui contre le mur, Koo continue sa descente prudente. Elle parvient au rez-de-chaussée encombré d'échelles, de caisses et de cartons vides, entrouvre le battant du portail, se faufile derrière la benne des ordures ménagères qui bloque la rue, devant la pagode. Elle allonge le pas jusqu'à Broadway. Un taxi maraude. Elle le hèle, jette au chauffeur noir l'adresse de l'aéroport. Comme le bahut démarre, elle colle son nez à la vitre arrière pour s'assurer qu'elle n'est pas suivie. Le vieux Noir la dévisage dans le rétroviseur intérieur, l'air horrifié. Koo n'en a cure. Affalée sur la banquette, elle ferme les yeux et respire profondément pour reprendre des forces.

A Century Boulevard, Koo tapote l'épaule du conducteur.

– Continuez sur Manhattan Beach, ordonne-t-elle.

L'homme acquiesce d'un mouvement du menton, poursuit sa route vers El Segundo Boulevard, puis ralentit sur Rosecrans Avenue.

– OK, dit Koo en désignant un magasin de carpettes bariolé de néons. Vous m'arrêtez là.

Quand le taxi a disparu, elle attend que deux Noirs rigolards s'installent dans leur camionnette cabossée, puis traverse Rosecrans et s'engouffre dans l'escalier du Sun Yat-Sen Lodge.

L'oncle Charlie, effondré, lève les bras au ciel en écoutant les reproches que Koo débite avec véhémence. Ses petits yeux bridés papillotent derrière les verres en demi-cercles.

– Où et comment t'aurais-je prévenue, ma pauvre Koo ? bredouille-t-il tout en badigeonnant les bleus de la jeune femme de Mercurochrome. Mon téléphone pouvait être surveillé, et toi, tu n'en as pas. Et tu aurais fait quoi ? Ça aurait servi à quoi ? Je ne pouvais pas faire mieux. J'ai dit à ton ami de filer. Je me demande comment ils ont retrouvé sa trace.

– Qui ça, « ils » ?

– Je ne sais pas... Les flics, sûrement. C'étaient les seuls à savoir qu'il était là. Ils ont dû le guetter et le suivre.

– Ils l'auraient arrêté, pas abattu !

– Ce que je sais, c'est qu'ils voulaient ses complices, d'après celui qui m'a rendu visite. Ses collègues l'attendaient sûrement dehors. Le quartier était cerné.

Koo se perd en conjectures. Les Mendoza ignoraient que Jesus se planquait chez l'oncle Charlie. Même s'ils l'avaient su, auraient-ils fait tant de miles jusqu'à l'Interstate 10 pour lui régler son compte ? Ils n'avaient qu'à attendre, le tuer lors de sa promenade sur la plage. A moins que, rôdant alentour, ils n'aient remarqué que les flics surveillaient le motel et aient préféré l'abattre loin de tout regard. Mais si les flics surveillaient le Sun Yat-Sen, comment se fait-il qu'ils aient laissé filer Jesus ?

Rien ne colle dans cette histoire.

Les pensées confuses assaillent Koo, et la douleur, par vagues, anesthésie son cerveau. Tant pis, elle renonce à comprendre, pour l'instant. Mais elle sait ce qu'elle a à faire : Charlie ira chercher le reste de ses affaires à Chinatown, et elle prendra le train pour Houston. Là-bas, il lui faudra vivre avec le peu d'argent qu'elle a pu économiser, avant de trouver du travail. A moins que...

A moins que, en sauvant la petite Patricia des griffes de ces salauds de Mendoza, elle ne puisse toucher la prime de vingt mille dollars promise par la famille Tucson à qui ferait arrêter les ravisseurs.

Une bonne action, et une excellente affaire, en quelque sorte. Koo connaît assez le prix de l'argent pour ne pas cracher sur celui des bourgeois. Elle revoit l'annonce publiée dans les journaux : « Vingt mille dollars à qui fournira une indication sur le lieu de séquestration de Patricia », accompagnée d'un numéro de téléphone et de la photo d'une petite fille jusqu'alors sans histoire. Personne n'a encore réussi à fournir le renseignement décisif. Pour la bonne raison que personne ne connaît, comme elle, les responsables du kidnapping. Bien sûr, elle ignore le fameux « lieu de séquestration ». Mais si Pablo parlait – Aurora, il ne faut pas y compter – Patricia pourrait être récupérée, et les dollars lui seraient versés.

Seulement, il y a la police. On va l'interroger, la cuisiner jusqu'à ce qu'elle livre ses informations. La presse sera au courant. Son nom apparaîtra et ses révélations la mettront en danger, ainsi que Patricia, peut-être, si elle est aux mains d'un véritable gang...

Il est près de midi. Koo se glisse hors du Sun Yat-Sen Lodge après avoir jeté un coup d'œil méfiant sur les abords du motel. Le quartier lui paraît calme. Le soleil, dardant ses rayons dans un ciel sans nuages, fait étinceler les vaguelettes du Pacifique. Elle presse le pas, sans un regard pour le malabar en haillons qui essaie de l'accoster, traverse Bayview Drive, trouve une cabine téléphonique, fouille les pages de l'annuaire, glisse un *quarter* dans la fente de l'appareil. La sonnerie retentit dans l'écouteur. A l'autre bout, on décroche. Une voix de femme angoissée.

– Ne dites rien à personne, madame, surtout à la police, énonce Koo d'une voix basse, précipitée. C'est au sujet de votre annonce de l'autre jour dans la presse. Je peux vous rendre service, à condition que vous gardiez le secret. La vie de votre enfant en dépend.

La voix fébrile la coupe :

– Qui êtes-vous ? D'où appelez-vous ?

– Je ne peux pas vous le dire. Je risque gros, vous savez, très gros. Vous n'avez qu'à voir les journaux.

La voix, à l'autre bout, s'est tue, mais Koo perçoit une respiration haletante. Elle remet un *quarter* dans la fente, enchaîne :

– Le seul moyen de retrouver Patricia est de me

faire confiance. Je connais le nom de ses ravisseurs. Leur adresse aussi. Mais à la moindre erreur, vous risquez de tout faire rater. Je ne vous demande pas d'argent pour le moment... Je serai à 6 heures pile ce soir, au pied de la statue de John Wayne, sur Wilshire, à l'angle de La Cienega, devant la Great Western Bank. Je suis grande, blonde, et je porterai un manteau bleu sur des bottes jaunes. Pas de chapeau, mais un foulard sur les cheveux, bleu avec des motifs or. Venez seule, absolument seule, si vous ne voulez pas tout compromettre. Si j'ai un doute, je ne me montrerai pas.

Koo raccroche, jette un nouveau regard méfiant à travers la vitre de la cabine, en sort.

Cinq minutes plus tard, elle retrouve Charlie au Sun Yat-Sen Lodge.

– Il faut que tu me rendes un service, dit-elle. J'ai un rendez-vous à 6 heures sur La Cienega. Très important. La mère de Patricia Tucson habite Hollywood Hills, 42841 Franklin Avenue. J'ai déniché son adresse dans l'annuaire. Prends ta voiture et va te poster devant chez elle. Quand elle sortira, suis-la pour voir qui elle rencontre. Tu es malin, Charlie, suffisamment malin pour ne pas te faire voir. Tu me retrouveras devant la Great Western Bank, côté Cienega. Je te dirai ensuite ce que tu dois faire.

Le vieux Charlie Ngoc Dahn secoue la tête d'un air désolé :

– Laisse tomber, Koo. Je ne sais pas ce que tu as en tête, mais laisse tomber, crois-moi ! Regarde dans quel état ils t'ont mise. Ça ne te suffit pas ?

La Chinoise sourit tristement, contourne le comptoir pour prendre une clé au tableau.

– Je vais dormir un petit peu, Charlie. Rendez-vous à 6 heures sur La Cienega, d'accord ?

19

6 novembre, 10 heures, Los Angeles.

« Ma folie » ! Une délicieuse maison de rendez-vous que Christopher Briggs a aménagée au fond de son parc, dans un bâtiment jadis affecté au stockage et au débitage des arbres abattus. C'est son jardin secret, son havre d'amour, niché entre les palmiers et les bougainvillées qui s'épanouissent toute l'année sous le soleil californien. Dès qu'on foule les tapis d'Orient qui recouvrent le plancher à points de Hongrie du salon en rotonde, on devine l'homme de goût, on reconnaît la patte de l'artiste qui a signé la transformation de locaux vétustes en un ravissant pied-à-terre, style XVIIIe. La peinture du plafond représente l'Amour, un bandeau sur les yeux. Les murs recouverts de soie, auxquels sont suspendus les Boucher, Largillière ou autres Nattier, les fauteuils, le guéridon et le bonheur-du-jour en acajou, portant l'estampille de Jacob-Desmalter, ébénistes-vedettes du XVIIIe, soulignent la préciosité et l'éclectisme du maître des lieux. Devant la porte-fenêtre à petits carreaux, une piscine de mosaïque et de marbre invite à l'indolence et à la rêverie.

L'œil de Christopher ne se lasse pas de contempler avec dévotion les traits parfaits de Sydney Allen, son nez fin et droit, son front empreint d'une innocence enfantine. Sydney a déjà vingt-six ans mais il fait partie de ces personnages que la vieillesse semble ne jamais devoir détruire. Douce illusion.

« Il faut que je me méfie, pense Christopher avec un pincement de jalousie, il est si beau qu'on pourrait me l'enlever. »

Mais le décorateur est fasciné par la distinction de ce fils de commissaire-priseur rencontré à Londres voilà deux ans lors d'une vente chez Sotheby's. Son éducation et son élégance naturelle le situent dans un monde à part, à cent coudées des homosexuels qu'il a si longtemps côtoyés, univers trouble de Londres ou de San Francisco où se mêlent prostitués mâles et travestis que Christopher désirait aveuglément mais qui le dégoûtaient, une fois l'acte consommé. Sydney a été la divine révélation. Outre sa grâce naturelle, le jeune homme possède d'étonnantes connaissances dans les domaines de la peinture, de la sculpture, de la musique et surtout de l'ébénisterie d'art. Ce ne pouvait être qu'un amant doublé d'un associé de choix.

A quarante-sept ans, Christopher avait besoin de se fixer, de former un couple durable. Et lorsqu'il regarde Sydney, 1,80 m, tout en muscles, allongé sur la méridienne à griffons ailés, lorsqu'il évoque les services qu'il lui rend dans son magasin de Melrose Avenue pendant qu'il consacre son temps à décorer et à meubler les villas des célébrités qui s'arrachent son talent, il s'attendrit.

Sydney bâille longuement, s'étire les mains croisées sous la nuque, tourne son corps nu et bronzé vers Chris.

– Il me semble avoir entendu le téléphone. Qui était-ce ? demande-t-il.

– Rien, dit Christopher Briggs en venant le rejoindre. Un faux numéro...

Sydney se met à rire, la tête renversée en arrière, dans l'une de ces attitudes théâtrales qu'il adopte souvent, au grand agacement du décorateur.

– Tu ne sais pas mentir, Chris. C'était le Coyote, j'en suis sûr !

« Le Coyote », beau surnom pour Victor Scaglia. Sans l'avoir jamais rencontré – sécurité oblige –, sans même connaître son nom, Sydney a mis dans le mille en lui attribuant ce sobriquet...

– On ne peut rien te cacher, avoue Christopher... Il rentre d'un petit voyage qu'il a fait pour moi. Rassure-toi, tout va bien.

L'éphèbe se lève, offrant sans pudeur sa nudité au regard de son amant, plonge dans l'eau tiède de la piscine. Après quelques brasses, il revient s'allonger près de lui pour se sécher au soleil..

– Tu ne crains pas qu'un jour ou l'autre le Coyote te fasse chanter ? questionne-t-il. Ce type ne m'inspire vraiment aucune sympathie.

Christopher prend doucement la main du jeune homme, la garde dans la sienne.

– Jusqu'à maintenant, il a toujours été fair-play... Jamais la moindre bavure. Toujours des livraisons discrètes à l'heure fixée.

– Tant qu'il y trouve son intérêt ! Tu le payes au prix fort, non ? Moi, je serais d'avis de tout laisser tomber. Parce qu'enfin, que te rapporte-t-il ce commerce d'enfants ? Une goutte d'eau dans la mare de tes affaires...

Christopher jette un regard inquiet autour de lui puis se rassure. Le faisceau électronique qui protège « Ma Folie » de toute incursion étrangère lui a coûté assez cher pour être efficace. Le voyant rouge du mini-tableau d'informations, fixé à droite de la porte-fenêtre, est aussi vigilant que l'œil du Cyclope. Personne, dans un rayon de cent cinquante mètres ne peut voir ou entendre ce qui se passe dans la garçonnière feutrée ou dans ses environs immédiats.

– Ne parle pas si fort, Sydney, dit-il à voix basse. C'est justement cette goutte d'eau qui permet à mes affaires de prospérer. Le bouche à oreille fonctionne bien et sans histoires. Si les clients veulent de la chair fraîche, c'est leur affaire. A moi de leur en fournir...

Sydney se redresse, enfile un minuscule slip bleu azur, s'assied en tailleur sur les marches du pavillon. Il passe la main dans sa longue chevelure blonde, les doigts écartés, démêle quelques boucles sur la nuque...

– Je crains que ton idée simpliste de lui faire nettoyer le tapis engendre des vérifications qui seront plus fouillées de jour en jour.

– Je suis insoupçonnable, coupe Christopher, dans un murmure.

Sydney feint de ne pas avoir entendu :

– Un conseil, Chris. Il faut mettre ton activité en veilleuse. L'émir Mahdab Alsaneh attendra la marchandise un peu plus longtemps, c'est tout. Il suffira de lui faire comprendre qu'en cette période d'agitation policière, un retard est excusable.

Christopher fait volte-face :

– Impossible, j'ai reçu un acompte de cinquante mille dollars, plus la commande d'un salon signé Jacob qui attend chez le transitaire parisien. Sans oublier l'installation complète de l'immense villa qu'il fait construire sur Stone Canyon. J'ai retenu les entreprises et versé des arrhes. Je ne peux pas me mettre mal avec l'émir et perdre des marchés aussi importants. Il voulait une blonde, dix ans environ, la perle rare. Je la lui ai trouvée, et tu veux que je laisse tomber ?

– J'admire ta manière toute personnelle de présenter les faits, dit Sydney, les lèvres pincées. Je ne te reproche rien, je te fais part de mes appréhensions. Disons que tu tires trop sur la corde, voilà tout.

Briggs, la mine soucieuse, regarde Sydney se lever, passer un pantalon clair et une chemise de soie, offrir son visage au miroir. L'amoureux Christopher contemple avec orgueil cet archange qui lui appartient.

– Tu te fais des idées, dit-il enfin. Comment veux-tu que le décorateur le plus coté des États-Unis soit suspecté de complicité d'enlèvement? Tout le monde te rirait au nez, voyons...

– Sauf si le Coyote se décidait à parler...

– Il ne sait rien, le Coyote ! Les gamines anesthésiées qu'il amène sont inoffensives. Olga s'en occupe très bien dans sa pension de famille, au fin fond de l'Arizona. Qui veux-tu qui aille les chercher là-bas ? Je ne les sors qu'au compte-gouttes, pour satisfaire une clientèle privilégiée, choisie en fonction de son absolue discrétion... Le Coyote, dis-tu ? Il ne tient pas à perdre son gagne-pain, le Coyote ! Ce n'est pas le genre à se frapper la poitrine en prononçant son mea culpa. Parler, ce serait se condamner lui-même...

– Et ceux qui lui livrent les gosses ?

– Ils ne savent pas ce qu'il en fait. C'est un écran formidable, le Coyote. Irremplaçable. Un mur de béton.

DEUXIÈME ACTE

20

6 novembre, 10 heures, Los Angeles.

– Messieurs, la situation actuelle est intolérable. Tous les jours, on me signale des rapts d'enfants. Cela ne peut plus durer.

Le président Ronald Reagan parcourt d'un regard sévère l'aréopage de fonctionnaires qu'il a convoqués dans la salle de conférences de la Maison-Blanche. Tous les cerveaux de la police sont là, des plus hautes instances aux plus modestes employés du Parking Enforcement. Craintivement dissimulé derrière le Supervisor Ron Willis, je me sens déplacé et intimidé dans ce décor légendaire où je mets les pieds pour la première fois.

– Vous tenez vraiment à ce que je vous accompagne ? lui avais-je demandé, espérant le fléchir.

Moins d'une seconde plus tard, je foulais à ses côtés le sol du vestibule nord de la White House, attaquais le grand escalier, saluais au passage les présidents qui s'y sont succédé depuis John Adams, parvenais enfin à l'East Room, cette salle de bal où Nancy Reagan m'accueillait au pied du portrait de George Washington.

– Mon mari compte absolument sur vous, me

souffle-t-elle alors que mon flic de la veille, en grand uniforme de maréchal d'Empire, vient à ma rencontre. Il a parlé de vous à Gorbatchev. Les enlèvements, c'est devenu sa marotte.

Le temps de jeter un coup d'œil à Élisabeth Tucson en train de pique-niquer sur la pelouse de l'Ellipse au milieu des pigeons et des écureuils, et je me glisse derrière Ron Willis qui, soudain ivre de rage, fait un pas de côté, me désigne à l'assemblée ébahie comme étant le chef des kidnappeurs et pose une main puissante sur mon épaule.

Une voix ferme claque à mes oreilles.

– Faut vous réveiller, *Frenchie*... Le sergent Franklin veut bavarder avec vous...

Émergeant avec difficulté de mon rêve, je me redresse à demi sur le bout de la banquette.

– Quel sergent ? dis-je. Je n'ai à bavarder avec personne. Je veux parler au Supervisor Willis, un point c'est tout.

Un bruyant ricanement orchestre mon verbiage embrouillé :

– Vous allez le voir, votre Supervisor. Mais pas avant d'avoir répondu aux questions du sergent.

Je me lève, la tête encore pleine de mon escapade à Washington et tout ému de la gentillesse de la Présidente. La porte de la cellule a pivoté sur ses gonds. Je réalise que je suis seul, le poivrot et la fille ont déguerpi depuis longtemps sans que je m'en rende compte, marquant leur territoire d'une puanteur de fauve. Les aiguilles de la pendule indiquent 10 heures. Élisabeth Tucson doit commencer à se poser des questions à mon sujet.

– Je vous rends votre ceinture et votre cravate, m'annonce généreusement le flic. Si vous voulez un café, il y en a du chaud. Vous pourriez aussi vous raser. Je vous donnerai un peu d'after-shave. Le sergent n'aime pas les gens qui ne sentent pas bon.

Il me fait signe de le rejoindre à son bureau, ouvre son tiroir, en extrait un rasoir électrique et un spray, me désigne une porte à battant mobile :

– Il y a ce qu'il faut aux toilettes, savon et serviette. Vous avez aussi des gobelets en carton à côté de la cafetière. Faites vite. A cause de vous, j'ai déjà du retard pour emmener mes gosses à la plage et je me suis fait engueuler vu qu'il paraît que les gens sans papiers ont vingt-quatre heures pour les présenter...

– Vraiment ?

Je hausse les épaules, renonçant à discuter avec lui. Quelques minutes pour reprendre figure humaine, et je me retrouve en face du sergent Bill Franklin, débonnaire et tout en rondeurs, mais dont les yeux bleus brillent d'un éclat qui dément singulièrement cette apparente bonhomie.

– Qu'est-ce que vous foutiez devant la maison de cette fille ? dit-il, dès que j'ai pris place à son bureau.

– Écoutez, sergent, je mène une enquête privée, en accord avec le FBI... Téléphonez au Supervisor Ron Willis, il vous expliquera ce que...

– Rien à foutre du FBI ! tonne le sergent en frappant son bureau du plat de la main. C'est vous qui allez m'écouter, *Frenchie*. Margaret McGuire est la secrétaire de John Tucson, qui en plus se la saute de temps à autre. Ça, on s'en fout. Par contre, la petite fille de Tucson a été kidnappée il y a une semaine, et ça, personne ne s'en fout. En tout cas pas moi. Alors soit vous me dites pourquoi vous l'espionnez, soit je vous colle en taule jusqu'à ce que vous y claquiez !

– D'accord, sergent, dis-je, impressionné malgré moi par ce brusque changement de ton.

Bill Franklin hoche la tête et se renverse contre le dossier de sa chaise en croisant les bras.

– Allez-y. Et plus de bobards, cette fois.

– J'enquête pour le compte d'Élisabeth Tucson. Elle croit que c'est son mari qui a enlevé la petite.

– *Pure Bullshit,* grommelle le sergent. Elle est dingue, votre cliente...

– Elle essaie simplement de retrouver sa fille, sergent. Après tout, il était possible que Tucson ait voulu garder Patricia pour lui...

– Non. Pas Tucson... Il en a rien à foutre, de sa fille. Tout ce qui compte, pour lui, c'est sa carrière. La prime qu'il a offerte, c'est de la poudre aux yeux, pour sauver les apparences. Vous pouvez dire à Mrs Tucson qu'elle se goure, et pas qu'un peu...

Le sergent marque une pose, saisit une règle en fer sur son bureau et en tapote un dossier posé devant lui.

– D'ailleurs, reprend-il, il y a du nouveau. On a retrouvé hier le cadavre d'un Mexicain dans le désert, près de l'Interstate 10. Une balle dans la tête. Un certain Jesus Morales, d'après sa Driver's Licence. Ses empreintes correspondent à celles qu'on a retrouvées sur le masque de Mickey dont le kidnappeur s'était affublé. Vous saisissez ?

Je saisis d'autant plus que jamais je n'ai vraiment cru à la piste John Tucson. C'est donc bien d'un gang organisé de ravisseurs d'enfants qu'il s'agit. Un gang qui n'hésite pas à abattre l'un de ses membres pour entraver le cours de l'enquête.

– Qu'est-ce que vous allez faire ?

– Mon boulot, *Frenchie,* dit le sergent en reposant sa règle. Je connais Mrs Tucson, et je comprends ce qu'elle ressent. Mais dites-lui de faire confiance à la police. Nous retrouverons sa fille...

Mes yeux se fixent dans ceux de Bill Franklin.

– Vivante ?

21

6 novembre, 14 heures, Los Angeles.

C'est avec une joie non dissimulée que je découvre ce cher vieux Richard Baker sous les frondaisons du jardin-terrasse du Beverly Hills Hotel, dont la façade verte et rose émerge de la verdure des palmiers. L'eau de la piscine est aussi claire qu'une source.

Oui, je suis heureux de retrouver Baker dans ce palace qui fut le refuge de John Wayne, Liz Taylor, Paul Newman et autres Groucho Marx. Ma démarche au Federal Bureau of Investigations n'aura pas été inutile. Il débarquait de Washington lorsque sa voix a teinté, joyeuse, dans mon Intercom.

– Ron m'a passé votre numéro. J'allais vous appeler. Pas trop fatigué par votre nuit blanche ?

Il était déjà au courant ! Il allait surtout avoir une piètre idée des talents d'un flic français en rupture d'activité officielle.

– En pleine forme, au contraire. Si nous prenions un verre ? Dans une heure au Beverly Hills, OK ?

– OK.

Quand je suis entré dans l'établissement, j'ai tout de suite repéré le fondateur et patron de l'agence Richard Baker Investigations qui m'attendait devant un cocktail maison. J'ai commandé le mien. Il a vidé son verre cul sec et, avec un aplomb que j'ai bien reconnu, a fait signe qu'on lui en apporte un second.

Lui aussi est en forme, dans son costume de lin bleu azur sur lequel le soleil qui filtre à travers les branches dessine de mystérieux hiéroglyphes. Les haut-parleurs dissimulés dans les feuillages distillent les airs d'autrefois qu'un pianiste extrait de son Steinway, dans la salle à manger intérieure. Il n'a pas tellement changé, l'élégant Richard, depuis notre escapade au Liban où nous pourchassions l'assassin de sa compatriote Joan Clark, mystérieusement noyée dans les eaux du Rhône en crue, en Avignon [1]. J'avais gardé le souvenir d'un homme mince et alerte. Il a pris un peu d'embonpoint et ses cheveux s'éclaircissent sur le sommet du crâne. Mais le seul détail qui pourrait prêter à sourire, ce sont ses chaussettes de grosse laine rouge vif qui retombent en accordéon sur des baskets à larges lacets. Sans doute s'est-il mis à la mode de Los Angeles où les coiffures, les maquillages et les tenues vestimentaires les plus hétéroclites n'impressionnent personne. Il est fréquent de croiser sur Rodeo Drive, le mini faubourg Saint-Honoré de Beverly Hills, descendues de leur Rolls ou de leur Cadillac avec chauffeur en livrée blanche, de richissimes habituées des salons de haute couture, endiamantées jusqu'aux chevilles mais chaussées de tennis aux couleurs criardes.

– Les flics de Spencer n'ont pas été trop durs avec vous ? demande-t-il, une légère ironie dans le ton.

– Disons que ça s'est arrangé sans trop de problèmes, dis-je. Et puis le capitaine Spencer a été compréhensif...

Baker sourit, évoquant mentalement le visage du policier du LAPD.

---

1. *La Filière*, Presses de la Cité.

– Je le connais, dit-il. Jamais de vagues, jamais d'éclat...

J'acquiesce d'un signe de tête. Pour tout dire, Spencer m'a tout de suite fait penser au commissaire Vieuchêne, l'homme qui, à l'abri de son bureau, avait pesé sur toute ma carrière de flic.

Quand son adjoint, le sergent Franklin, m'avait introduit dans son antre, le capitaine Spencer s'était levé pour venir à ma rencontre. Le sourire était cauteleux, la poignée de main molle.

– Il paraît que vous avez des accointances parmi les gens du FBI, cher collègue ?

J'avais encaissé le titre de cher collègue sans broncher. Il avait contourné sa table encombrée de dossiers, fait glisser vers moi une boîte de cigares. J'avais décliné l'offre :

– Jamais après une nuit blanche.

Sans marquer le coup, il m'avait désigné un fauteuil, en face de lui. Dans l'encadrement de la baie à guillotine, grande ouverte, les immeubles de Downtown flirtaient avec le ciel couleur moutarde. Des ronflements de moteur, des pétarades de motos s'élevaient de la cour intérieure du blockhaus policier. Je prenais un grand bol de vapeurs d'essence dans les narines.

Spencer était allé droit au but.

– J'ai lu le rapport du sergent Franklin, Pumpkin pour la brigade. Évidemment, le fait d'appartenir à la police française est un préjugé en votre faveur. Vous étiez policier parisien en uniforme ? Comme moi ?

– En civil. Inspecteur principal à la direction de la police criminelle.

Ses yeux s'étaient écarquillés. J'avais évité de souligner que le principalat des inspecteurs de la police française se situe au bas de l'échelle des gradés, un peu l'équivalence de l'adjudant-chef chez les militaires. Aux États-Unis, l'inspecteur-chef assistant et l'inspecteur-chef occupent le sommet de la hiérarchie.

Il avait hoché la tête.

– Vous avez donc suspecté l'attorney Tucson d'avoir enlevé sa fillette et effectué cette surveillance pour vous en rendre compte. L'idée fixe de Mrs Tucson, en somme. Je me trompe ?

– Disons qu'Élisabeth est une de mes relations...

– Dont l'ex-mari ne nous ménage pas lorsqu'il assure la défense d'un type que nous avons coffré. Autant dire qu'il n'a pas ma sympathie. Il est cependant trop à cheval sur les principes pour bafouer la morale et l'honneur.

– Ça dépend de quelle morale vous parlez. Parce que question mœurs, il ne paraît pas au-dessus de tout soupçon. Je l'ai vu à l'œuvre... Votre collaborateur Pumpkin m'a fait état d'un certain Jesus Morales, l'auteur présumé de l'enlèvement, retrouvé abattu dans le désert. Rien ne prouve qu'il ne travaillait pas pour Tucson. Dans certaines affaires criminelles, des gens à qui on donnerait le bon Dieu sans confession font parfois appel à des hommes de main pour servir leurs intérêts...

Spencer avait écarté l'argument :

– Morales n'a rien à voir avec les Tucson. J'ai collé Scaglia, le coéquipier de Bill Franklin, sur l'affaire. La Driver's Licence de Morales était récente. Il avait donné comme adresse un restaurant chinois de Westwood dont la serveuse était sa maîtresse. Elle est identifiée mais elle s'est envolée de sa chambre de Yale Street que je fais surveiller pour le cas où... Non, nous avons affaire à un gang, monsieur Borniche. Pas à une simple histoire de garde d'enfants entre parents divorcés...

Sa tirade terminée, Spencer m'avait fixé de son regard rusé :

– Avant de vous rendre votre liberté, puis-je vous demander un service ? Si par hasard, je dis bien par hasard, un tuyau vous parvenait sur l'affaire, pourriez-vous m'en faire part ? Même s'il vient du FBI, je suis preneur. J'ai eu le dossier en main le premier, il serait normal que le bénéfice m'en revienne, non ?

– Ron Willis m'a expliqué qu'une entente parfaite régnait entre vos services.

Spencer avait toussoté.

– Bien sûr, bien sûr... Mais si nous pouvions coincer un réseau de kidnappeurs, ce ne serait pas plus mal. Vous voyez ce que je veux dire ?

Je voyais ! Plus exactement, j'avais compris que les flics de notre belle et vertueuse administration policière française n'étaient pas les seuls à se faire des crocs-en-jambe pour récolter une promotion ou un bout de ruban. Les Américains semblaient n'avoir rien à leur envier.

Quand j'avais regagné mon domicile, le voyant rouge de mon répondeur clignotait et la timide sonnerie m'avertissait que des messages avaient été enregistrés. La touche select indiquait six communications. Toutes émanaient d'Élisabeth Tucson. La première, enregistrée à 7 heures le matin même, demandait de la rappeler. La seconde, à 7 h 45, s'étonnait de mon silence. La troisième, à 8 h 20, insistait sur la nécessité de la joindre d'urgence. La quatrième, à midi, m'enjoignait de prendre contact avec elle dans les délais les plus rapides. Elle avait des choses importantes à me communiquer. La cinquième me reprochait de ne pas vouloir décrocher pour lui parler. La sixième...

Quand la bande défile pour la sixième communication, la voix mélodieuse d'Élisabeth me narre la découverte du corps du Mexicain abattu et me fait part d'un coup de téléphone anonyme qu'elle a reçu.

Pas un mot sur mon expédition de la veille. Pas la moindre demande sur la raison de mon silence forcé. La reconnaissance vieillit vite.

J'ai décroché au moment même où sa péroraison se terminait.

– Laissez-moi réfléchir, ai-je dit d'un ton un peu amer que j'ai vite regretté. Je vous rappellerai dans l'après-midi. D'ici 18 heures, nous avons le temps de prendre des dispositions.

J'ai pris une douche, passant de l'eau chaude à la froide pour remettre mes esprits d'aplomb. Puis un *French Roast Coffee* bien serré a fini de les stabiliser.

La sagesse voudrait que je laisse tomber. La découverte du cadavre de Jesus Morales, puis ce coup de fil anonyme prouvent que c'est bien d'un kidnapping crapuleux qu'il s'agit. Élisabeth ne m'avait engagé que pour enquêter sur son mari. L'innocence de John Tucson ne faisant désormais aucun doute, je n'ai plus de raison de poursuivre l'affaire.

Fort de ces bonnes résolutions, je me sers une autre tasse de café. Le liquide chaud et fort me revigore. Son arôme emplit le living. Dehors, il fait beau. C'est le temps idéal pour faire un tour sur la plage...

Soudain, j'éclate de rire. Pourquoi essayer de me persuader moi-même ? Un chien de meute, après des années passées à traquer le gros gibier, ne peut rester insensible à l'odeur d'une piste fraîche.

La curiosité, l'instinct de la chasse, la compassion aussi pour cette femme seule, privée de tout espoir, sont plus forts que la raison.

Le numéro de Richard Baker que Ron Willis a inscrit à mon intention sur l'une de ses cartes de visite est là, sous mes yeux, près du téléphone du bureau. Le 652.2359.

– *Baker International Investigations,* annonce dans le combiné la voix d'une standardiste.

– *Mister Richard Baker, please.*

– *Who's calling ?*
– Roger Borniche. *Bi,ôo, ar, èn, aï...*
– *One minute, please...*
Un déclic puis le timbre de Richard percute mon tympan.

Autour de nous, les tables du Beverly Hills se vident peu à peu. Je contemple, amusé, un garçon qui se donne des mines de magicien inspiré pour préparer des bananes flambées devant un couple de jeunes mariés en extase.

– Puisque vous êtes au courant de tout, dis-je, légèrement ironique, vous devez aussi savoir que mon entrevue avec Willis a été d'une stérilité affligeante.

L'œil de Baker pétille au-dessus de son verre.

– Normal, Rodger. Il ne vous connaît pas... D'après sa fidèle Esther, il n'a d'ailleurs pas grand-chose dans son dossier.

En un éclair, je revois la jupe ultra-courte, le galbe des mollets, la longueur extraordinaire des ongles d'aluminium et les cheveux platine de la secrétaire du Supervisor.

Richard sourit pour me délivrer de mes angoisses.

– Je suis à LA pour quelques jours. Demain ou après-demain, je vous dirai où ils en sont... Sous le sceau de la confidence, bien sûr...

– Confidence pour confidence, dis-je, j'ai une information que le FBI n'a pas. Spencer non plus.

Baker vide son verre d'un trait, fait claquer sa langue.

– *Terrific,* ce cocktail... Vous vous souvenez ce que le commissaire Chébli nous disait à Beyrouth ? Que l'alcool et une jolie femme sont deux poisons agréables ! Quelle information avez-vous ?

– Élisabeth Tucson a reçu un coup de téléphone anonyme. Une femme souhaite lui faire des révélations à 6 heures, ce soir, devant la statue de John Wayne. Elle a demandé de ne prévenir personne, surtout pas la police, sous peine de ne pas se dévoiler. J'ai besoin de vous, Richard. Il faudrait exercer une surveillance discrète pour savoir qui est cette femme, ce qu'elle veut, ce qu'elle manigance... Seul, cela me paraît difficile. Mais si j'en parle à Spencer ou à Willis et qu'il y ait maldonne, le fil risque de se rompre. D'autre part, si c'est une plaisanterie, cela arrive, je vais encore avoir bonne mine !

Je savoure mon cocktail tout en guettant la réaction de mon ami. Elle ne se fait pas attendre.

– Ce qu'il faut, c'est identifier l'inconnue, fantaisiste ou pas. Un seul moyen, la filature. D'accord, je vous donne un coup de main.

Richard, tout d'un coup, chasse mes hésitations, mes doutes. Son assurance et son flegme me galvanisent.

– Je ne vous dis pas que je ferai ça tous les jours, reprend-il, mais vous devez crever l'abcès. Si les résultats sont positifs, la porte de Ron Willis vous sera grande ouverte, je vous l'assure.

Le maître d'hôtel s'approche :

– L'un de vous ne serait-il pas monsieur Borniche ?

– C'est moi, dis-je.

– Téléphone, monsieur.

– Excusez-moi, dis-je à Richard.

Je suis le maître d'hôtel au travers du luxueux décor, alors que le pianiste attaque *Memory* de Barbara Streisand. Dans l'écouteur, la voix d'Élisabeth.

– Je vous dérange ? La femme a rappelé.

– Ah ?

– Elle avait l'air encore plus paniquée. Elle a avancé d'un quart d'heure le rendez-vous. La banque ferme à 6 heures, a-t-elle dit.

– Sans doute a-t-elle l'intention de vous observer

depuis le hall de la Great Western avant de se montrer... Bien. Vous me laissez faire et je vous rappelle comme promis, Élisabeth. D'ici une heure ou deux. Le temps d'aller faire un tour là-bas pour repérer les lieux.

Richard en est à son troisième verre quand je regagne la terrasse :

– J'ai réfléchi, dit-il avant même que je le mette au courant de ma conversation avec Élisabeth. Si votre inconnue est sincère, il faut l'appâter. Ce ne doit pas être le genre à dénoncer pour rien. Un léger acompte lui ouvrira un peu plus les lèvres.

– Combien, à votre avis ?

– Pas grand-chose. Deux cents dollars en petites coupures, de façon que le paquet qu'elle glissera dans son sac soit un peu épais. Avec une grosse coupure dessus et une grosse dessous pour donner le change.

Il sort de sa poche une petite boîte de carton portant l'inscription « Electronic Technology », déplie avec précaution un papier de soie sur lequel roulent quatre petites rondelles, pas plus épaisses qu'une feuille de cigarette. Il cligne de l'œil lorsque je lui demande ce que c'est.

– Des puces, cher Rodger. Des petites puces très savantes comme celles qui honorent vos cartes de crédit. Il suffit d'en glisser une dans un paquet de billets pour suivre à distance son heureux détenteur. Génial, non ?

Génial en effet. Je ne peux qu'approuver. Je me sens tout d'un coup vraiment minable avec les bonnes vieilles méthodes que j'ai si longtemps pratiquées. On n'arrête pas le progrès. Le japonais surtout.

– Ça coûte cher, ces engins-là ?

Avec un sourire d'enfant, Baker s'amuse à faire sauter une puce dans sa main.

– C'est drôle comme vous, les Français, vous vous intéressez toujours au prix et jamais aux services que la technologie peut rendre, ironise-t-il.

– C'est parce qu'on n'est pas certain de récupérer le matériel.

– On essaie... Sinon, tant pis. Comme on sème, on moissonne. Qu'est-ce que vous faites maintenant ?

– Je vais jusqu'à la Great Western, histoire de voir comment l'enfant pourrait se présenter.

– Dans ce cas, le dresseur de puces vous accompagne ! fait Baker en me collant une tape magistrale sur l'épaule.

22

6 novembre, 17 h 40, Los Angeles.

Élisabeth jette un coup d'œil à sa montre : 5 h 40. Depuis longtemps, un puissant projecteur dressé entre les deux entrées de la Great Western Bank illumine la statue équestre de John Wayne. Le sculpteur a taillé dans le bronze les traits et le légendaire costume de cow-boy du célèbre acteur, immortalisant le chapeau, le foulard, les étriers, les éperons, la carabine et le lasso qui ont fait vibrer tant de cinéphiles. Le jeu d'ombres et de lumières souligne les reliefs du socle et confère un aspect majestueux au cheval dont la patte droite se détache du roc.

Sur Wilshire et La Cienega, la circulation est à son comble. Les phares blancs quadrillent le carrefour qui vibre d'appels sonores, impératifs. Les autobus RTD de la ligne Downtown-Maple se succèdent, bondés de voyageurs, à l'arrêt du 8484 Wilshire, au pied des neuf étages ovalisés de la Great Western.

Élisabeth suit, à l'avance, le déroulement du plan. Ce qui l'angoisse le plus c'est d'en être réduite à imaginer ce qui va se passer. Sans doute se sentirait-elle plus tranquille si elle se trouvait en compagnie de ses deux protecteurs qui se sont répartis la surveillance, l'Américain de l'autre côté du boulevard, à l'angle de Hamilton Drive, dans l'encoignure du hall d'exposition des voitures Porsche, le Français assis sur un banc, face à l'arrêt obligatoire des bus. En fait, elle n'aurait plus peur du tout. Mais là, à attendre au pied de la statue, sans savoir...

Élisabeth essaie de se raisonner, parle à voix basse pour se sentir moins seule. « En ce moment, elle doit m'observer, me détailler avant de se montrer. Mais d'où ? La foule est dense en cette fin de journée. Est-elle déjà sur place ou me regarde-t-elle de l'intérieur de cette banque immense ? Pourvu que je ne sois pas venue pour rien. »

De nouveau, un étau serre la poitrine d'Élisabeth Tucson. Elle soupire, secoue la tête pour relâcher la tension de ses muscles, puis recommence à guetter la chevelure blonde, le manteau bleu, les bottes jaunes et le foulard bleu avec des motifs or de l'inconnue. Jusqu'alors elle n'a décelé aucune femme se rapprochant de ce signalement. Dans la poche de son manteau, sa main se crispe sur le paquet de billets, retenus par un élastique, qu'elle doit lui offrir. Mais l'autre acceptera-t-elle ?

Les aiguilles de l'horloge du magasin Porsche indiquent 5 h 45. Celles de la montre d'Élisabeth, une minute de moins. Toujours personne. L'attente se prolonge, inquiétante. Et si tout cela n'était que l'œuvre d'un mauvais plaisant ?

Pour l'instant, mon nez de flic ne respire que les vapeurs noires, nauséabondes, des bus qui défilent devant mon banc à une cadence record. Tous emportent dans leur flanc des voyageurs fatigués par la journée continue. Ceux qui n'ont pas pu s'offrir une voiture. Beaucoup de visages basanés ou noirs. Une grande modestie dans les vêtements dépareillés.

Je me morfonds. La gorge sèche, les yeux las, je

me force à contrôler la portion de trottoir qui m'a été répartie, entre la statue de John Wayne et l'angle de La Cienega. Les vitres du building de l'Union Federal Saving, par-delà le Wilshire, reflètent la masse illuminée de la Great Western surmontée de ses deux initiales de néon blanc. Richard, lui, stationne maintenant devant le bar Christie's, à l'angle d'Hamilton. Il a réussi à garer sa Golf, parée d'un équipement électronique d'écoute et de transmission dernier cri, sur un emplacement de parking qui s'est libéré à son arrivée. Le mini-écouteur dans l'oreille, il compte bien suivre l'itinéraire de la puce camouflée dans un billet de cinq dollars. Pour le moment, elle est trop calme, la puce, dans la poche d'Élisabeth, plantée au pied du socle de bronze.

Pêle-mêle, des souvenirs de planques me reviennent. Je retrouve les sensations que j'avais connues lorsque, après des heures et des journées de déception, je m'apprêtais à bondir sur ma proie. Au fond, la police est un éternel recommencement. Voyeurisme et inquisition. Mais comment pourrait-il en être autrement ? Que d'idées, plus souvent noires que bleues, ont passé dans ma tête alors que mes membres s'ankylosaient peu à peu, torturés par les positions que je leur infligeais !

Soudain mon cœur se met en chute libre. Mes yeux se rivent à la silhouette d'Élisabeth qui vient vers moi à grands pas. Je quitte mon banc, vais au-devant d'elle.

– C'est remis, m'annonce-t-elle, oppressée. J'ai eu le contact, mais c'est remis.

Je cherche à comprendre.

– Remis, comment ça ? Aucune femme ne s'est approchée de vous...

– C'est un petit bonhomme qui m'a bousculée, alors que je regardais du côté de la banque. Il s'est excusé, s'est baissé et il a ramassé un papier qu'il m'a remis. « Vous avez perdu quelque chose, madame », m'a-t-il dit avant de disparaître. On me donne rendez-vous à 6 h 15 sur Wilshire.

Je lui arrache le papier. Une écriture malhabile a inscrit : « Rendez-vous, seule, devant l'Interstate Bank, 9601 Wilshire. Vous serez contactée à ce moment-là. Absolument seule. »

Je relève la tête :

– L'homme qui vous a approchée est parti vers La Cienega ? A pied ? Comment est-il ? Expliquez-moi, vite !

– Un Chinois, assez âgé, ridé comme une vieille pomme. J'étais si surprise que je n'ai même pas vu par où il allait. Il m'a semblé le voir passer devant vous, traverser...

Je m'en veux de ne pas avoir prévu le scénario, celui qu'emploient généralement les kidnappeurs pour se faire remettre la rançon. On détermine un lieu d'où l'on peut observer le comportement du porteur des billets, et tout mouvement suspect autour de lui. Puis on le dirige sur un autre endroit relais, isolé, avant de lui faire déposer la somme convenue, loin de toute curiosité. Ce n'est pas le cas, puisque l'inconnue ne souhaitait pas d'argent, mais la manœuvre est la même. Or la précipitation d'Élisabeth risque de tout gâcher !

– Ce qui m'ennuie, dis-je le plus calmement possible, c'est que vous soyez venue me trouver sans précaution. Supposez que quelqu'un vous ait observée après la remise du papier... Il nous a vus parler et maintenant, je suis grillé.

J'ai parlé sans fureur, mais c'est déjà trop. Élisabeth se met à trembler. Un coup d'œil sur ma montre. Il faut faire vite.

– Vous filez quand même au rendez-vous et vous ne vous occupez plus de nous. A mon avis, on va venir vous chercher pour vous conduire quelque part. Tout n'est pas perdu... Nous sommes là...

Oui, nous sommes là, Baker et moi, mais perplexes tandis que la mère de Patricia regagne sa voiture, garée devant la vitrine d'Air France. Ce qui est clair, c'est que nous avons affaire à un couple d'Asiatiques. Simple logique. Élisabeth m'avait dit que la voix de son interlocutrice, sans doute jeune, avait des intonations montantes et descendantes, comme dans les pays d'Extrême-Orient. C'est un Chinois de petite taille, assez âgé, qui l'aurait bousculée en lui désignant le papier... Ce matin, Spencer m'annonçait que Jesus Morales avait une maîtresse chinoise nommée Koo Trang Thu, qui s'était envolée de son domicile de Yale Street. C'est elle qui a fixé le rendez-vous. C'est forcément elle...

Je suis fiévreux. Mon cœur bat trop vite. Il faut agir, en finir. Oui. Mais il serait dangereux de précipiter le mouvement. Si je mets la main sur la petite amie de Morales, si j'obtiens ses confidences, quelle revanche sur Spencer et son Pumpkin de malheur ! Pour le moment, j'ai quelques longueurs d'avance sur le LAPD et sur le FBI. Certes, mon flair n'y est pas pour grand-chose. Mais si je réussis à exploiter les informations qu'Élisabeth peut recueillir, j'aurai fait un pas dans la direction de Patricia. Ne rêvons pas, Borniche !

Une joie trouble me transporte vers l'ami Baker. Lui, je ne peux pas ne pas le mettre au courant. Après tout, il est privé, maintenant.

– Il y a du nouveau, dis-je en prenant place dans sa voiture. Le rendez-vous est reporté devant le 9601 Wilshire. Élisabeth y est partie. Pas très chaude mais coopérative, tout de même. On a intérêt à ne pas traîner.

Koo s'engage dans le long couloir, les yeux méfiants. Elle est mal à l'aise. Peut-être parce que le passage, bordé de boutiques, qui unit Camden Drive à Bedford Drive, au rez-de-chaussée du building moderne de la First Interstate Bank, est soudain désert à une heure où les employés ont quitté leur travail. Peut-être parce que derrière la satisfaction de se venger des Mendoza, elle ne peut écarter les pressentiments qui l'assaillent. Elle était la concubine de Jesus Morales. Elle l'a hébergé à son domicile. Qui va croire à son innocence ? Ne serait-elle pas accusée de complicité de kidnapping si la police l'interpellait ? Comment pourrait-elle prouver qu'elle n'est en rien dans l'enlèvement de Patricia Tucson et que Jesus, au dernier moment, y avait renoncé, ce qui lui avait valu d'être abattu par Pablo ou par quelqu'un de son entourage ?

Koo s'est adossée à une cabine téléphonique, au milieu du passage, devant l'éventaire multicolore de la marchande de journaux qui compte sa recette. Sur la porte de la cabine, un cœur percé d'une flèche et deux prénoms, John et Katia, ont été gravés. J et K... comme Jesus et Koo. L'endroit doit souvent servir de point de ralliement. Koo connaît bien le passage. Son patron lui avait confié sa montre, achetée chez le bijoutier de l'angle, pour faire changer le verre qui s'était brisé. Koo s'était assise à une table du Cocktail Loundge, à quelques mètres de la boutique. Elle avait dégusté le thé au jasmin et les toasts offerts par le commerçant, puis elle avait flâné sur Camden et constaté que l'immeuble, luxueux, comportait deux sorties opposées en surface, une troisième par la banque Interstate qu'il suffisait de traverser pour atterrir sur Wilshire, et une quatrième, par l'entresol qui donnait sur le vaste parking.

En y repensant, cet après-midi, l'endroit lui avait paru idéal pour donner rendez-vous à la mère de Patricia. Elle allait pouvoir expliquer ce qu'elle avait commencé à dévoiler au téléphone, pendant que l'oncle Charlie ferait les cent pas devant l'entrée de la banque après lui avoir expédié Élisabeth Tucson. Le signalement qu'elle lui avait donné ne correspondait pas, bien sûr. Mais cela lui permettrait de ne pas l'approcher si, par hasard, elle avait été suivie.

Koo quitte la cabine, fait quelques pas dans le corridor désert, les yeux et les oreilles aux aguets. Elle passe sous l'enseigne du coiffeur Little Jo, revient sur ses pas jusqu'à la devanture du pressing, se poste devant la vitrine du bijoutier. Il est encore là le réparateur, l'œil vissé à son œilleton grossissant, plongé dans les entrailles d'une montre miniature. Koo aperçoit son crâne luisant auréolé de cheveux poivre et sel. Elle s'efface de la devanture, s'adosse à nouveau à la cabine téléphonique. Elle a eu le temps de lire l'heure sur la pendule à balancier dans l'angle de la boutique : 6 h 15. En ce moment précis, Mrs Tucson doit être devant le 9601 Wilshire.

23

6 novembre, 21 heures, Los Angeles.

Koo Trang Thu se tortille sur sa chaise. Ses yeux bridés masquent mal son angoisse de se trouver dans le bureau de Baker, face à deux hommes qui se sont présentés à elle comme des agents du FBI. Jamais elle n'aurait pensé que des Fédéraux pourraient un jour s'intéresser à elle alors que, soulagée d'avoir fourni le nom des ravisseurs à Mrs Tucson, elle quittait furtivement le passage de la First Interstate Bank. Elle n'y était pas venue pour rien. Le modeste acompte sur la prime promise ne pesait pas lourd dans la besace qui lui sert de sac à main. Mais elle ne désespérait pas. Elle allait recevoir d'autres dollars, beaucoup plus de dollars à mesure que les recherches progresseraient. Mrs Tucson l'avait promis. Déjà, elle apercevait, sur Bedford, les feux de position du taxi que l'oncle Charlie retenait pour elle.

C'est au moment où elle longeait les toilettes, au fond du couloir, qu'un diable avait surgi, lui barrant la route, tandis qu'un escogriffe en costume bleu ciel, un écouteur de Walkman à l'oreille, le rejoignait à grandes enjambées. Terrorisée par la double apparition, Koo s'était laissée entraîner vers une Buick banalisée. Surprise ! Mrs Tucson était assise, très droite, sur la banquette. A travers le pare-brise, Koo avait assisté à la fuite, coudes au corps, de son oncle qui avait abandonné là le chauffeur de taxi médusé et non réglé.

Tout au long du trajet, Koo était demeurée silencieuse, en état de choc. Peu à peu, elle avait recouvré ses esprits, rassérénée par l'attitude de ses ravisseurs qu'elle avait pris, tout d'abord, pour des amis de Pablo. La présence de Mrs Tucson dans la voiture avait dissipé ses dernières craintes. Pourtant, au moment de franchir la porte de l'agence privée Baker International Investigations sur Melrose, elle avait été prise de tremblements. Allait-on croire à son innocence ? Le fait d'avoir fourni le nom des ravisseurs allait-il jouer en sa faveur ? Les dollars empochés n'étaient-ils pas la preuve d'un début de chantage ? Mrs Tucson les lui avait remis de son plein gré, et heureusement, elle était là. Elle allait pouvoir confirmer la bonne foi de Koo.

La petite Chinoise avait rassemblé à la hâte ses moyens de défense tout en se reprochant de lui avoir téléphoné. Si elle était restée tranquille, elle ne serait pas là, maintenant !

La joute commence. Koo, sur la défensive, détaille le visage impassible de Richard Baker, qui mastique son chewing-gum debout contre la baie vitrée, reporte son regard sur moi, installé en retrait près d'une étagère à rayonnages métalliques. Je l'étudie à mon tour, de la chaise sur laquelle je me suis assis à califourchon. Elle a des chevilles fines, les jambes bien faites, le visage agréable. Par contre, ni chevelure blonde, ni bottes jaunes, ni foulard ou manteau bleus comme prévu. Sans Richard Baker et sa puce, j'aurais pu attendre longtemps, planqué dans le lavatory des dames dans lequel je m'étais glissé avec précipitation !

– Vous avez souhaité coopérer avec Mrs Tucson afin de retrouver sa fille, dit brusquement Baker en s'arrachant de la baie. Vous lui avez donné les prénoms des ravisseurs, Pablo et Aurora. C'est bien, très bien, même. Insuffisant pourtant.

Baker me désigne d'un geste.

– L'inspecteur Borniche et moi-même agissons à titre privé. Si vous estimez ne pas devoir répondre à nos questions ou si vous préférez cacher la vérité, il ne nous restera plus qu'à vous informer de vos droits et à vous livrer au LAPD, qui risque de vous traiter d'une manière différente. C'est clair ?

Koo acquiesce. Mais la peur se lit toujours dans ses yeux.

– Bien, reprend Baker. Que comptez-vous faire ?

Les doigts de Koo se crispent. Elle ne répond pas. Elle laisse glisser son regard vers moi, espérant sans doute mon aide.

– Ne craignez rien, dis-je. Nous ne vous voulons pas de mal. Dites-nous tout ce que vous savez dans votre intérêt et dans celui de Patricia Tucson. Sans oublier ceux que l'on n'a jamais retrouvés, enlevés sûrement dans les mêmes conditions, par les mêmes crapules. Vous les connaissez ces gens, non ? Mieux que par des prénoms ! En téléphonant à Mrs Tucson, vous avez fait le premier pas. Qu'est-ce qui vous retient, désormais ?

Baker approche sa chaise de celle de Koo, la retourne et se met à califourchon, le menton appuyé sur le dossier.

– Ce Pablo dont vous parlez, vous le connaissez comment ? Ami ? Amant ? Client du restaurant où vous travaillez ?

Koo considère Baker, l'air abasourdi, baisse la tête, murmure :

– Client. Sa sœur aussi... Ils doivent s'appeler Mendoza...

Elle s'interrompt. Un pli barre son front. Ses doigts se ferment et se referment sur la courroie de son sac.

– Des Mexicains ? demande Baker.

Koo ne répond pas.

– Des clients généreux, sans doute, pour que vous les connaissiez par leur nom, enchaîne-t-il. Ce sont eux qui vous ont présenté Jesus Morales ?

– Jesus voulait du travail, dit-elle, les yeux baissés. C'est moi qui l'ai présenté ce soir-là à Pablo Mendoza qui cherchait de la main-d'œuvre. Pour du jardinage, disait-il. En Californie, beaucoup de Mexicains font ce métier.

– Alors ?

– Jesus ne savait pas où loger. Il est venu chez moi. Pablo lui a avancé de l'argent pour prendre un taxi.

– Vous viviez ensemble, depuis ce soir-là ?

– Oui.

– Vous saviez donc qu'il était mêlé à un gang de kidnappeurs ? C'est grave...

Koo sursaute, effrayée par le constat abrupt de Baker. Elle bégaie, cherche ses mots, se tourne vers moi avec un regard de chien battu. Je devine, derrière elle, l'expression ironique de Richard. Il a parfaitement joué son rôle de « méchant ». A moi d'arrondir les angles...

– Si Koo ne veut pas nous confier tout ce qu'elle sait, dis-je en m'adressant à lui, ce n'est pas par mauvaise volonté. Elle a peur et je la comprends. Peur que nous mettions sa parole en doute, peur de comparaître devant un juge qui voudrait avoir confirmation de ce qu'elle avance, peur de ne pouvoir se disculper... Elle n'est pas habituée aux choses de justice. Elle craint que ses révélations ne tombent dans les oreilles des membres du gang qui n'ont pas hésité à la molester, et qui n'hésiteraient pas à lui faire la peau, comme ils l'ont fait à son fiancé. A nous de la rassurer, de la prendre sous notre protection, de veiller sur elle. Si Koo nous donne un coup de main, je suis d'avis de ne retenir contre elle aucune charge...

Aucune charge ? Koo ne bouge pas, mais son œil glisse dans ma direction. Ma dernière phrase, assénée innocemment, accroît encore son inquiétude.

– Alors ? enchaîne Baker, qui a posé la main sur son épaule.

La Chinoise relève la tête. Ses lèvres tremblent. Elle hésite, me regarde, revient à Richard.

– C'est Pablo Mendoza qui m'a frappée, dit-elle. Peut-être qu'il a voulu me tuer. J'ai fui par-derrière et je suis allée chez mon oncle Charlie où un policier était déjà venu avec la photo de Jesus. C'est d'ailleurs ce matin-là qu'on l'a tué, Jesus.

– Vous étiez là ?

– Non. C'est ce que Charlie m'a raconté. J'ai trouvé bizarre que ce policier n'ait pas vu Jesus partir au volant de sa vieille bagnole. Je ne m'explique pas non plus comment le tueur a pu déjouer sa surveillance pour abattre Jesus sur la route. En plein jour, encore, d'après le journal que Pablo m'a montré...

Koo s'arrête, baisse à nouveau la tête... marque un temps d'arrêt puis paraît se décider :

– Pablo et Aurora Mendoza habitent San Juan Capistrano, d'après ce que j'ai cru comprendre. Mais je ne sais pas où... Je ne sais pas non plus de quoi ils vivent. Ce que je sais c'est qu'Aurora serait la protégée d'un policier. Le Pablo s'était vanté de cela à Jesus en disant qu'il était intouchable. Ce sont eux qui ont kidnappé la petite Patricia. Ils avaient déguisé Jesus en Mickey... Il leur a fait faux bond au dernier moment.

Sur un geste de Baker, Koo se met en panne de confidences.

– Une question, dit Richard, une simple question. Pourquoi Jesus se trouvait-il chez votre oncle ?

Koo relève vers lui son visage tourmenté.

– Il avait peur de la police, peur des Mendoza. Ils sont venus plusieurs fois demander après lui... C'est moi qui l'avais adressé à Charlie.

– Une autre question, alors. Comment le policier a-t-il découvert son adresse ? Je suppose que s'il se cachait votre ami n'a pas dû remplir de fiche de police... Vous êtes d'accord ?

Koo, plus perdue que jamais, bafouille :

– Je ne sais pas... Le policier m'a peut-être suivie lorsque j'ai rendu visite à mon oncle. Cela m'étonne car je prenais des précautions. Je n'ai jamais vu personne.

A mon tour d'entrer en piste :

– Vous disiez que cet homme, ce policier qui est venu chez votre oncle, possédait la photographie de Jesus ?

– D'après ce qu'il a raconté à Charlie, il l'avait eue au bureau de la Driver's Licence. Je n'en sais pas plus...

– Il est comment le policier, le protecteur d'Aurora ? Son nom ?

Koo a peur, de nouveau, ça se voit.

– Rassurez-vous, nous ne vous voulons aucun mal.

– Je ne l'ai jamais vu et j'ignore qui il est. Toujours d'après Pablo, sa sœur l'aurait rencontré au cours d'un cambriolage...

Nous nous regardons, Baker et moi, désagréablement surpris ! Koo pourtant paraît tout à fait lucide.

Puis Richard reprend la parole :

– J'ai un principe : J'aide ceux qui nous rendent service. Je vous ai observée. Je crois que vous nous avez dit la vérité. Au moins en partie. Je vais vous trouver un logement où vous serez sous la protection du FBI pendant la durée de notre enquête. Après, vous serez libre. Mais il faut vous montrer coopérante, miss Trang Thu. Savez-vous où se trouve Patricia Tucson ?

Koo reprend courage, répond d'une voix ferme :

– Aurora et Pablo pourraient vous le dire. Ils l'ont emmenée en voiture. Une grosse Dodge Caravan qu'ils avaient dérobée la veille à un restaurateur de Sunset Plaza. C'est Jesus qui m'avait raconté ça. Comme il ne les a pas revus, je n'en sais pas plus...

Je juge bon d'intervenir, pour une ultime précision :

– Mendoza est leur vrai nom ?

– Peut-être. Je crois qu'ils en avaient plusieurs mais c'est celui que Pablo préférait. Sa carte de crédit sur la Federal Union Saving portait Mendoza. Par la banque vous aurez la suite, non ?

La suite, je la connais. Il va falloir identifier le couple, le surveiller, étudier ses faits et gestes pour corroborer la déclaration de Koo... Un travail fastidieux, qui nécessite un personnel trié sur le volet. A moins que...

D'un signe de tête, j'entraîne Baker à l'écart, pour un bref aparté.

– Le meilleur moyen de vérifier ce qu'elle raconte serait de lui faire visionner la bande vidéo du Farmer's Market, dis-je. Si les Mendoza étaient sur place, il y a une chance pour qu'elle les identifie...

– Excellente idée, Rodger.

Richard se tourne vers la Chinoise, qui a suivi d'un œil inquiet notre conciliabule.

– Est-ce que vous aimez la vidéo ?

Koo le regarde, stupéfaite, hoche la tête machinalement.

– Bien. Alors nous vous montrerons demain matin quelque chose qui vous intéressera sûrement.

24

6 novembre, 23 heures, Bisbee.

Patricia a peur. Elle n'a jamais eu si peur de sa vie. Les hurlements d'une meute de coyotes puis des gémissements l'ont réveillée en sursaut. Elle s'assied sur son lit puis se lève, s'approche de la fenêtre de sa chambre protégée par d'épais barreaux. Dans la clarté lunaire, elle aperçoit les carnassiers qui se disputent les morceaux d'une biche qu'ils ont égorgée et dont le corps se convulse sous les coups de dents.

Paola, sa voisine de chambre, se dresse à son tour sur son séant :

– Qu'est-ce que tu fais à la fenêtre ? souffle-t-elle. Tu ne peux pas dormir ?

Patricia se retourne :

– Non, dit-elle. J'ai peur... Je veux m'en aller...

Elle va vers la porte, actionne en vain le bouton. Un verrou en empêche l'ouverture. Elle renouvelle son geste puis, sa tentative demeurant vaine, elle frappe contre le panneau de ses deux poings.

Un bruit de pas, dans le couloir, la fait se calmer. Un homme lui parle à voix basse. Patricia reconnaît le timbre du jardinier-gardien, au fort accent espagnol.

– Qu'est-ce qu'il y a encore ?

– J'ai peur, murmure Patricia... Je veux sortir...

Elle perçoit un discret bruit de clef dans la serrure. Le pêne quitte la gâche. Elle se recroqueville dans sa chemise de nuit lorsque la porte s'ouvre pour livrer passage à Ramon. Il jette un coup d'œil dans la pièce, fait un signe de la main à Patricia.

– Viens, souffle-t-il en ébauchant un sourire, comme si la crainte de l'enfant l'amusait. Ne fais pas de bruit...

Patricia tremble quand il lui prend la main et l'entraîne vers le réduit qui lui sert de chambre à coucher, et d'où il peut surveiller les pièces réservées aux enfants. Ramon esquisse un rictus en la conduisant vers sa couche.

– Il ne faut plus avoir peur, dit-il, tendant la main pour lui caresser les cheveux. Je suis là pour te défendre. Je suis fort, tu sais. Ce sont les coyotes qui te mettent dans cet état ?

Patricia ne répond pas. Une nouvelle peur, instinctive, bien plus grave, la glace. Ramon, dans la journée si bougon, est d'une tendresse inhabituelle. Il l'attire brusquement vers lui, soulève la chemise de nuit, la remonte jusqu'aux épaules. Patricia, humiliée, baisse la tête, se couvre le visage de ses mains.

Entre ses doigts, elle ne voit que les pieds nus et sales du jardinier, qui la domine de toute sa taille. Sa voix, tremblant d'excitation, semble venir du plafond.

– N'aie plus peur, voyons, regarde.

Patricia éclate en sanglots.

La suite la paralyse. Il a relevé sa grosse chemise de toile et exhibe son sexe. Il saisit brutalement Patricia par les cheveux.

– Embrasse, gronde-t-il. Embrasse, ça ne t'étouffera pas... Après, si tu es toujours très gentille avec moi, je te protègerai... Tu n'aurais plus jamais peur, plus jamais...

La panique submerge Patricia quand la grosse patte d'homme plaque son visage sur une masse à l'odeur écœurante. Les larmes noient les joues de la gamine au moment où la porte s'ouvre et qu'apparaît, dans un pyjama de soie mauve fripé, Mademoiselle Olga. Sa voix rauque claque comme un coup de fouet.

– Qu'est-ce que tu fais, Ramon ? Tu es fou ? Laisse cette petite, et tout de suite !

Elle prend Patricia par la main, la reconduit à son lit, disparaît après avoir fermé à double tour la serrure de la chambre, dont elle emporte la clef.

Le soleil du matin perce à travers les vitres lorsque Mademoiselle Olga fait le tour des chambres en compagnie du vieux Ramaros, un émigré démuni de papiers qui remplit, au ranch, le rôle de photographe. Patricia, la tête dans les mains, semble dormir, et la directrice décide de la laisser se reposer. Paola, Billy et une fillette dont elle ne connaît même pas le nom suffiront pour la séance photo.

Des papiers, elle en a, elle, Olga l'aventurière ! Faux, mais indispensables. Lorsqu'elle avait appelé Christopher Briggs au secours, elle était en fuite, recherchée pour complicité dans une escroquerie à l'assurance, proxénétisme, faux et usage de faux. Lors de son entrevue avec Chris au Library-Bar du Beverly Hilton, elle ne lui avait rien caché de sa position périlleuse. Tapie dans un coin discret, telle une bête aux abois, elle savait que le décorateur-antiquaire lui ferait payer cher sa protection. Sans argent, plusieurs fois fichée, elle n'aurait pas le choix. Elle avait bien essayé de jouer sur la corde sensible, en évoquant son frère, mais ce snob aux innombrables liaisons était demeuré insensible au rappel de sa vie passée.

– Laissons les souvenirs de côté, avait-il murmuré.

Nous ne gagnerons rien, ni l'un ni l'autre, à remuer tout ça. Par contre...

Un silence s'était installé. Mademoiselle Olga observait Christopher, soucieuse de savoir à quelle sauce elle allait être mangée.

– Par contre ? avait-elle fini par demander, dissimulant mal son impatience.

– Je ne demande qu'à vous sauver la mise, chère Olga. Du moins provisoirement. Tant que vous saurez me renvoyer l'ascenseur.

Et il lui avait décrit le ranch-école de la Bonne Famille, dont l'installation était terminée.

– Je ne vous cache pas que mon entreprise est risquée, avait-il précisé. C'est pourquoi j'ai besoin de votre dévouement inconditionnel. Il faudra trouver un photographe. Un camé ou un clandestin, que nous pourrons tenir en main. Vous lui ferez prendre quelques clichés, pour appâter la clientèle. Vous voyez le genre : contorsions, positions, baignades, tout ce qu'on peut demander à ces jeunes corps nus. Des défilés habillés aussi, avec des vêtements suggestifs.

– Je ne pourrai jamais m'en sortir toute seule ! avait objecté Olga.

– Je vous dénicherai un homme à tout faire, qui servira de garde-chiourme, de jardinier, de cuisinier. Un Mexicain que vous aurez à l'œil. Ce sera suffisant. D'autant que vous n'aurez jamais plus de trois ou quatre gosses à la fois, de sept à douze ans. N'oubliez pas que le ranch de la Bonne Famille n'est qu'un lieu de transit. Alors, marché conclu ? Je vous fournis des papiers, je vous donne un bon salaire, et je vous mets au vert. Enfin au vert... l'Arizona, c'est l'*arida zona* des Espagnols, la terre aride. Mais personne n'ira vous dénicher dans ce désert. D'ailleurs, le jardin est bien arrosé, et la piscine est vaste.

Mademoiselle Olga vient d'y plonger, dans la piscine tiède. Elle fait quelques brasses paresseuses, s'accroche à l'échelle, secoue ses longs cheveux blonds. Dès que l'eau cesse de noyer ses yeux, elle aperçoit Ramon, le gardien-jardinier, qui manifestement l'observait, avant de pencher la tête sur l'allée qu'il est en train de ratisser, au bout du terrain de jeux. Elle est perplexe, Mademoiselle Olga. Elle devrait le flanquer à la porte, après ce qu'il a fait cette nuit. Mais il pourrait se venger, aller casser le morceau sur les activités réelles de la Bonne Famille. Mieux vaut, pour l'instant, le serrer de près, avant d'avoir les ordres de Christopher Briggs.

Une porte s'ouvre, et les enfants, nus, émergent du studio photo. Résignés, ils se dirigent sagement vers le réfectoire. Ils auront droit, avant le déjeuner, à la pilule rose qui les met dans un état second. La pilule bleue, elle, remplie de vitamines et de ginseng à forte dose, les rend sexuellement plus disponibles que ne le voudrait leur âge. Mademoiselle Olga regarde le petit Billy, un garçon d'une dizaine d'années. Celui-là doit partir dès demain, sur commande, pour une destination inconnue. Toujours cette manie du secret et du cloisonnement qui régit chacun des actes de Christopher Briggs. Elle a du mal à s'habituer aux arrivées et départs permanents de ces pensionnaires forcés. Des pensionnaires vainement recherchés par les services de police de la plupart des États, et qui subissent là leur premier dressage, à proximité de la frontière, ce qui peut permettre une fuite rapide en cas de coup dur.

Oui, les jours passent, dans le ballet monotone de ces allées et venues, et Mademoiselle Olga commence à s'ennuyer. Même le spectacle des enfants aux prises avec le photographe ne l'amuse plus.

« Pour l'instant, se dit-elle, j'ai intérêt à me tenir à carreau. Je n'ai pas le choix. Mais je ne passerai sûrement pas ma vie dans ce désert. »

25

7 novembre, 10 heures, Los Angeles.

– Manquait plus que ça, grogne Pumpkin. Je l'avais pourtant bien foutue dans mon tiroir, cette putain de bobine !

Derrière l'impassibilité dont il s'est fait une règle pour avoir le plaisir de la violer, le sergent Franklin bouillonne, écume. Le mégot matinal s'est tristement immobilisé dans le coin droit de ses lèvres, comme pour se faire oublier.

Il y a cinq minutes à peine, le capitaine Spencer avait entrebâillé la porte du bureau.

– Bonjour, Bill. Toujours ponctuel... C'est bien, c'est même très bien. La nuit a été bonne ?

– Pas mauvaise, patron. Une bataille rangée entre Noirs et Portoricains à Pershing Square, mais on a mis le holà. Deux blessés au Central Receiving Hospital et cinq couteaux à cran d'arrêt saisis. Pas une égratignure de notre côté mais on a été obligés de cogner dur.

– Tant mieux, mon vieux, tant mieux. Dites-moi, la bande que je vous ai confiée l'autre jour, vous pouvez me la repasser ? J'aimerais la visionner une fois encore...

– Tout de suite, mon capitaine. Je vous l'apporte.

La porte s'était refermée. A regret, Pumpkin avait posé son stylo sur la page blanche du rapport qu'il était en train de noircir, reculé sa chaise, dégagé son ventre proéminent de la table, ouvert le tiroir central. Le mégot avait repris quelque vigueur tandis que sa main était partie à la recherche de la cassette vidéo. Mais les doigts de Pumpkin n'avaient rencontré que le vide.

Il s'écarte un peu plus du bureau, se lève, repousse sa chaise, se penche pour examiner le tiroir qu'il a complètement tiré. Il lui faut se rendre à l'évidence. La bande n'est plus à l'endroit où il l'avait rangée.

« J'ai dû la foutre ailleurs, dans le tiroir de droite, sans doute, pense-t-il. C'est toujours comme ça quand il faut faire deux choses à la fois. » L'autre tiroir, fouillé de fond en comble, ne lui permet pas plus de découvrir la vidéo. Pumpkin se relève, le visage congestionné, ouvre la porte de son antre à la volée :

– Jones ! Venez voir !

– Sergent ? répond d'une voix timide Jones Carthy, flic stagiaire récemment affecté à la brigade de Pumpkin.

– Venez, je vous dis ! Qui est entré dans mon bureau ce matin ?

Jones se lève, hésitant, contemplant son chef de groupe d'un air pitoyable.

– Personne, sergent.

– Comment, personne ? Je sais bien que quelqu'un y est entré, moi. Et j'ai des raisons d'en être sûr. Et cette nuit, pendant que j'étais en patrouille ?

Jones Carthy sent un courant désagréable escalader son échine. Il pénètre dans le bureau, referme la porte.

– Je n'ai vu personne, sergent, vous pouvez me croire.

Bill Franklin s'élance vers lui, la bedaine en avant.

– Et moi je vous dis que quelqu'un est entré chez moi, a ouvert le tiroir de mon bureau et a pris la bande vidéo que j'y avais mise hier soir. C'est net. Alors, qui ?

– Je ne vois pas, sergent. Vous êtes certain de l'avoir rangée dans votre tiroir ?

La sincérité de l'agent est si apparente que Pumpkin finit par douter de lui. Il crache son mégot et, pour prendre son mal en patience, il se résout à allumer, avec un soin religieux, une cigarette neuve. Il lance un regard courroucé à l'agent figé devant lui, réfléchit. La scène se dessine clairement. Carthy a abandonné sa place pendant quelques minutes, le temps d'aller pisser, et quelqu'un en a profité pour subtiliser la bande, question de curiosité. A moins que ce soit pour y découvrir des images que Franklin aurait pu laisser passer, et lui piquer l'affaire.

– Jones...

– Sergent ?

– Vous avez exactement cinq minutes de soixante secondes pour me dresser la liste de toutes les personnes qui sont passées au commissariat cette nuit et ce matin. Flics compris.

Jones Carthy, la mine ahurie, bredouille :

– Comment voulez-vous que je fasse, sergent ? Ça peut prendre des heures...

– Demerdez-vous. Combien de fois êtes-vous allé pisser, depuis votre prise de permanence ?

– Je ne sais pas, sergent. Deux fois, trois peut-être...

– Et avant vous ?

– J'ai relevé Wilkins à 2 heures du matin, sergent. Il avait pris la permanence à 6 heures du soir.

– Dites-lui de rappliquer au commissariat.

– Il se repose, sergent. Il est chez lui.

– M'en fous. Faites ce que je vous ai dit : la liste de tous ceux qui sont passés au commissariat depuis mon départ. Rompez.

Pumpkin retourne les tiroirs de son bureau puis s'accroupit, et vide les compartiments du classeur. Rien à faire. La bande a bel et bien disparu.

La porte de son capharnaüm s'ouvre à nouveau, alors que Pumpkin, les genoux à terre, s'ingénie à scruter le dessous du classeur.

– Eh bien, Bill, dit le capitaine Spencer d'une voix sèche. Et cette vidéo ?

Pumpkin se relève, l'air gêné, époussette du dos de la main les traces de poussière qui ornent le bas de son pantalon noir.

– Je la cherche, mon capitaine. Elle était là hier soir, dans mon tiroir. Elle n'y est plus.

– Comment, elle n'y est plus ? Vous deviez la regarder une nouvelle fois. Vous ne l'auriez pas laissée dans le magnéto, par hasard ?

Instantanément, le regard de Bill Franklin se porte sur le JVC, posé sur un socle, sous la fenêtre grillagée. Il tombe une pluie fine et froide et un peu de buée ouvre les vitres.

– La fenêtre de chargement est vide, mon capitaine. Voyez vous-même.

Spencer, silencieux comme une ombre, referme la porte, disparaît de la vue de Pumpkin, réapparaît dans l'entrebâillement.

– Ce n'est pas malin, Bill, de ne pas savoir où vous rangez vos affaires. Je vais avoir l'air de quoi, moi, maintenant, si je réclame au FBI la copie de la copie que j'ai faite ? Vous vieillissez, mon cher.

Dès qu'il a disparu, Pumpkin renifle de dépit, considère d'un œil éteint le spectacle des tiroirs renversés.

– Je ne sais pas si je vieillis, marmonne-t-il, mais ce que je sais, c'est que je ne suis pas encore gâteux. La bande était dans mon tiroir et il y a bien un salopard qui s'en est emparé. Si jamais je le trouve, celui-là !

26

7 novembre, 10 heures, San Juan Capistrano.

– C'est toi, Pablito ?

Aurora, dans sa combinaison rose ultra-courte, s'est retournée. On n'a pas frappé, non. On agite, on secoue la poignée. A travers le panneau, la voix de Scaglia chuchote :

– Ouvre, bordel de merde, tu verras bien qui c'est !

Aurora donne un tour de clé, blêmit devant les traits figés de son amant vêtu en civil, qui se plante devant le buffet.

– Qu'est-ce qui se passe ? questionne-t-elle. Ça n'a pas marché ?

– Si, grogne Scaglia en exhibant la cassette vidéo qu'il avait dissimulée sous son blouson. Je l'ai, la bande. Je suis passé chez moi pour la regarder mais le résultat n'est pas très encourageant.

Aurora se rapproche de lui, câline, lui caresse les épaules.

– C'est-à-dire, mon gros nounours ?

Scaglia s'écarte, agacé, joue nerveusement avec la gourmette qui pend à son poignet.

– C'est-à-dire que toi et ton crétin de frère vous êtes dessus et qu'on risque de vous reconnaître.

– Et alors ?

Il hausse un sourcil étonné :

– Comment ça, et alors ?

– Quelle importance, puisque tu l'as récupérée, cette bande !

Les mâchoires du policier se crispent.

– L'original, oui ! Mais s'ils ont eu l'idée d'en faire une copie... Où il est ton abruti de frère ?

Aurora hésite. Pablo, une demi-heure plus tôt, l'a appelée, surexcité. Peut-être est-il préférable de ne pas mettre tout de suite Victor au courant de la situation...

– Il a dû aller à Chinatown. Ou à Westwood, je ne sais pas. Il voulait mettre la main sur la Chinoise.

Le regard de Scaglia se durcit sous les sombres sourcils. Il fulmine :

– De quoi se mêle-t-il, bon Dieu ! J'ai des collègues partout en surveillance. Si on n'a pas réussi à la récupérer, qu'est-ce qu'il pourrait faire, ton crétin de frère, veux-tu me dire ? Disparus, l'oncle et la nièce. Évanouis dans la nature. Personne ne répond, ni chez l'un, ni chez l'autre.

Aurora soupire, mi-surprise, mi-agacée.

– Ce n'est pas une raison pour vociférer comme ça, je ne suis pas sourde. Elle a disparu, bon ! Pas de quoi en faire un drame.

– Pas un drame ? suffoque Scaglia. Pas un drame, alors qu'elle connaît votre adresse, depuis le temps que vous venez bouffer chez elle ! Suffirait qu'un collègue la pique pour qu'elle lui raconte la vie de Jesus et de ses apôtres ! Aucune confiance dans cette demi-camée. Si tu veux un conseil, vous avez intérêt à déménager tous les deux. Et vite fait. Vous seriez beaux si les Fédés ou le sheriff débarquaient ici !

– A San Juan Capistrano ?

– Ce que tu es conne quand tu t'y mets, ma pauvre Aurora ! Ce n'est pas un site protégé, San Juan ! Tu ramasses tes cliques et tes claques, tu les colles dans la bagnole et on fonce te mettre au vert. Ton nabot de frère se débrouillera. Quand je pense que c'est à cause de lui qu'on a ces emmerdes...

– Quelles emmerdes, Vic ? Koo ne peut plus raconter grand-chose, maintenant...

Victor Scaglia lève les yeux vers elle, à la fois méfiant et inquiet.

– Pourquoi ça, s'il te plait ?

Aurora sourit, une lueur de complicité dans le regard, prend son temps. Nue sous la combinaison qui laisse entrevoir le triangle de l'abondante toison, elle prend un peu de champ dans un balancement de ses hanches étroites qui ont tant de fois troublé Scaglia. Elle sait comment le calmer lorsqu'il est de mauvaise humeur. Elle revoit dans un flash la scène de Beverly Glen quand il avait surgi, l'arme au poing, et l'avait violée, sans se soucier du retour éventuel des propriétaires de l'appartement. Une scène qui, comme tous les remakes qui lui ont succédé, a désormais pour cadre la maisonnette que l'agent loue dans le coin désert de Mulholland, au sommet d'un canyon. Une bicoque tranquille, perdue au milieu des rochers. Une vue superbe sur les Santa Monica Mountains. En règle générale, elle a à peine franchi le seuil que Vicky pousse le verrou, se jette sur elle. Elle aime sa puissance, sa bestialité qui la rendent soudain brûlante, complice. Elle a appris à apprécier les fantaisies barbares, la dépravation, la perversité qu'elle aurait voulu lui enseigner elle-même. « On était faits pour se rencontrer, aussi pourris de vices l'un que l'autre », lui avait-elle avoué au début de leur liaison. Il avait acquiescé, comblé par le corps mais surtout par l'invraisemblable immoralité de cette égérie du mal.

Ce matin, le jeu de hanches ne semble pas avoir l'effet habituel. Elle tire une cigarette d'un paquet froissé, l'allume, dévisageant Scaglia par-dessus la flamme de l'allumette.

– Parce que...

Aurora hésite. Quand Pablo l'a jointe, tout à l'heure, au Pacific Bar de Spring Street où elle attendait sa communication, il lui a fallu de longues minutes pour le calmer et découvrir, à travers ses propos désordonnés, la certitude qu'il avait de l'exécution de Morales par Scaglia. Puis, sur un ton où se mêlaient la crainte et la fierté, il lui avait annoncé que le compte de la Chinoise était réglé.

– Tu as eu cette idée tout seul, Pablito ? avait demandé Aurora, stupéfaite.

– Et alors ? Tu me prends pour qui !

– Tu n'as rien laissé derrière toi, j'espère ?

– Même pas un regret. Je suis à Laguna Beach. J'arrive d'ici vingt minutes. Je te raconterai.

Et maintenant, Aurora se doit d'annoncer la bonne nouvelle à son amant. Elle abandonne sa cigarette sur le marbre du buffet.

– Parce que Pablo s'est conduit comme un homme, dit-elle, passant les mains sous le blouson et caressant la poitrine à travers l'étoffe fine de la chemise. Il a liquidé Koo.

– Hein ?

Abasourdi, Scaglia fait un pas en arrière comme si un danger surgissait, brusquement, devant lui. Ses yeux sombres se mettent à briller :

– Qu'est-ce que c'est que cette histoire ? bougonne-t-il. Je n'ai pas le cœur à plaisanter...

– Ce n'est pas une histoire, Vic. S'il m'annonce cela, c'est que c'est vrai. Il a dû tellement taper dessus qu'elle y est restée. Je le connais, Pablo. Quand il est en rogne, il ne connaît plus sa force. Au moins, elle ne risque pas de nous dénoncer, maintenant.

– Si elle est morte, c'est sûr, dit Scaglia. Reste la bande. J'espère qu'il n'y en a pas un double. Parce qu'avec ce maniaque de Spencer, on ne sait jamais. Je ne peux tout de même pas le lui demander.

Il s'écarte un peu plus d'Aurora, fait quelques pas, s'efforçant de retrouver son calme et de mettre de l'ordre dans ses idées. Après tout, le geste de Pablo l'arrange. Ce sera au moins un meurtre qu'on ne pourra pas lui coller sur les bras si les choses tournaient mal. Et puis, après la mort de Morales et le vol de la vidéo, la disparition de Koo laisse la table rase pour l'enquête de police. A un détail près : Charlie Ngoc Dahn.

– N'importe comment, il faut vous tirer d'ici, finit-il par dire. Simple mesure de précaution.

Une ride apparaît sur le frond d'Aurora.

– Et où tu veux qu'on aille ? s'inquiète-t-elle.

– A Mulholland. Pour un jour ou deux. Le temps que je te trouve quelque chose dans un État voisin. Peut-être au ranch, si le patron est d'accord. Ton abruti de frère, lui, ira faire un tour au Mexique, c'est plus prudent. Il serait encore capable de nous ramener un zozo comme son Jesus de malheur. Tu lui colles le chiffon rouge à la fenêtre et on se casse. Il sait que ça signifie danger. Tu lui as parlé de la bande vidéo ?

– Comment veux-tu ? dit Aurora presque tendrement. Je ne l'ai pas vu depuis deux jours.

– Tant mieux. Tu ne dis rien. Je vais appeler le Central pour prendre deux jours de repos et la température au sujet de la disparition de la bande. On fait un saut à El Segundo dire bonjour au père Charlie et on file à Mulholland.

Aurora détaille d'un regard la stature d'athlète, les traits virils et la peau mate de Scaglia. Elle s'approche à nouveau de lui, entoure de ses bras le cou épais :

– Tu sais que je te préfère en uniforme que comme ça, minaude-t-elle en lui mordillant l'oreille. Le cuir, ça me rend folle...

Il se dégage, l'écarte presque avec violence :

– C'est le moment ! maugrée-t-il. Parce que tu me vois débarquer dans ton gourbi de Chicanos en tenue de super-flic ? Avec la bagnole à gyrophare, peut-être ? Vraiment, tu débloques, Aurora. Prépare tes affaires et habille-toi. J'ai l'impression que d'ici peu, ça pourrait saigner...

27

7 novembre, 10 heures, Los Angeles.

Ron Willis nous avait prévenus : ça allait sauter. Et pour sauter, ça saute. Ça tressaute, même. Un steeple-chase d'images, des cabrioles de plans qui s'approchent, s'éloignent, tournoient sous nos yeux ébahis, en une succession frénétique de personnages décapités et de panoramiques, en dehors de toute règle de cadrage et de profondeur de champ. Un véritable défilé de montagnes russes, avec crachotements sonores à l'appui. A croire que le cameraman amateur avait calé son appareil sur un marteau-piqueur ou un char de combat en manœuvre dans un terrain truffé de mines. Même au temps de mon enfance, quand le Pathé Baby à manivelle de mon instituteur projetait sur la blancheur du mur de la classe un Charlot sautillant ou un Zorro cascadeur, je n'ai jamais assisté à pareille voltige.

Baker qui, pour l'occasion, porte des lunettes dont les verres étincellent sous la luminescence du téléviseur, est aux commandes du magnétoscope, un U-matic 8 pouces sur lequel la bande de Strasser a été dupliquée, et qui n'a que de lointains rapports avec les lecteurs VHS de salon que je connaissais. A côté de moi, Koo est plus silencieuse que jamais.

Sans doute n'a-t-elle pas beaucoup dormi, cette nuit, dans la « chambre d'hôte » que le FBI a mis à sa disposition.

Nous avons droit, en lever de rideau, au toit d'une maison verte à volets rouges sous un ciel nuageux. J'en suis à me demander pour quelle raison la toiture frise le bas de l'écran lorsque le goudron d'un trottoir lui succède sous les enjoliveurs d'une voiture dont la marque et la couleur m'échappent. Puis l'objectif remonte, par saccades, pour saisir une nouvelle proie, en l'occurrence une femme dont le sourire en forme de grimace est happé par un mur de briques soudain venu à sa rencontre.

– Mrs Strasser, la femme de l'opérateur, commente Richard sans quitter le moniteur TV des yeux.

Quelques séquences de gazon et de fils électriques avant que la vedette du moment, les traits cette fois crispés, gicle sur l'écran. Les poings sur les hanches, elle a à peine amorcé sa tirade qu'un tourbillon de bandes horizontales, aux couleurs de l'arc-en-ciel, l'emporte à tout jamais. Une pause survient, faite de blanc, de noir, de zébrures où le vert et le rouge dominent comme, tout à l'heure, le toit et les volets de la maisonnette.

– On arrive au Farmer's Market, annonce Richard, imperturbable.

Sa prédiction se réalise. Un morceau de ciel bleu se bloque dans le coin gauche de l'écran au-dessus d'un clocher à croisillons. L'image se stabilise quelques secondes sur le chapeau à voilette de Mrs Strasser, la star du jour. Un sourire étire ses traits. Elle s'apprête à quitter la Station-wagon familiale lorsque le chapeau s'estompe pour faire place à un énorme potiron devant lequel plastronne un sorcier en chapeau conique et cape noirs. Trouble au début, l'image devient plus nette au fur et à mesure que le zoom s'accorde de la distance.

– Nous y sommes, dit Richard. Ouvrez l'œil.

J'écarquille les deux sur le dos de catcheur d'un inconnu, un dos large, énorme, marron, comme j'en ai peu rencontrés au cours des séances de lutte au palais des Sports. Il me faudrait comprendre pourquoi la caméra se fixe sur une auréole graisseuse, au niveau du col. Ce qui retient mon attention, par contre, c'est l'apparition subite, après un court balayage, du chapiteau de toile rouge et blanche d'un zoo miniature.

– *The Great America,* précise Richard. Tous les ans pour Halloween il est là, au même emplacement.

J'enregistre. On dirait que le cinéaste amateur a pris de l'assurance car le téléobjectif se plante, sans bouger, sur le personnage en pied de Mickey qui gesticule devant la ménagerie enfantine. Un zoom rapide et la tête, démesurément grossie, occupe la totalité de l'écran, avant de se détourner comme gênée par l'approche de l'appareil. La défroque rouge, blanc et noir, devenue soudain minuscule, semble fuir la prise de vue pour s'abriter sous le toit en auvent d'un mini-drugstore.

– Jesus Morales, dis-je en me tournant vers Koo.

Ce n'était pas une question, mais une affirmation. La jeune femme ne répond pas. Ses yeux me semblent embués de larmes.

De nouveau, le film se cabre, les images sautent, puis Mickey réapparaît, à l'intérieur du zoo cette fois, au milieu des enfants et des animaux, près d'une fillette tenant à la main un masque de Frankenstein. Le reste de la bande n'est qu'une suite de grisaille et de moirures à vous dégoûter à tout jamais du métier de metteur en scène.

Richard stoppe le magnétoscope, allume le plafonnier du bureau.

– Alors ?

– Je ne sais pas, dit Koo. Ça va trop vite...

– On va repasser la bande, dis-je, accompagnant mon propos d'un sourire encourageant. Au ralenti, cette fois. Si vous avez le moindre doute, n'hésitez pas à le dire, d'accord ?

Koo acquiesce d'un signe de tête, les yeux fixés sur le moniteur.

– OK, Richard, on y retourne. A partir du sorcier...

– Pourquoi ? dit-il avec un haussement de sourcils ironique. Elle ne vous plaît pas, Mrs Strasser ?

La lumière s'éteint à nouveau. Avec un miaulement de chat étranglé, la bande revient à son point de départ pour repartir dans le bon sens. Le toit rouge, les volets verts, le goudron noir et les couleurs les plus voyantes de l'arc-en-ciel dansent une assez cocasse et fantaisiste sarabande.

– Stop !

Sur mon ordre, une pression de doigt de Richard arrête le défilement. Le sorcier, la bouche ouverte, reste la canne en l'air sur l'énorme potiron évidé. Le groupe de curieux rassemblés devant lui, parents et enfants, se sont figés dans des positions les plus diverses. L'image est moins nette qu'en projection normale mais on peut identifier les personnages.

– Regardez bien, dis-je. Est-ce que vous reconnaissez un visage ?

Koo ne répond pas tout de suite. Elle plisse les yeux, étudie chaque parcelle de l'écran, puis secoue la tête d'un air désolé.

– Non, murmure-t-elle enfin. Ils ne sont pas là.

– On continue.

Baker relâche sa pression, le film se met à nouveau en mouvement. Le chapiteau du zoo se profile bientôt au-dessus de Mickey-Morales.

– Nous y voilà, Richard. On refait du coup par coup.

Au rythme d'une image par seconde, ce qui lui

donne un mouvement saccadé, la tête grossit, arrive à occuper toute la surface de l'écran avant d'effectuer un mouvement tournant et de se miniaturiser en direction de l'auvent d'un mini-drugstore. A côté de moi, Koo scrute la scène avec attention.

– Stop ! crie-t-elle brusquement. Un peu en arrière.

Richard réagit au centième de seconde, et l'image précédente réapparaît. Mickey n'est pas seul à l'écran. Dans le coin gauche, une silhouette a surgi, fugitive, pour disparaître aussitôt, hors du champ. Une silhouette de femme maigre, penchée en avant, les cheveux bruns et courts, le bras droit levé vers Mickey.

– C'est elle ! s'écrie Koo. C'est Aurora ! Vous voyez que je n'ai pas menti !

– *Good job, miss,* dit Baker en pianotant sur le tableau de bord d'un appareil connecté au magnétoscope. Je tire une photo et on continue.

A nouveau l'écran s'agite. Mickey réapparaît avec la petite Patricia, au centre du zoo. Mais moi, ce qui m'intéresse, c'est le public agglutiné de part et d'autre de la barrière. Et surtout la femme de tout à l'heure qui est encore présente, de face, cette fois, la tête noyée dans la masse, près d'un petit chauve à la face lunaire.

– Là ! crie encore notre protégée en tendant le doigt vers l'écran. Là, c'est Aurora. Et à côté d'elle, c'est Pablo.

Baker et moi échangeons un regard de triomphe. Les hommes du LAPD et ceux du FBI auraient pu visionner la bande cent fois, en vitesse normale, en accéléré ou au ralenti, sans même remarquer la présence à l'écran des deux suspects. En quelques minutes de projection, les allégations de Koo Trang Thu se sont confirmées. Nous savons, maintenant, qu'Aurora et Pablo Mendoza sont étroitement liés au rapt de Patricia Tucson. Et nous savons où les trouver.

Tout à l'euphorie du moment, j'ai brusquement envie d'exécuter un entrechat !

28

7 novembre, 10 h 30, Los Angeles.

Pour la troisième fois, Bill Franklin parcourt du regard la liste établie par Jones Carthy. Et, pour la troisième fois, ses yeux butent sur le même nom : Victor Scaglia.

Vic n'était pas de service, la nuit derrière, et il n'est pas dans ses habitudes d'effectuer des heures supplémentaires. Au contraire. Que venait-il donc faire au commissariat vers 2 heures du matin, à l'heure de la relève? Ou plus exactement, que venait-il y chercher ?

Le sergent grommelle un juron, jette, les dents serrées de rage, la liste sur son bureau. Vic savait, forcément, pour la bande. Pumpkin lui-même lui en avait parlé, un soir, aux vestiaires : « Faudra que je la réclame au capitaine pour la visionner à fond, avait-il dit. Il est empoisonnant à toujours vouloir tout garder sous le coude. »

Et à part Scaglia, qui connaissait son existence ?

Spencer? Aucune raison. Et au-delà de tout soupçon.

Jones Carthy? Trop con et trop trouillard, le stagiaire, pour oser même ouvrir l'un de ses tiroirs.

Le type du FBI envoyé par le Supervisor pour

obtenir un duplicata ? Mais quelle raison aurait-il eu de revenir subtiliser l'original ?

– *Son of a bitch !*

Le poing massif de Bill Franklin s'est écrasé sur une pile de dossiers. Il se lève, bouillant de colère, quitte le bureau, rejoint à grandes enjambées le hall du commissariat, encombré de son habituelle foule de plaignants, de flics désœuvrés, d'avocats et de petits délinquants en instance de jugement.

Dans son bureau climatisé que d'épaisses glaces protègent des bruits extérieurs, le sergent de semaine dresse le tableau des permanences. Pumpkin l'interpelle :

– Dis donc, Jeff, Scaglia prend son service à quelle heure aujourd'hui ?

Jeff, un calme, a l'art et la manière de mastiquer son chewing-gum avec de fréquentes et sonores aspirations de salive. Il prend son temps pour faire basculer l'amalgame caoutchouté d'une joue à l'autre, ce qui a pour effet de déformer encore plus son visage buriné avant de répondre d'une voix moqueuse :

– Pourquoi, tu t'ennuies ?

Pumpkin n'a guère envie de plaisanter.

– Non, mais je veux savoir.

– Ton stagiaire est déjà venu me voir à ce sujet. Manque de pot, il ne travaille ni aujourd'hui, ni demain. Il est malade. Il a téléphoné pour avoir deux jours de congé. J'ai prévenu le capitaine.

– Merci.

Pumpkin referme la porte avec violence, refait en sens inverse le chemin de son bureau. Son front ruisselle de sueur. Il s'empare du téléphone, compose le numéro personnel de Victor Scaglia. Au bout de six sonneries, il raccroche.

Malade ou pas, l'agent Scaglia n'est pas chez lui.

« Je vais y envoyer Jones, pense-t-il. A moins qu'il soit parti chez le toubib. C'est encore possible. »

– Oh, Franklin !

Toute la rage accumulée par le sergent se désagrège lorsqu'il découvre en face de lui la haute silhouette dégingandée de David O'Neil.

Depuis plus de vingt ans, cassant sa haute silhouette sur le même tabouret du laboratoire de police scientifique de Los Angeles, le professeur O'Neil rive son œil à l'oculaire du microscope de comparaison, l'appareil qui permet de déterminer avec quel type d'arme des balles ont été tirées et, parmi des milliers d'armes du même type, de quel fusil ou de quel pistolet particulier est sorti le projectile meurtrier.

David O'Neil, de souche irlandaise, arbore un visage carré, au teint de brique, constellé de taches de son et surmonté d'une houppe de cheveux poil de carotte. Épris de physique et de chimie, il s'est toujours intéressé aux techniques qui mènent de la constatation des faits à la découverte de preuves suffisantes pour identifier le coupable et le conduire devant la Cour. Son flair, son agilité d'esprit, sa passion de la recherche en ont fait un expert en balistique dont les conclusions, fondées sur une suite de raisonnements analogiques, ne sont jamais controversées.

« Une explication orale et une présentation des éléments valent toujours mieux qu'un long rapport », prétend-il d'une voix aussi chevrotante que celle d'un centenaire.

– Salut, O'Neil, dit Pumpkin en lui serrant la main. Quoi de neuf ?

– Vous pourriez faire un saut au labo, sergent ? J'ai quelque chose pour vous.

– Quoi donc, professeur ?

– Rapport à la petite Elsie Findler. Vous vous souvenez ?

S'il se souvient, Pumpkin ! L'assassinat de l'enfant, dans Laurel Canyon, l'avait bouleversé. Un beau gâchis ! Scaglia, un dur pourtant, n'avait pu dissimuler son écœurement et sa colère devant le corps pantelant de la fillette. « Si je le tenais, ce salopard, vociférait-il, je te jure, Pumpkin, que ce serait sa fête ! »

Le salopard n'avait pas été identifié, et le meurtre avait gardé son mystère. Tout criminel abandonne des traces susceptibles d'être exploitées, d'où l'importance des constatations initiales. Mais là, rien. Pas le plus petit indice. Pas la moindre information, malgré la prime offerte par des parents qui avaient dû solder leur magasin d'accessoires électriques pour amasser des fonds. Et voilà que la visite du professeur O'Neil faisait, d'un coup, saliver le sergent Bill Franklin.

Dans la salle de l'identité judiciaire, aussi blanche, aussi nette qu'un centre d'opérations chirurgicales, Pumpkin suit maintenant l'exposé de l'expert avec un intérêt croissant.

– L'autopsie avait permis de récupérer une balle de .451 Detonics Magnum dans le fémur. Les marques et les rayures du canon m'ont édifié sur la nature de l'arme, un Colt 45 Combat Commander. Collez donc votre œil au viseur du microscope, et dites-moi ce que vous voyez.

Le sergent se penche, plaque sa pupille à la lentille d'observation. Immensément agrandis, des sillons lui apparaissent d'une prodigieuse continuité, d'un parallélisme absolu. Il relève la tête.

– Je ne vois que des lignes verticales, les unes claires, les autres plus sombres, qui se prolongent, dit-il.

David O'Neil sourit, ravi de la réflexion.

– Forcément, dit-il. J'ai placé sur le porte-objet de gauche du microscope la balle découverte sur Elsie

Findler, et sur celui de droite, la douille ramassée près du corps de Jesus Morales, votre nouveau client ! Si les raies provenant du canon se prolongent, de la douille à la balle, se superposent même, c'est bien la preuve que c'est la même arme qui a tiré les coups mortels. Ce n'est pas tout. Regardez encore.

Le professeur technicien enlève une douille du porte-objet droit, en place une autre qu'il a sortie de son tiroir.

Pumpkin plaque sa pupille au viseur. La même juxtaposition de marques se révèle.

– Vous avez remis la même, s'esclaffe-t-il. Je ne marche pas !

– Pas du tout. Et c'est ce qui est intéressant. Cette douille provient d'un assassinat commis il y a quelque temps, dans les Santa Ana Mountains. Un certain Emilio Gonzales, si vous vous en souvenez. Le chauffeur d'un décorateur de Malibu, Christopher Briggs. La comparaison est formelle. Les trois meurtres sont liés, malgré les distances qui les séparent... Peut-être pas commis par la même personne, mais indiscutablement par la même arme, un Colt 45 Commander comme je vous le disais tout à l'heure. Une arme très répandue, malheureusement...

– Et les munitions ?

David O'Neil sourit, ravi d'avoir pu ménager son effet.

– A chaque fois, du .451 Detonics Magnum, Franklin ! La plupart des utilisateurs de Colt 45 emploient la cartouche .45 ACP classique. La Detonics Magnum est moins répandue, ce qui devrait vous faciliter la tâche...

Bill Franklin hausse les sourcils avec une moue dubitative, s'empare de la douille qu'il examine rapidement avant de demander :

– Quelle est la différence entre ce petit bijou et une .45 ACP ?

– La Detonics Magnum est beaucoup plus puissante. Beaucoup plus rapide. Votre tueur est un connaisseur, Bill...

29

7 novembre, 14 h 15, San Juan Capistrano.

Le trajet a duré un peu plus d'une heure, direction sud par la San Diego. Baker conduisait sec, slalomant sur les cinq voies de la freeway, se moquant de la limitation de vitesse à 55 miles, indifférent à la colère furibonde des automobilistes qu'il doublait et qui se manifestaient par des appels de phares et des coups de klaxon impératifs. La Golf Volkswagen GTI de Richard avalait les kilomètres. Nous foncions à présent sur la 5, une freeway plus infestée encore de poids lourds roulant à un train d'enfer. Chaque fois que notre pou de la route s'immisçait entre ces monstres aux carapaces chromées, brillantes de soleil, j'adressais une prière au saint que j'espérais rencontrer au bout de notre chevauchée suicidaire. Sans doute saint Juan Capistrano m'a-t-il exaucé puisque, après un labyrinthe de rues encombrées de cars de touristes venus visiter sa Mission, c'est une Golf intacte qui a freiné devant la double porte de glace de la Federal Union Saving, sur le Camino Real. Richard a débouclé sa ceinture de sécurité et s'est tourné vers moi :

– Ça a été, Rodger ? Je n'ai pas conduit trop vite ?

– Du tout, ai-je rétorqué crânement.

Il n'empêche qu'en mettant pied à terre, j'avais les jambes molles.

Le directeur de la Federal Union Saving porte le costume gris foncé, la chemise blanche à col empesé, la cravate gris perle et les chaussures vernies qui conviennent aux responsables des organismes financiers. La boutonnière est ornée du liseré jaune et vert d'une décoration inconnue. Il a ma taille, un mètre soixante-quinze, et paraît âgé d'une cinquantaine d'années. Ses cheveux coupés à la brosse lui confèrent une certaine raideur. Sans doute un ancien baroudeur de Corée ou du Viêt-nam, à en croire la photographie en noir et blanc accrochée près de la fenêtre. Au centre d'un groupe de combattants en tenue de camouflage, avec vingt-cinq années de moins, celui qui n'était encore qu'un jeune lieutenant sourit à l'objectif. Devenu directeur de banque, il ne sourit pas, lorsque Richard Baker lui projette sa carte sous le nez. D'un geste de la main, il nous désigne les sièges en tube chromé, de part et d'autre de son bureau moderne en métal gris, au-dessus imitation ronce de noyer. Deux rides creusent son visage de chaque côté du nez.

– Que puis-je pour votre service ? demande-t-il, calé dans son fauteuil.

Ses doigts sont joints, le voisinage de la Mission oblige.

Sous la question, je décèle la réserve prudente de ces récolteurs de fortune brusquement confrontés à un problème qui pourrait engager leur responsabilité vis-à-vis de la clientèle. Me revient en mémoire une affiche collée sur les murs de chaque ville de France : « Confiez-nous votre argent, nous ferons le reste. » Le reste demeurait, bien entendu, la grande inconnue. Si inconnue que, devant les protestations multiples, la direction générale avait cru bon de battre en retraite et de modifier la formule.

– Tout, rétorque Baker. Vous pouvez tout, Monsieur le Directeur général.

Connaissant la tentation de planer plus haut que sa tête qui excite tout responsable d'un service bancaire, Richard vient de lui octroyer un galon supplémentaire.

Le banquier se rengorge. Le phénomène n'est pas seulement US. Pour franchir le rempart du secret professionnel, j'utilisais, moi aussi, la méthode, n'hésitant pas à user de politesse, de ruse et de flatterie. Le banquier va-t-il se laisser piéger ?

– Vous avez comme clients le frère et la sœur Mendoza, affirme Baker avec une tranquille assurance.

Les yeux du financier s'inquiètent.

– Peut-être, balbutie-t-il. Je ne connais pas personnellement tous nos clients. Il faudrait que je consulte nos registres... Que leur voulez-vous ?

Ses mains sont disjointes. Le sourcil interroge.

– J'aimerais savoir si vous faites des affaires avec eux : achats de titres, placements financiers, bref tout ce qui se rapporte à votre métier. J'aimerais aussi une réponse claire. Bien sûr vous êtes libre de ne pas me la donner si vous la jugez contraire aux intérêt de vos clients.

– Un instant...

Le banquier passe sa main sur une maigre mèche qu'il ramène sur son front, transmet ses instructions par interphone à sa secrétaire. Quelques instants après, le dossier Mendoza est entre ses mains.

– Il m'est difficile de vous dire ce que ces gens-là possèdent sans l'ordre de ma direction newyorkaise, dit-il après l'avoir consulté. Ce que je puis par contre vous dévoiler c'est que ce sont de petits, tout petits clients... peu intéressants pour un établissement comme le nôtre...

J'interviens :

– Vous leur avez pourtant fourni une carte de crédit, dont ils se servent fréquemment...

– Qui a été toujours créditrice. Comme c'est souvent le cas avec de petits mais honnêtes clients. Ils savent tenir leur compte, à un dollar près !

– Et le compte des autres, ironise Baker. Si nous sommes ici, c'est pour une raison majeure, vous vous en doutez. J'aimerais... Le FBI aimerait que cette visite reste confidentielle. D'accord ?

– Bien sûr.

Baker remercie l'homme d'une inclinaison de tête, enchaîne :

– Vous êtes-vous déjà rendu à leur domicile pour une raison de service ? Un emprunt sur leur appartement, par exemple ?

– Non. Je ne crois pas qu'ils soient propriétaires de leur logement du Paseo Mapola. Ils voulaient en changer pour s'installer sur Dana Point vers Chrystal Lantern, mais ça ne s'est pas fait. Entre nous, ils ont fait quelque chose de grave ?...

Richard s'empresse de renvoyer la balle dans le camp du banquier :

– Je suis comme vous, dit-il. A moi aussi il est difficile de révéler ce que ces gens ont fait sans l'ordre de ma direction de Washington. Tout ce que je puis vous affirmer c'est que ce sont des petits clients, intéressants malgré tout pour une administration comme la nôtre.

J'ajoute pour faire bonne mesure :

– Et moins honnêtes que vous semblez le croire. En tant qu'officier de réserve, pouvons-nous compter sur votre discrétion totale ?

– Parole d'officier, dit le banquier le menton relevé.

La bannière étoilée et la fanfare ne sont pas loin !

Une demi-heure plus tard, Richard arrête sa Golf

Calle Santa Rosalia, à l'angle du Paseo Acacia. Les taudis de la colonie mexicaine se massent le long de la Calle San Lorios. Dans les masures lézardées, des familles entières sont entassées. Des toiles d'araignée de fils électriques leur apportent suffisamment de courant pour s'abrutir devant leur télévision.

Il est là, en tout cas, le Mexique avec les paseos bruyants bordés de vieilles bicoques à façade ocre, aux moustiquaires poussiéreuses, le linge de couleur accroché aux balcons, et les carcasses de voitures, refuge d'une marmaille dépenaillée. Il est là, aussi, avec sa ferveur démesurée, offerte aux regards. L'image de San Juan est envahissante, clouée sur les troncs d'arbres, nichée au creux des pierres qui surmontent les portes, dessinée à la craie par un artiste anonyme sur le pisé d'une chapelle que le dernier tremblement de terre a réduite en ruine.

– Séparons-nous, dit Baker en arrêtant le moteur de sa Golf. Les gens d'ici n'adorent pas les gringos, et encore moins les flics. Si on se baladait ensemble en posant des questions, autant s'accrocher une cible dans le dos !

– D'accord, dis-je. Rendez-vous ici dans deux heures.

30

7 novembre, 17 heures, Los Angeles.

– Moi aussi, mon petit trésor, j'aimerais partir pour les Caraïbes. Mais vu les problèmes que j'ai sur les bras, je n'ai pas le cœur à ça !

Sydney, perché sur l'escabeau du magasin, laisse son plumeau en suspens sur les précieux objets.

– Tu m'avais promis, Chris, murmure-t-il, boudeur.

– C'est vrai, Syd. Mais il y a un mois, la situation n'était pas la même. Aujourd'hui, il me faut parer au plus pressé, régler ce problème entre Olga-Ramon...

– Donc, Cozumel, l'eau turquoise, les poissons multicolores, les promenades le long de la plage de San Miguel, les dîners à la langouste, c'est râpé ?

Christopher Briggs esquisse un geste de mauvaise humeur :

– Je fais ce que je peux ! Ce n'est que partie remise. Je téléphone au Cantarell pour qu'on me réserve un bungalow le mois prochain.

Sydney descend lentement les marches de l'escabeau, pose le plumeau sur une étagère, vient se planter devant le bureau où Christopher Briggs enregistre ses nouvelles acquisitions du XVIIIe avec un soin de commissaire-priseur.

– Tu ne vas pas me dire que Ramon a remis ça, quand même ?

Christopher garde le silence. Son regard se pose sur le bras géant d'une grue qui pivote au-dessus des excavations de ce qui sera le futur Sofitel, en face du Beverly Center. Sa pensée vole vers le ranch-école de la Bonne Famille où le gardien-jardinier Ramon Barrios, lassé des remontrances d'Olga, a été jusqu'à la menacer de tout dévoiler à la police. Il va devoir prendre une décision, éliminer ce rustre pervers, tuer le chantage dans l'œuf. Et trouver un autre sbire moins vulnérable aux charmes de ces gamines à peine pubères.

Il y a six mois, déjà, Ramon avait fait des siennes. Il s'en est fallu de peu qu'il attire sur le ranch les foudres du gouverneur de la tribu Navajo. Olga s'était absentée pour faire des courses à Bisbee. Profitant de son départ, Ramon avait bouclé les pensionnaires dans le dortoir, enfourché un mulet et il s'en était allé rôder autour du village d'Indiens, une cour de terre battue entourée de masures d'un étage construites en adobe. Les hommes étaient aux champs. Des enfants jouaient avec des haricots. Enveloppées dans leur châle rose, des grand-mères somnolaient à l'ombre de l'antique église aux angles arrondis, au toit ocre à paliers superposés.

Une petite fille, dont les formes gracieuses évoquaient déjà la femme, s'amusait à fleurir de banderoles rouges, vertes et jaunes quelques croix de bois du cimetière, à proximité du hameau. Les longs cheveux noirs et la poitrine naissante, à peine voilée par un tee-shirt trop étroit, avaient réveillé les impulsions lubriques de Ramon. Il avait mis pied à terre, s'était approché de l'enfant, lui avait proposé une promenade à dos de mulet dans les rochers alentour. Confiante, l'enfant avait accepté. Il l'avait installée devant lui sur la selle, lui avait confié les rênes et, tandis qu'elle les serrait, avait glissé la main sous le tissu. Puis, à l'abri des regards, il avait violé l'enfant avant de l'abandonner au pied d'un cactus. Retrouvée à la suite d'une battue, elle avait fourni à son père, un athlète au front tatoué de bleu, le signalement de son agresseur. Il avait fallu qu'Olga, malgré les dénégations de Ramon, fasse assaut de diplomatie et d'indemnités pour que l'affaire en reste là.

Ramon Barrios n'en était pas à son coup d'essai. Un jour d'ivresse, il avait raconté à Olga comment il avait violé une handicapée mentale à Mexicali, ce qui l'avait obligé à franchir précipitamment la frontière. Depuis, la directrice de la Bonne Famille le tenait à l'œil. Pas suffisamment pour l'empêcher de se livrer à des exhibitions perverses devant les pensionnaires de l'école. Si Olga voulait se débarrasser de lui, elle allait voir ce qu'elle allait voir !

– Il n'a pas recommencé, dit Christopher, soucieux. Mais ça ne saurait tarder. Olga l'a surpris dans son gourbi où il avait coincé la petite Tucson. Il faut absolument que je m'en débarrasse en beauté !

Sydney dodeline de la tête, sourit.

– Tu veux dire sans laisser de trace, cher Chris. C'est facile. Ce qui l'est moins, c'est de le remplacer. Les domestiques ont toujours tendance à bavarder. Pour l'éliminer, tu as l'homme qu'il te faut. Je ne l'aime pas, je te l'ai dit cent fois, mais c'est un bon agent d'exécution, sans jeu de mots. La succession sera plus ardue, mais tu trouveras, j'en suis persuadé. Il t'en faudrait un comme ton chauffeur, sourd, muet et illettré.

Le visage de Christopher Briggs se métamorphose. Son œil s'illumine. Il prend Sydney par le cou, effleure de sa bouche les cheveux dorés.

– Tu es formidable, dit-il. Tu as toujours l'idée qu'il faut. Je n'y pensais pas, en effet. Après tout, je le paie assez cher, ce fumier de Scaglia. Il me doit bien ça. Il m'a demandé d'héberger sa maîtresse à la Bonne Famille. Je crains qu'avec Olga, ça ne fasse des étincelles. Mais son lourdaud de frère, lui, peut faire l'affaire. Du moment qu'il mange, il se moque des histoires de sexe. Et je l'aurai toujours sous la main pour les opérations futures...

Sydney se dégage, vérifie d'un geste gracieux l'ordonnance de sa coiffure.

– Attends quand même que Barrios ait effectué la livraison de demain. Tu sais que notre cher ami Cheesman ne tolèrerait pas le moindre retard.

– Tu as raison, dit Christopher Briggs. Décidément, Syd, tu penses à tout !

Le jeune homme baisse les yeux, avec une moue de fausse modestie.

– Plus encore que tu ne le crois, dit-il. J'ai pensé au Coyote, aussi...

– Et alors ?

– Alors il va rapidement devenir encombrant, tu ne crois pas ?

Le front de Christopher Briggs se barre d'une ride soucieuse. Il se détourne et laisse à nouveau son regard errer sur le ballet de la grue, au-dehors.

– Tu penses qu'il faut s'en débarrasser, c'est ça ? dit-il enfin, sans se retourner.

– Exactement ! lance Sydney avec une désinvolture désarmante. Qu'est-ce que tu crois ? Les flics ne sont pas aussi stupides que tu le penses, mon cher. Tôt ou tard, le Coyote sera grillé... Et toi avec !

Briggs fait volte-face, dévisage longuement son amant. Son habituel sourire insouciant et sa nonchalance ne lui ont jamais paru aussi factices. Il y a dans les yeux de Sydney une lueur inquiétante, dangereuse.

– Tu as peut-être raison, Syd. Il faudra y songer...

31

7 novembre, 23 heures, Los Angeles.

La nuit est chaude, tranquille. La lune, déjà haute, projette sur les vagues des brisures d'argent. Les lampadaires de Rosecrans Avenue teintent de miel le blanc des maisonnettes. Aussi loin que la vue de Charlie Ngoc Dahn peut porter, la guirlande des feux de signalisation lui offre ses changements rythmiques de couleur verte, jaune et rouge.

Le Chinois respire profondément pour desserrer le nœud qui l'étrangle, à mesure qu'il s'approche du motel. Le sable micacé de la plage scintille, crisse sous ses pas. L'obscurité qui règne au Sun Yat-Sen Lodge l'inquiète. D'habitude, sa chambre, dont la fenêtre donne sur l'océan, est éclairée. Xiao, sa femme, ne se couche jamais avant 11 heures, après avoir lavé la cuisine à grande eau et préparé les plateaux du lendemain. La police serait-elle venue l'embarquer, comme Koo tout à l'heure ?

Charlie s'arrête, ferme les yeux. Derrière ses paupières closes, il revit la scène. Mrs Tucson est là, debout devant la First Interstate Bank, à l'angle de Camden et du Wilshire. Impatiente, nerveuse. Il l'observe de l'encoignure de la porte principale, se décide à l'aborder, l'entraîne vers le passage désert où Koo l'attend, l'œil aux aguets. Il s'efface, rejoint le taxi où Koo et lui doivent s'engouffrer pour regagner El Segundo. Puis c'est la tuile. Deux hommes, évidemment des policiers, entraînent Koo vers une voiture qui stationne, feux éteints, à l'angle de Camden. Il n'a plus le choix. Il faut fuir.

Charlie ouvre les yeux, demeure immobile, écoute. Tout paraît pourtant calme dans son motel. Xiao, sa fidèle compagne de tous les instants, se serait-elle endormie plus tôt que d'ordinaire, harassée par la nuit blanche de la veille ? Il reprend sa marche le long de la rive, en direction de l'hôtel. A quelques mètres de la sortie de service il s'arrête de nouveau, tend l'oreille. A travers la vitre de l'imposte poussiéreuse, il discerne la lumière tremblotante du panneau « Exit ». Il gravit les deux marches ensablées du perron, tourne la poignée de la porte. L'odeur de linge humide envahit ses narines. Il pénètre dans la réserve, pousse la porte du couloir, gagne à pas feutrés le hall plongé dans la nuit.

Charlie n'est qu'à quelques pas de sa chambre lorsqu'il se fige. Le hall est silencieux, mais son instinct l'avertit qu'il n'est pas seul dans l'hôtel. Il perçoit, dans l'ombre, une odeur à laquelle il n'est pas habitué. Une odeur de musc. Il expire lentement, les nerfs à fleur de peau, s'apprête à faire demi-tour. Le faisceau d'une torche électrique découpe soudain sa frêle silhouette sur le gris du mur, le cloue au sol. La lumière oblique, aveuglante, provient du bas de l'escalier, au pied des marches, devant la porte d'entrée principale. Le halo empêche Charlie de distinguer la main qui la dirige vers lui.

– Charlie ? demande une voix féminine.

Le Chinois, hébété, garde le silence. Il demeure là, collé au parquet, paralysé. Son cœur bat la breloque. Il suffirait d'un bond sur le côté. Charlie plongerait dans le couloir qu'il vient de parcourir, retrouverait la lingerie et la porte de service, courrait sur la plage de toute la vitesse de ses petites jambes. Il en est incapable. Une femme-flic est là, venue l'arrêter. Comme ils ont arrêté Koo, comme ils ont dû coincer Xiao.

Le faisceau de la lampe opère un mouvement ascensionnel. Le rayon aveugle Charlie. L'ombre monte vers lui. La gorge sèche, il ne peut qu'attendre.

– N'aie pas peur, Charlie, reprend la voix cassée. Je suis une amie de Koo. Je venais la prévenir de faire attention. Les flics la cherchent. Et toi aussi... Viens, je t'emmène...

Derrière le cercle lumineux, il distingue vaguement la mince silhouette. Ce n'est pas une fliquesse. Mais pourquoi continue-t-elle à l'éblouir ?

– Vous voulez m'emmener où ? finit par articuler Charlie.

– Pour te mettre à l'abri, voyons ! A moins que tu veuilles te faire foutre en taule pour avoir hébergé Morales... Grouille-toi.

La lampe se dirige vers les marches de l'escalier que l'inconnue commence à descendre. Charlie, en une seconde, remarque les cheveux courts, la taille mince, les vêtements d'homme. Il se met lui aussi à descendre l'escalier, tel un automate. Près de l'usine désaffectée, une voiture stationne, tous feux éteints.

– Dépêche, ordonne la femme en enjambant une flaque d'eau. Les flics peuvent rappliquer d'un moment à l'autre. Je prends le volant. Monte devant.

Charlie s'exécute. Il comprend de moins en moins mais, puisque la créature au sexe ambigu est une amie de Koo, il referme la portière, jette un dernier coup d'œil à la masse de son motel derrière lequel le Pacifique miroite sous la lune. Et Xiao, où est-elle ? Il est sur le point de poser la question lorsqu'une voix, derrière lui, le fait sursauter.

– Content de te revoir, Charlie.

Le Chinois se retourne, tout d'un coup. Un homme s'est soulevé de la banquette arrière et grimace de haine. C'est le policier qui est venu lui présenter la photographie de Jesus. Charlie se jette sur la portière, tente de l'ouvrir, mais une douleur atroce lui cisaille le cou. Une corde à piano, enroulée autour des poings, l'homme est en train de l'étrangler ! En vain, Charlie tente de desserrer le métal, étau et scie à la fois, qui lui coupe le souffle, brûle ses poumons, fait jaillir la langue hors de la bouche. Le froid de la mort gagne son ventre. Ses yeux fendus, agrandis par la souffrance, ne peuvent pas voir le rictus du flic qui serre, serre de plus en plus fort. Charlie n'essaie même pas de se débattre, tant chaque mouvement aggrave l'implacable brûlure. Il étouffe. Ses ongles griffent le tissu de la banquette avant de se plaquer sur son cou dans le suprême espoir de le débarrasser de ce carcan qui s'enfonce dans la chair. Puis la poigne de Scaglia arrache au corps qui tressaute le dernier souffle de vie.

Aurora, les yeux brillants, passe la langue sur ses lèvres aussi minces qu'une lame. Encore quelques secondes au cours desquelles son amant maintient son étreinte, puis les yeux blancs dans la face violacée signalent aux assassins que Charlie s'en est allé au pays de Confucius.

– Fous-le dehors qu'on puisse s'envoyer en l'air tranquilles, dit Aurora en guise d'oraison funèbre.

– Encore un qui ne parlera pas, rétorque Scaglia en enroulant autour de sa main la corde à piano. Une enquête meurt quand il n'y a plus de témoins. Et quand les témoins meurent, il n'y a plus d'enquête.

Sa Toyota Camry démarre, s'éloigne vers le bord de mer. Ce n'est que de longues minutes plus tard que la minuscule silhouette de Xiao Ngoc Dahn se détache de la masse sombre du motel. Des larmes inondent le pauvre visage fripé de la vieille Chinoise.

32

7 novembre, 23 heures, San Juan Capistrano.

Le soleil s'attardait à l'horizon lorsque la GTI de Richard Baker s'est arrêtée sur le port, entre les lignes blanches du parking du restaurant Dana Point. De part et d'autre de la presqu'île, une myriade de yachts, de barques de pêche et de plaisance, de pédalos multicolores. Devant nous, à perte de vue, le Pacifique. Derrière, les montagnes côtières, aussi pelées que les contreforts d'un volcan.

Tout en faisant le point sur nos découvertes respectives de l'après-midi, nous avions longé un quai peuplé de palmiers et de bougainvillées. Une anse s'ouvrait à la lumière, brillant des feux du soleil couchant. Puis nous nous étions assis sur un banc de bois, face à un deux-mâts dont la voilure était encore déployée.

Richard avait soupiré d'un ton lugubre :

– Je crains que les oiseaux se soient définitivement envolés. Et qu'il faille pas mal de temps pour remettre la main dessus !

– Votre témoin s'est peut-être trompé ? Pour ma part, je n'ai rien obtenu de très concluant...

Il avait secoué la tête de gauche à droite.

– Elle a aperçu la femme en train de déménager,

en compagnie d'un homme grand et fort qui portait deux valises. Le frère, arrivé peu après, a quitté l'immeuble précipitamment. Ils ont filé, Rodger. Nous arrivons trop tard. Et c'est ennuyeux car j'ai du travail qui m'attend à Washington. Je ne vais plus pouvoir rester longtemps avec vous.

J'avais feint de ne pas avoir entendu.

– Le seul moyen de s'en assurer, c'est de perquisitionner. Si aucune lumière n'apparaît, je m'en charge.

Un brusque haut-le-corps avait secoué Richard qui s'était tourné vers moi, stupéfait.

– Vous êtes fou ! C'est contraire aux droits civiques. Absolument contraire. Imaginez qu'ils reviennent à ce moment-là. Vous vous rendez compte du scandale ! Des ennuis que nous risquons tous les deux! Non, il faut demander à Ron Willis d'intervenir auprès de l'attorney général, qui ne refusera pas l'autorisation de perquisition. Mais nous serons grillés, alors que j'espérais beaucoup d'une enquête discrète.

J'avais coupé court à la discussion et aux problèmes du moment.

– Allons dîner au Dana Point, Richard. Nous parlerons de tout sauf de l'affaire. Après ? Eh bien, j'irai jeter un coup d'œil pour voir comment est fichu ce bâtiment du 2856 Pasco Mapola. Et si ça se gâte, vous serez là pour me coffrer, non ?

Je n'ai aucun mal à me glisser dans l'entrée sombre et malodorante de la baraque, dont les deux étages résonnent d'un vacarme assourdissant. Des graffiti obscènes, peints à la bombe, s'épanouissent sur les murs d'un marron pisseux. Les premières marches de l'escalier craquent sous mon poids. Je marque une pause. Les trémolos d'un ténor espagnol m'accompagnent jusqu'au premier palier. Devant moi, deux rangées de portes s'alignent de part et d'autre du couloir.

– Deuxième porte à droite, m'a indiqué Richard. Pas d'inscription de nom mais une gravure de mariachis fixée dessus.

Je colle mon oreille sur la trompette d'un musicien aux pommettes écarlates. J'écoute. Rien. Je me baisse, soude mon œil au trou de la serrure. Un courant d'air frais l'irrite. Une fenêtre a dû rester ouverte dans l'appartement. Je tourne la poignée de la porte, sans succès, évidemment. Il va falloir employer les grands moyens. Dans ma carrière de flic, je me suis toujours bien tiré des situations difficiles. Et puis, au point où j'en suis, je me dois de montrer à Baker qu'un ex-flic français sait contourner les obstacles.

Je gagne l'extrémité du couloir où les carreaux de la fenêtre décalquent, sur le plancher, la lumière d'un lampadaire extérieur. Le ténor a ravalé ses trémolos roucoulants au profit d'une publicité musicale, ponctuée de coups de cymbales. Je manipule l'espagnolette pour jeter un coup d'œil au-dehors. Tout va bien. Le quartier général des Mendoza, situé au milieu du bâtiment, est invisible de l'endroit où je me trouve. Je grimpe à l'étage supérieur, où une porte-fenêtre, face au palier central, ouvre sur un balcon-terrasse à balustrade de bois ajourée. En jouant les ouistitis, je pourrais m'aventurer sur le rebord du linteau de chêne qui entoure la maison, gagner la descente de la gouttière et me laisser glisser jusqu'au vasistas du premier étage que j'aperçois, entrebâillé. Mais l'opération me semble par trop hasardeuse.

Il faut que je trouve une solution. Si le saint de Capistrano voulait me donner un coup de main, il serait le bienvenu. Me fournir une échelle, par exemple. Ou une corde à nœuds que je pourrais fixer à un balustre... Ma main glisse le long d'une colonnette, puis d'une seconde. Non, trop vermoulue, pas assez solide. Il la faudrait en bois dur comme le tronc de cet arbre qui s'élève dans le patio, au centre d'une pelouse au gazon jauni par plaques et moucheté de boîtes blanc et rouge de Coca-Cola, de sacs de plastique, de pelures de bananes desséchées. Le service de nettoyage ne fonctionne pas beaucoup dans cette courette qui, toute de style espagnol, pourrait avoir du charme. Quel gâchis ! On y a même abandonné une carcasse de landau et un cadre de bicyclette rouillé qui doivent servir de jouets aux gosses.

Mes yeux reviennent se fixer sur l'arbre, dont les larges branches...

Merci, San Juan, vous n'êtes pas rancunier envers un french bougre qui, il y a quelques heures, se moquait de vous ! C'est vous, sans doute, qui avez placé une branche maîtresse à hauteur suffisante pour que d'un bond, je puisse tenter d'accrocher l'imposte du vasistas. Cela ne me semble pas si bête. Je vais essayer.

Je redescends, fais le tour du pâté de maisons. Baker doit se demander ce que je fabrique. Je traverse la pelouse-poubelle, me plante au pied du tronc dont j'évalue la hauteur. J'en veux tout d'un coup à mes parents de ne pas m'avoir donné un mètre de plus. Les bras levés, je n'arrive pas à atteindre la première grosse branche. Après, ce ne serait qu'un jeu de plagier les écureuils.

La carcasse de la voiture d'enfant va me servir de premier tremplin. Il manque encore cinquante bons centimètres. Je m'empare du cadre de la bicyclette, le cale tant bien que mal, plutôt mal que bien, en équilibre précaire dans le landau, jette un coup d'œil alentour. Mes yeux s'arrêtent sur la silhouette de Richard Baker, muet, comme frappé en plein vol, à la porte du couloir. Je lui adresse un signe de connivence, enjambe le premier échelon de mon échafaudage improvisé, au risque de le faire basculer. Mes bras enserrent le tronc tandis que, du pied, je teste la solidité de l'ouvrage. Une détente et voici les deux jambes réunies. L'édifice a tenu. Avec précaution, les mains agrippées à l'écorce, je gagne vingt centimètres en me hissant sur le pédalier, puis une trentaine d'autres lorsque j'atteins l'emplacement du guidon. Un ultime effort et mes doigts se referment sur la branche salvatrice. Mes biceps font office d'élévateurs. Deux ou trois battements de pieds dans le vide et je quitte le royaume des terriens.

Ce rétablissement en force me permet de respirer un grand coup. Une légère douleur au doigt, un peu de sang. J'ai posé l'index sur un morceau d'écorce coupant comme du verre. Baker a disparu. Il n'a pas voulu assister à la chute de Maître Corbeau.

Sur les genoux, je rampe pour changer de poste d'observation, puis je me redresse et j'accroche la branche supérieure. J'ai bien failli tomber. Je gravis un échelon de branchages, puis un second. Me voici à la hauteur de l'étage. Quand je pense qu'il a fallu la sauterie ultra-snob de Christopher Briggs et l'apostrophe du consul pour en arriver à jouer les Tarzan !

La branche supporte mon poids tout en renâclant. Mon bras gauche joue les balanciers, ma main droite se cramponne au feuillage du dessus. Un oiseau, affolé par ma concurrence déloyale, s'envole sur mes cheveux en ameutant ses confrères. J'effectue un changement de main, puis de pied... J'avance, doucement mais aussi sûrement qu'un fil-de-fériste. Un dernier effort et je touche enfin le châssis convoité. Aucune difficulté pour faire basculer le battant et m'infiltrer, d'un coup de reins, dans l'antre des Mendoza plongé dans une semi-obscurité.

Je tâtonne quelques secondes avant de trouver le

chemin de la porte d'entrée. Puis, à l'aide d'une fourchette qui traînait sur l'évier, je déloge le pêne de la serrure.

Je le savoure ce moment privilégié. D'avoir réussi mon escalade, transformé en rossignol de cambrioleur le dos de la fourchette pour permettre à ce cher Baker de s'encadrer dans l'embrasure de la porte, me remplit d'une joie subite, trouble, immense, puissante comme un orgasme.

Ma taille se courbe, mon bras droit s'arrondit dans une parodie de premier valet de la chambre du roi :

– Si Sa Grâce voulait se donner la peine d'entrer...

La réplique déçoit ma courtoisie :

– Pas le moment de plaisanter, Rodger. Vous venez de commettre une violation de domicile. Vous sortez de là ou je m'en vais.

Eh bien moi, je reste. Quelques minutes seulement, mais je reste. Je n'ai pas pris le risque de me rompre les os pour abandonner si vite une place conquise de haute lutte.

Le ton de ma voix a brusquement changé :

– Vous faites ce que vous voulez, Richard. Mais si vous campez comme ça sur le palier, c'est pour le coup qu'on va finir par nous repérer.

– Venez, je vous dis. C'est un ordre...

– Je vous le renvoie, votre ordre. Passez-moi les menottes, si vous en avez... Tiens, ce n'est pas une mauvaise idée, ça ! Si on nous trouve dans l'appartement, vous avez surpris un monte-en-l'air en flagrant délit. Alibi imparable, pour vous...

– Vous êtes fou, Rodger !

– Je sais. Vous n'arrêtez pas de me le dire. Mais un fou sans lampe de poche risque de rester bien longtemps dans cet asile de truands. Et de se faire coincer pour le bon.

Encore quelques secondes d'hésitation, et Baker pénétre à son tour dans l'appartement. Je boucle la porte, soupire :

– On a perdu plus de trente secondes à discuter ! On commence par la cuisine puisque nous y sommes... Votre lampe ?

La pièce, minuscule, offre un désordre remarquable. Vaisselle sale dans l'évier. Sur le réchaud à gaz, une casserole dégoulinante de haricots rouges. Des boîtes de conserves vides se chevauchent sur la table bancale. Un pull déchiré pue tranquillement sur une chaise.

Le faisceau de la torche dévoile le parquet de la salle à manger. En progressant jusqu'au buffet, je repère un bout de papier, sur la table. Quelques mots d'espagnol, sans signature : « Pablito. Si tu rentres de nuit et que tu n'as pas vu mon signal à la fenêtre, tu repars. Vite. Je suis où tu sais. »

Je récupère le papier, le fourre dans ma poche :

– « Vite » est souligné de deux traits, dis-je. Ils ont dû partir sur les chapeaux de roue ! Ennuyeux, mais au moins, on est tranquilles pour un bon bout de temps !

Baker, contrarié, se tait. J'ouvre le buffet. Rien qu'un fouillis de vaisselle ébréchée. Ma main fouine en vain derrière une pile d'assiettes, vagabonde dans une soupière perchée sur la dernière étagère, ramène une facture d'un garage Toyota de Long Beach, établie au nom de Mrs Aurora. Pas d'adresse. Réglée cash. Voiture Toyota Camry immatriculée 234-8719-California. Remorquage, dépannage, changement d'alternateur, 187 dollars. C'est tout.

– C'est quoi ? demande Richard, qui s'est mis à fouiller la pièce de son côté.

– Une facture... Au nom d'Aurora. Avec un numéro de voiture qu'il faudra identifier au service des Driver's Licence.

J'empoche le papier, gagne une chambre à deux lits superposés, qui sent le renfermé. Un rideau de cretonne obstrue la penderie de droite. Je le fais glisser. Au sol, à la lumière de la lampe, apparaît une batterie de bottes multicolores, vertes, rouges, dorées, noires, à talon haut, à talon plat... Tout un folklore ! Des blousons de cuir, des jeans graisseux, sont accrochés sur des cintres, ou entassés sur le parquet.

Je fouille les poches, mais je n'y trouve rien. Quelques bouts de papier, mêlés à des débris de cigarillos. Une botte à parements de soie s'est renversée pendant l'opération. Dans la tige est apparue une languette de plastique blanche. J'enfonce la main. Pêche miraculeuse : non pas une, mais quatre cartes de crédit, de banques différentes, à des noms variés.

Richard, toutes réticences oubliées, s'est mis au travail. Efficace et silencieux, il retourne chaque centimètre carré d'un débarras, jetant derrière lui chacune de ses trouvailles. Je croyais avoir touché le gros lot avec ces cartes de crédit, mais là c'est le trésor d'Ali Baba : permis de conduire, cartes grises, cartes de Social Security... Je jubile ! Si les oiseaux se sont envolés, notre expédition est loin d'être négative. Nous avons récolté cinq faux permis de conduire établis par les centres de Pasadena, Colorado Boulevard, Burbank et Hollywood, dont trois au nom de Pablo et deux au nom d'Aurora, portant les photos du frère et de la sœur Mendoza, en plus des cartes de crédit.

– Regardez ça, Rodger...

Ça, c'est un carnet d'adresses aux pages chiffonnées, aux bords déchirés, que Baker me tend.

D'autorité, je le joins, dans ma veste, aux documents bidons.

– Dites, vous ramassez tout ? s'indigne-t-il.

– Bien sûr ! Il ne manquerait plus que l'on trouve ça sur vous ! De nous deux, c'est moi le voleur, non ? Toujours hostile aux opérations de monte-en-l'air à la française ?

Un mince sourire me répond. J'ouvre la porte, jette un coup d'œil dans le couloir désert, laisse prendre à la silhouette massive de mon complice forcé quelques longueurs d'avance, dans la pénombre. Puis je me faufile à mon tour, au long du couloir envahi de musique.

– Officiellement, on ne peut pas se servir de documents subtilisés lors d'une violation de domicile, dit Richard en tournant la clé de contact. Jamais le Supervisor ne prendra une telle responsabilité.

Le moteur ronronne. Un coup d'accélérateur et nous quittons le quartier des Chicanos pour la freeway à grande circulation.

– Tant pis pour lui, dis-je... Parce que moi, confidence pour confidence, j'ai bien l'intention de m'en servir... officieusement.

33

8 novembre, 10 heures, Douglas, Arizona.

Lorsque le rotor change de régime, le bruit devient assourdissant. L'hélicoptère tourne, se dandine, s'élève à la verticale, comme aspiré par une ventouse géante. Il dépasse quelques flocons nuageux, pique vers l'est dans un balancement de sa voilure tournante.

Ramon Barrios jette un coup d'œil à ses pieds. Le décor s'inscrit dans l'arrondi de la bulle vitrée. Déjà, l'aérodrome de Douglas n'est plus qu'une tache blanche aux contours indécis lorsque le ranch de la Bonne Famille surgit, kaléidoscope de toits aux tuiles rouges, perdus au milieu d'une garrigue peuplée de rochers et de cactus. Derrière le garage, la San Pedro River se mue en un filet d'argent qui lézarde à travers des réserves de pin.

– Il faut combien de temps pour gagner San Antonio ? s'inquiète Barrios. Deux heures ? Plus ?

Le pilote dégage son oreille droite du casque.

– Ça dépend des vents qu'on va trouver sur le Nouveau-Mexique, crie-t-il. La météo n'est jamais très bonne au-dessus des Guadalupe Mountains... Trois heures, à peu près... Pourquoi ?

– Je demande ça pour le gosse, dit Ramon en désignant le gamin allongé sur le siège baquet arrière... Il doit être à l'hôpital vers quinze heures... Faudrait pas qu'il nous fasse une péritonite, vu qu'il a eu une crise d'appendicite, hier ! On doit l'opérer après-demain...

Le pilote se détourne, revient à son altimètre.

– C'est vrai qu'il a l'air dans les vapes ! Il ne manque pourtant pas de cliniques, à Tucson...

Barrios, toujours aussi sûr de lui, enchaîne :

– C'est ce qu'on a proposé à son père qui habite San Antonio. Il a refusé. Alors forcément, nous, on fait ce qu'il veut... On a bourré le môme de calmants, pour le mal de l'air et surtout pour qu'il n'ait pas mal au ventre... Vous faites souvent le taxi ?

– Quand on nous le demande... Nous sommes vingt-trois pilotes dans la société. On m'a dit de prendre un enfant à Douglas pour le conduire à San Antonio. Moi, j'exécute.

Ramon Barrios acquiesce. Lui aussi exécute ce qu'on lui a demandé de faire. Ce matin, Mademoiselle Olga l'a réveillé alors qu'il n'avait pas entendu la sonnerie du réveil électronique. Il s'était couché tard, ayant passé une partie de la soirée à zapper sur sa télé pour meubler sa solitude. Le dortoir des enfants était calme. Il n'arrivait pas à trouver le sommeil.

Quand le Mexicain avait fini de s'habiller, Olga l'attendait, dans la cour, assise au volant de sa Mercedes 190. Billy Cuger, l'enfant qu'il devait accompagner à San Antonio, était sur la banquette, assommé par les tranquillisants. Le trajet jusqu'à l'aéroport de Douglas s'était effectué dans un temps record. L'hélicoptère rouge et blanc les attendait, le responsable de la société à côté du pilote, la feuille de route et aussi la facture à la main.

– Vous payez par chèque ou par carte ? avait-il demandé à Olga.

– Cash. Le père de l'enfant me remboursera.

Elle avait rempli et signé les documents d'assurance d'un faux nom assorti d'une fausse adresse, avec un aplomb qui avait bluffé Barrios, pourtant habitué à ce genre d'exercice.

Quand l'hélico avait décollé, Olga était déjà partie.

Barrios se souvient de ses recommandations avant l'aéroport :

– Surtout ne parlez pas trop. Avec les pilotes, il faut se méfier. Pas mal sont des anciens du Viêt-nam. Ils ont un pied dans la CIA. Donc, motus, compris ? Tenez-vous-en à la version que nous avons mise au point : le gosse est malade, appendicite. Vous l'emmenez à San Antonio, chez son père. Ne vous en faites pas. L'effet des tranquillisants se prolongera pendant plusieurs heures...

Le Mexicain tourne la tête vers l'extérieur, décidé à respecter les consignes de silence. Au-dessous de lui, la terre érodée, bouleversée, éclate de couleurs, hors des vallées et des forêts balafrées de canyons de rocs rouges.

Dans le vrombissement du rotor, l'hélico prend soudain de la hauteur. Barrios, inquiet, resserre d'un cran sa ceinture de sécurité.

– Qu'est-ce qui se passe ? demande-t-il.

– On attaque la zone de turbulences. Carlsbad n'est pas loin.

Ramon Barrios, la gorge sèche, risque un coup d'œil dans le vide. La bulle panoramique lui offre une haute chaîne de pics. Perdus dans la magnificence aride des mesas, ces pâturages clairsemés coupés de vallées agricoles, les pueblos font hurler leurs couleurs. Et puis apparaissent, pendant des miles et des miles, les profondeurs calcaires des monts Guadalupe. L'appareil, secoué comme une branche morte dans la tempête, pique vers le sud.

Barrios craque. Il balbutie :

– On va pouvoir passer ?

Son inquiétude amuse le pilote qui tient fermement son manche à balai.

– J'évite Carlsbad et je redescends sur Odessa pour longer la frontière mexicaine. On attaque le Texas. Ça se tasse déjà...

Effectivement, la situation s'améliore. Une demiheure de vol encore et le panorama de San Antonio se profile à l'horizon. Les gratte-ciel ont soudain jailli des vastes plaines ocre dont ils paraissent avoir absorbé la couleur, noyés dans un océan d'étendues uniformément plates, érigés, tels des poêles flamands de céramique ambrée.

Un ruisseau bordé de verdure scintille sous le soleil de midi, entre deux tours de béton. Des terrains de golf encerclent les buildings dont le plus élevé supporte une balise rouge, semblable à un œil de géant.

Le moteur s'assagit. L'hélico se balance sur place, au-dessus d'un parking que la tour de contrôle lui a assigné, puis il plonge. Ses pales se calment. Barrios desserre sa ceinture. Il a retrouvé des couleurs. Devant le métal du hangar, une ambulance attend l'enfant.

Mademoiselle Olga a bien fait les choses.

Le client sera satisfait.

34

8 novembre, 14 heures, Los Angeles.

Drôle de métier que celui de flic ! La ruse s'impose, sans relâche, pour utiliser les archives, les écoutes téléphoniques, les informateurs de toutes tendances et de tous milieux, bénévoles ou rémunérés. S'il ne sait pas consulter les fichiers, et ils sont nombreux, brancher de grandes oreilles sur les lignes des abonnés, manipuler les « balances » avec le doigté et la prudence indispensables, un flic n'est rien. Je l'ai souvent constaté.

Dans l'ombre du parking public qui jouxte l'aire du garage Toyota, les mains sur le volant, je m'abandonne à mes réflexions. La défaillance de Baker me chagrine. Comme un poulet auquel on aurait rogné les ailes, je me pose des questions. Et si le garagiste était un ami ou un complice des Mendoza ? Hypothèse gratuite, bien sûr, mais que rien pourtant ne permet de rejeter. Dans cette ville tentaculaire où les Mexicains sont légion, où l'immigration et la corruption pourraient figurer au livre des records, tout est possible. Conclusion ? Je dois faire attention où je mets les pieds. Fort de ses accointances avec le FBI, Richard aurait pu obtenir des renseignements pour la suite des opérations. Directement ou par l'intermédiaire d'un policier du cru, en relation avec le représentant de la firme japonaise. Ron Willis ne l'a pas entendu de cette oreille.

Quand, en début d'après-midi, je lui ai fait part des résultats de mon exploration acrobatique, le Supervisor ne m'a pas paru très réceptif. Il a quitté son fauteuil, s'est mis à arpenter son bureau, de long en large, les mâchoires serrées. D'un geste de la main, il a stoppé mes explications alors que j'en arrivais à la découverte de la facture Toyota.

– Je n'apprécie pas ces méthodes d'inquisition, m'a-t-il lancé. Si un journaliste avait vent de la présence d'un correspondant du FBI lors de votre perquisition illégale, quel scandale ça ferait ! Il était où, Baker, à ce moment-là ?

Pas le moment d'attirer sur Richard les foudres d'un Supervisor...

– Dans sa voiture. Loin de mon théâtre d'opération, en tout cas. Mes méthodes ne vous plaisent peut-être pas mais je sais quand même être prudent...

Avait-il été dupe ? Déambulant les mains derrière le dos, entre la bannière étoilée et la porte entrebâillée du secrétariat derrière laquelle je devinais la présence d'Esther, sa secrétaire aux ongles argentés, il a repris :

– Admettons ! Mais il est hors de question que pareille expérience se renouvelle. Je vais instamment prier Richard Baker de cesser de travailler avec vous, monsieur Borniche ! D'ailleurs, nos motivations ne sont pas les mêmes. Ce qui vous intéresse, c'est retrouver la petite Patricia. Ce qui m'importe, à moi, c'est de neutraliser un gang de ravisseurs d'enfants. Vous saisissez ?

Oh, que oui ! Inutile de me faire un croquis. J'avais approuvé, tout en affichant un sourire décontracté. Mais dans mon for intérieur, j'étais ulcéré. Privé du soutien officiel, qu'allais-je pouvoir faire, désormais ? Une maxime du Gros, sous les ordres duquel je me livrais autrefois à la chasse aux truands, me revenait en mémoire : « On ne va jamais aussi loin que lorsque l'on ne sait pas où l'on va. » Dès l'instant où le Supervisor me condamnait à faire la route seul, j'avais pris ma décision. J'ignorais où mes pas allaient m'entraîner mais, avec ou sans FBI, je continuais. J'avais mis le cap sur Long Beach, le port artificiel que l'on dit le plus grand du monde. Ses myriades de lumières illuminaient le ciel à vingt miles à la ronde. Trente minutes après avoir pris la freeway 405, ma BMW débouchait sur Anaheim Avenue.

Les dés sont lancés. Je quitte le parking public pour aborder l'aire de stationnement de la station Toyota. Un escogriffe à l'oreille ornée d'une perle fine s'avance à ma rencontre, la main prisonnière d'un chiffon graisseux.

– Pas par ici, l'essence. Faudrait que vous reculiez.

J'ouvre la portière, demande :

– Votre patron est là ?

Les yeux du préposé s'arrondissent.

– Jamais après midi. Les représentants, il les reçoit le matin.

– CIA, dis-je avec un toupet de commissaire.

Il en reste groggy quelques secondes, l'homme au chiffon poisseux. Puis, sa bouche édentée articule :

– A droite du magasin, là-bas. Mais je vous ai rien dit. Il aime pas être dérangé quand il regarde un match de boxe, le patron.

Tandis qu'il recule vers une armada de distributeurs d'essence, plus brillants les uns que les autres, mon index frappe à la vitre du pavillon. Sans attendre la réponse, je tourne la poignée. Béatement assis devant son poste de télévision, le concessionnaire Toyota vit les dernières secondes d'un round entre un Noir à culotte blanche et un Blanc à culotte noire. Je le cueille à froid. Il sursaute, l'air coupable, quand je lui colle sous le nez ma carte tricolore, sans valeur aux USA, que ma poche a déjà récupérée quand il questionne :

– Qu'est-ce que c'est ?

Froidement, avec le ton autoritaire des grandes occasions, j'annonce :

– CIA.

J'attends l'effet de mon bluff, l'air sûr de moi, presque arrogant. Le concessionnaire se gratte le crâne qu'il a en pain de sucre.

– CIA ? Qu'est-ce qui se passe, merde ?

Je baisse la voix, sors un permis de conduire de mon portefeuille.

– Vous connaissez cette fille ?

L'œil s'accroche à la photo d'Aurora Mendoza.

– Vaguement... C'est qui, ça ?

– Une cliente que vous avez dépannée si j'en crois votre facture. J'aimerais voir le duplicata.

Visiblement, l'homme, dont la joue gauche garde la cicatrice d'un coup de couteau ou de rasoir, n'a aucune envie de quitter son siège alors que l'écran affiche le quatrième round.

– Ma secrétaire n'est pas là. Si je peux vous aider, comme ça, de mémoire...

– Oui, mais moi, secrétaire ou pas, j'ai besoin de précisions. Est-ce que cette voiture figure dans vos livres ?

– Si j'ai fait une facture, c'est qu'elle y est, maugrée-t-il.

Il abandonne sa chaise à contrecœur, me devance vers le magasin aussi vite que le lui permettent ses courtes jambes, ouvre la serrure, allume le double néon qui éclaire une table saturée de paperasses.

– Vous voyez le désordre quand ma secrétaire est malade ! C'est quoi le numéro de la facture ?

– 1728/88, dis-je, en sortant le papier de ma poche.

Le balafré extrait d'un classeur un registre dont la couverture dénonce une manipulation fréquente. Sur la tranche, l'année en cours. Le doigt feuillette les pages foliotées.

– Le 1728, c'est une Toyota Camry. 234-8719. Dépannage-remorquage et remplacement d'alternateur. Coût 187 dollars. Ça vous va ?

– A quel nom ? dis-je, le sourcil froncé. Moi, j'ai simplement celui d'une nommée Aurora. Et à partir de quel endroit le remorquage a-t-il été effectué ? Ça n'y figure pas non plus...

Le garagiste m'adresse un regard de chien battu. Mon intervention lui gâche de belles minutes de sa vie de supporter.

– Je crois que c'était elle qui était tombée en rade sur la San Diego, vers Beach Boulevard. Oui, ça me revient... Même qu'on a eu des ennuis avec un treuil.

Tout en parlant, il compulse les fiches enfouies dans une panière posée sur un classeur, en saisit une qu'il parcourt en secouant la tête.

– Voilà ! dit-il. La fille s'appelle Mendoza. Aurora Mendoza. C'est Manuel qui a fait le dépannage. Il n'a pas eu de pot, Manuel. Moi non plus. Le filin a lâché et la bagnole est retombée, boum, sur la route. Le train avant en a pris un coup. Qu'est-ce qu'elle a pu râler, la cliente ! Une teigne. Elle gueulait parce que la Toyota n'était pas à elle. Il a fallu la déposer à LA. Une demi-journée de perdue.

– Où ça, à LA ?

– Attendez...

Il ouvre un tiroir, sort une liasse de factures, la feuillette sur la table. Quelques minutes de suspens et il brandit une fiche de travail.

– A Mulholland.

– Vous avez l'adresse précise ?

– Non. Manuel a noté Mulholland, c'est tout.

– Un numéro de téléphone ?

– Non, elle n'en a pas laissé. C'est elle qui téléphonait, tous les jours. Elle est même passée deux ou trois fois avec son frère, un petit gros, enquiquineur de première...

Un permis de conduire a jailli de ma poche.

– Celui-là, sans doute ?

La tête se penche, se redresse.

– Affirmatif. Un Mexicain comme Manuel. Ils parlaient en espagnol tous les deux.

– On peut le voir où, Manuel ?

– Sûrement pas cet après-midi. Il ne travaille que le matin. A San Pedro, peut-être, mais comme il est célibataire, il n'est jamais chez lui. En tout cas, demain à 8 heures, il sera là...

J'enregistre, sans trop me faire d'illusions. Le comportement d'Aurora indique clairement qu'elle a pris garde à ne laisser aucun indice sur l'adresse de Mulholland où elle se rendait...

– Une question : Pourquoi vous êtes-vous occupé du dépannage sur Beach Boulevard, assez éloigné d'ici, alors qu'il y a d'autres garages sur la route ?

– Parce que nous sommes Toyota et que le frère était déjà venu chez nous pour sa bagnole. Une fois ou deux. Ils ont fait une connerie, des fois ?

– Oui et non, dis-je. La voiture n'était pas très nette...

– La Toyota ou la Jeep ?

– Quelle Jeep ?

– Celle du frère, une 4 × 4 carrossée conduite intérieure, pare-chocs et roues et enjoliveurs chromés. Un bijou. Je dois dire que pour ce qui est de la Toyota, la réparation a été payée cash. J'ai quand même fait une facture. Je tiens à être en règle avec le fisc.

– Évidemment, dis-je. Motus sur ma visite, hein ?

– La question ne se pose pas, conclut le garagiste, heureux de retrouver son boxeur favori. Au Viêtnam, j'ai travaillé avec la Sécurité militaire, alors je sais ce que c'est. Je n'en parlerai pas à Manuel. Avec ces Chicanos, on ne sait jamais !

35

8 novembre, 21 heures, Bandera.

Harry Cheesman savoure le plaisir du maître en accueillant ses compagnons de débauche dans sa propriété-forteresse de Bandera. Le village ressemble à un décor de western, au milieu d'immenses étendues d'élevage, sur l'Interstate 10, au nord de San Antonio. Mais la demeure de Cheesman, avec ses tours d'angles et son donjon coiffés de toits en poivrière, ses échauguettes, ses murailles à mâchicoulis, ses meurtrières, ses barbacanes et son chemin de ronde détonne singulièrement dans le paysage. La bâtisse, réplique fidèle d'un château moyenâgeux conçue et construite par Christopher Briggs, est devenue l'un des hauts lieux de la galanterie texane. Des couples en quête de plaisirs mêlés s'y retrouvent, s'y prélassent, s'y conjuguent : maris désabusés et femmes volages, disciples de Sapho et homosexuels, messieurs graves et honorables friands de ballets bleus et roses, modèles à la recherche d'un homme d'argent...

Harry Cheesman connaît le dictionnaire de la sexualité en dix volumes, les goûts, les tendances, les manies de chacun de ses invités. Aussi a-t-il fait aménager par son ami Christopher certaines pièces de l'imposante demeure en grands, moyens et petits salons, agrémentés de miroirs muraux et de plafonds réfléchissants. Il y a fait ajouter une salle de projection, plusieurs salons de massage sur le modèle thaïlandais, une fumerie d'opium plutôt destinée à la dégustation de la cocaïne, et même un cabinet de tortures avec matériel approprié : fouets, colliers cloutés, chaînes de forçats, harnais, selles d'équitation munies de sangles et d'étriers, bottes à éperons acérés...

Christopher s'est surpassé. Derrière des glaces sans tain savamment disposées autour des pièces, les voyeurs peuvent jouir de l'érotisme des autres. La somme qu'il a demandée pour satisfaire aux exigences de Cheesman, si colossale soit-elle, n'a nullement perturbé le budget d'un homme à qui l'exploitation de ses puits de pétrole rapportent la bagatelle de trois millions de dollars par mois.

L'attention de la police de San Antonio a été fréquemment attirée sur les orgies qui se déroulent au château. Chaque fin de mois, à la tombée de la nuit, des files de paquebots américains, tous chromes dehors, de Rolls, de Bentley et de Mercedes, prennent le chemin de Bandera, franchissent la grille du parc où des hallebardiers en tenue d'époque procèdent à un minutieux filtrage. Le nom, le prénom, l'adresse des participants doivent obligatoirement figurer sur le bristol officiel, complétés d'un mot de passe qu'Harry Cheesman ne dévoile qu'au dernier moment.

Les dénonciations n'ont jamais été suivies d'effet. Cheesman est une personnalité de l'État texan. Son ami le gouverneur dispose, de par ses prérogatives concernant la nomination des hauts fonctionnaires, d'une puissance considérable, inégalée dans les autres États de la confédération. De plus, les ébats, ayant pour cadre un enclos privé, n'ont jamais pu être contrôlés. De mauvaises langues, furieuses de l'impunité dont jouit l'organisateur de ces soirées très particulières, insinuent qu'il doit sa tranquillité aux enveloppes bourrées de dollars distribuées au chef de la police sous le prétexte de dons aux bonnes œuvres.

Non content de sa prestigieuse réalisation d'architecte-décorateur, Christopher Briggs, qui ne pouvait laisser échapper une telle manne, s'est assuré les bonnes grâces de son client en lui livrant régulièrement ce que tous deux appellent des tendrons d'Eros.

Les lourdes portes de la salle de garde, transformée en salon de réception, se sont fermées. Juché sur un podium devant la haute cheminée de pierre, Harry Cheesman centralise l'attention de tous les invités costumés qui lui font fête. Ce soir, il s'est drapé dans une toge d'empereur romain et a ceint de lauriers son front dégarni et luisant. Autour de ses mollets de coq, nus et noueux, s'enroulent les lanières de cuir de ses spartiates. Une femme brune, dont la tunique aussi transparente qu'échancrée dévoile les formes généreuses, lui tend un micro après avoir réclamé le silence. Il promène un regard concupiscent sur l'assistance et amorce son discours de bienvenue.

– Cette soirée, comme toutes celles qui l'ont précédée, est placée sous le signe de la luxure. Je vous remercie d'avoir eu un tel souci de vos déguisements et je regrette de ne pas avoir pensé à créer le prix du meilleur travesti. A propos de prix, vous avez tous remarqué que chaque carton d'invitation comportait un numéro...

Il se tourne vers la jeune femme dont les yeux noirs trop brillants témoignent d'une accoutumance à la drogue, poursuit :

– Mary Carver procédera lors du dîner au tirage d'une loterie dont le prix intéressera, j'en suis sûr, la totalité d'entre vous. Le gagnant pourra soit utiliser l'objet immédiatement, soit le prêter s'il a envie de voir les invités de son choix en profiter devant lui, soit enfin le remettre aux enchères aux conditions qu'il souhaitera. Même chose si le gagnant est une gagnante... Quelqu'un a-t-il une idée sur la nature de l'objet en question ?

La voix de Franklin Kenbridge, le roi des insecticides pour pulvérisation aérienne, tonitrue sous la perruque poudrée dont il s'est affublé :

– Facile Harry ! C'est le projecteur de films que je t'ai vu tout à l'heure sortir de son emballage japonais. En tant que connaisseur, j'avoue que c'est une merveille...

– Non, coupe Cheesman, jetant un coup d'œil sur sa droite. Qui dit mieux ?

Le silence se fait, chacun cherchant à deviner quel présent un organisateur aussi fortuné que Cheesman peut bien offrir. Ce Cheesman qui ne compte plus ses milliards de dollars, ses propriétés et ses villas dans le monde entier, qui clame à qui veut l'entendre que si la grille de votre parc n'est pas au moins à trente kilomètres de l'entrée de votre demeure, vous n'appartenez pas à la société telle qu'on la comprend au Texas.

Benjamin Curtiss-Evans qui, à quarante ans, est le plus jeune invité de la soirée, a eu l'idée de se déguiser en autruche. Sa voix haut perchée troue le silence :

– Vous avez bien affirmé que le gagnant ou la gagnante pouvait l'utiliser, n'est-ce pas, mon petit Harry ?

– Absolument.

Benjamin agite ses bras sur lesquels deux ailes rudimentaires ont été fixées, s'exclame :

– Alors je sais ! piaille-t-il. C'est un godemiché !

Des rires fusent et des applaudissements crépitent. Fier de son succès, Benjamin secoue ses ailes de plus belle tout en poussant des gloussements de triomphe. Les sourcils broussailleux de Cheesman se soulèvent :

– Voulez-vous répéter, Benjamin ? feint-il d'approuver en pointant son index vers le faux nandou.

Curtiss-Evans promène son regard bleu autour de lui comme pour prendre la salle à témoin :

– Godemiché... Phallus artificiel, si vous préférez... C'est cela, n'est-ce pas ? C'était un jeu d'enfant de trouver l'objet, Harry !

Il rit tandis que la voix de Harry résonne dans le haut-parleur :

– Malheureusement, ce n'est pas ça ! Ni projecteur ni phallus... Mary va donc vous donner la réponse et nous passerons à table. Ne vous jetez pas trop sur les petits fours, le whisky ou le champagne, car le repas est somptueux. Et vous vous devez d'être en forme pour l'après-dîner... Surtout, ne perdez pas vos numéros !

Les lèvres pulpeuses de Mary Carver laissent échapper un soupir d'aise. Ses cils, outrageusement violets, battent à plusieurs reprises. Un sein s'échappe de sa tunique alors qu'elle s'empare du micro pour annoncer :

– Le prix intéressera sans doute plus d'un de ces messieurs, distille-t-elle en parcourant l'assemblée du regard. Il s'agit... d'un damoiseau de onze ans qui en paraît quatorze et a été formé pour notre plus grand plaisir dans une école spécialisée !

Un frémissement de satisfaction mêlée d'étonnement secoue la salle. Les ailes de Benjamin Curtiss-Evans se mettent à battre à une vitesse accélérée tandis qu'il fanfaronne :

– Je n'en étais pas loin... N'avais-je pas dit que c'était un jeu d'enfant ?

Une voix féminine s'élève au fond du salon. Les têtes se tournent. Gene Poppins, diva quinquagénaire sur le retour, énorme dans une robe de jeune mariée, sa chevelure tressée couronnée de fleurs d'oranger, fait mine de protester :

– Ce n'est pas juste ! Il n'y en a que pour les messieurs ! Même s'il en paraît un peu plus, un garçonnet de onze ans ne peut pas être à la hauteur de nos prétentions... N'est-ce pas, Kenbridge ? Moi, je dis que c'est du vol !

Dissimulé derrière une lourde tenture, un virtuose du piano à queue attaque la Marche nuptiale, donnant le signal de la dispersion des convives. Franklin prend la récalcitrante par la taille, l'entraîne vers une alcôve tendue de velours rouge.

– Si je le gagne, le minou, je vous inviterai au dépucelage, dit-il avec un clin d'œil complice... Et je m'occuperai de vous en même temps. Vous ne perdrez rien au change...

36

9 novembre, 7 h 30, Los Angeles.

Le garde du Parking Enforcement du quartier ouest de Manhattan Beach est considéré par ses collègues comme un éternel râleur. Ce matin, il se surpasse. Une toux sèche, nerveuse, qui l'avait empêché de dormir une partie de la nuit, lui arrachait les poumons. Et voilà qu'au moment où il allait enfin s'assoupir, sur le coup de 6 heures du matin, un lève-tôt était venu frapper à sa porte.

– Venez vite, il y a un macchabée sur la plage !

Secoué par une nouvelle quinte de toux, il avait rejeté les couvertures, enfilé une épaisse robe de chambre et, de sa démarche lente et mesurée, avait déplacé son corps à demi engourdi jusqu'au perron de sa villa. Plus renfrogné que jamais, il avait fait basculer les lamelles du vasistas et apostrophé le jeune homme blond et musclé qui venait ainsi troubler son repos.

– Où ça, un macchabée ?

De son bras tendu, l'homme avait désigné le Strand, à hauteur de Rosecrans.

– Là-bas. Je faisais mon jogging quand j'ai buté contre un cadavre. Un Chinois.

Le visage du garde s'était encore plus crispé.

– Où ça, là-bas ? Parce que si c'est de l'autre côté de Rosecrans, c'est pas mes oignons. Je m'occupe de Manhattan, moi, pas de El Segundo.

– C'est sur Manhattan, monsieur. Il est tout froid.

Le garde avait haussé les épaules.

– Froid ou chaud, c'est pas moi qu'il fallait réveiller. Vous l'avez prévenu, le sheriff ?

– Non.

– C'est bien la première chose que vous auriez dû faire au lieu de venir me casser les pieds. Vous voyez donc pas que je suis malade ?

Comme pour donner plus de poids à son propos, il avait sorti un mouchoir en papier de la poche de sa robe et s'était mouché à plusieurs reprises avant d'ajouter :

– Je le préviens, le sheriff, et je vous rejoins, le temps de m'habiller chaud. A quel endroit sur Manhattan ?

– Au niveau de la 35e.

Le garde avait entamé une série d'éternuements qui s'était terminée par un atchoum retentissant avant de refermer le vasistas.

– Qui est-ce ? avait demandé sa femme, surgie en chemise de nuit dans le couloir.

– J'en sais rien. Un type qui a découvert un noyé. Ce n'est pas de pot, à une rue près c'était sur El Segundo et j'étais tranquille. J'appelle le Central de LA en même temps que le sheriff. Parce que, celui-là, pour le faire se déplacer !

Les quatre Chevrolet du LAPD se sont regroupées, gyrophares tournant, à l'angle du Strand, face à l'océan. Les coassements des postes de radio troublent le silence de la plage. Des badauds que les agents canalisent se sont déjà assemblés pour commenter l'événement, les yeux fixés sur le corps recroquevillé de la victime.

Le sergent Bill Franklin ajuste sa casquette d'un coup sec. Il en a vu des cadavres, Pumpkin, dans sa carrière de flic. Surtout à Los Angeles où les règlements de comptes entre bandes rivales sont nombreux, où les hommes de la Mafia pratiquent l'élimination à la batte de base-ball, au poinçon et à la corde à piano. Aussi, il ne lui faut pas longtemps pour déceler la spirale rouge, enfoncée dans la chair, autour du cou. « Pas un suicide, un meurtre par strangulation », soliloque-t-il en examinant le cadavre.

Puis, s'adressant au garde qui ne cesse de tousser et d'éternuer :

– Il était là quand vous l'avez découvert ?

– Pas moi, le garçon qui est venu me tirer du lit, sergent. Il n'a pas bougé...

– Le contraire m'aurait étonné, dit Pumpkin, goguenard. Comment il aurait fait ? Allez vous recoucher, mon brave. Où il est ce garçon ?

– Ici, dit une voix qui se détache du cercle des curieux.

Franklin et le garde lèvent la tête avec simultanéité. Le jeune homme, en survêtement bleu ciel, les rejoint en quelques enjambées.

– Comme je l'ai déjà dit, je faisais mon jogging. Dix miles aller et retour, de Hermosa à El Porto. A cette heure-là, il n'y a personne.

– Abrégez, ordonne le gros Bill. Alors ?

– J'arrivais coudes au corps lorsque j'ai failli heurter le Chinois que je n'avais pas vu. Je l'ai enjambé, me suis arrêté. Ses vêtements étaient mouillés...

– Ils le sont toujours, dit le garde. Un coup à prendre un bon rhume. Alors, vous êtes venu me prévenir...

Le sportif approuve de la tête. Puis il enchaîne :

– A la réflexion, je me demande si ce Chinois-là

n'est pas celui qui tient le motel de l'autre côté de Rosecrans. Il me semble l'avoir aperçu assis sur la plage, regardant la mer.

Pumpkin a dressé l'oreille.

– Où ça ? demande-t-il subitement intéressé.

– Derrière son établissement, le Sun Yat-Sen, je crois. Quand je cours je passe et je repasse devant...

– C'est loin ?

– A deux cents mètres par la plage. On peut y aller à pied.

– Allons-y, dit Pumpkin.

A l'orient de chacune des rues parallèles qui se terminent en cul-de-sac sur le Pacifique, le soleil levant découpe les buildings. Les fenêtres miroitent, yeux brillants d'un immense troupeau. Le ronronnement des voitures sur Rosecrans Avenue se mêle au clapotis des vagues, au cri des mouettes qui tournoient au-dessus du port.

Pumpkin a du mal à véhiculer sa masse sur le sable mouillé. Le garde, malgré sa toux, malgré sa fièvre, malgré ses éternuements incessants, a tenu à l'accompagner. Le jeune homme ouvre la marche, d'un pas accéléré.

– On aurait mieux fait de prendre la voiture, fulmine Franklin dont les brodequins ont du mal à s'arracher du sol humide. Il est encore loin, votre motel ?

– On y est, sergent. Là, devant vous.

Pumpkin s'arrête pour souffler, soulève sa casquette, s'éponge le front de son large mouchoir à carreaux rouges et blancs, la remet en place. Il reprend sa marche difficile, contourne les pilotis du motel, retrouve le macadam avec une satisfaction visible.

– Vous m'attendez là, tous les deux, ordonne-t-il à ses compagnons de route. Pas la peine d'être en délégation pour annoncer la mauvaise nouvelle.

Son regard fixe un instant la façade lézardée de l'établissement, vole vers l'usine voisine dont les briques disjointes laissent échapper des touffes de mauvaises herbes. Il pousse la porte, jette un coup d'œil au bureau désert, perçoit le tic-tac du balancier de la minuterie.

– Il y a quelqu'un ?

Sa question reste sans réponse. Sa main agrippe la corde à nœuds qui sert de rampe, son bras droit exerce une traction pour faciliter l'escalade des marches que recouvre un tapis usé. Arrivé à l'entresol, Pumpkin renouvelle son appel :

– Il y a quelqu'un ?

Toujours pas d'écho. Il cogne à la vitre d'une porte garnie d'un store à lamelles, appuie, d'autorité, sur le bec-de-cane. Quand il pénètre dans la pièce, il a tout juste le temps d'apercevoir une silhouette menue qui se faufile derrière un paravent d'angle, aux peintures bouddhiques défraîchies.

– Eh, vous là-bas, venez ici ! bougonne-t-il.

Le ton autoritaire a agi. Une femme, petite, d'origine asiatique, qui rabat son kimono sur sa maigre poitrine, quitte sa cachette provisoire et demeure, paralysée, devant un des panneaux du paravent. Son corps tremble comme une feuille secouée par le vent du large.

Pumpkin est conscient de son trouble.

– Qu'est-ce qui vous arrive ? questionne-t-il. On dirait que vous avez la trouille de me voir...

La femme ne répond pas. L'effroi bouleverse ses traits. Sa main droite continue à serrer le haut du kimono. La gauche pend le long du corps avec l'agitation d'une victime de la maladie de Parkinson.

– Remettez-vous, dit Pumpkin d'une voix douce. Je ne suis pas un croque-mitaine. Je suis là pour vous protéger. Votre mari est là ?

Les lèvres restent muettes mais des larmes humidifient les paupières. Pumpkin lance un regard alentour, découvre sur le capot d'une antique machine à coudre la photographie d'un visage souriant, au nez minuscule, aux yeux étirés, aux pommettes saillantes. Aussitôt, la ressemblance entre cette physionomie et celle de l'homme découvert sur la plage lui paraît évidente.

Il désigne le cadre du menton :

– C'est lui, votre mari ?

Les larmes se détachent, roulent sur les joues décharnées. Le policier prend la main de la femme dans la sienne, demande sur un ton paternel :

– Qu'est-ce qui vous arrive, voyons ! Je suis venu pour vous aider. N'ayez pas peur... Comment vous appelez-vous, d'abord ?

Un hoquet, puis les lèvres s'entrouvrent pour se refermer aussitôt :

– Xiao.

– Eh bien, Xiao, pourquoi avez-vous de la peine ? On vous a fait du mal ?

La tête s'incline de haut en bas tandis qu'un sanglot s'extériorise.

– Ils ont tué Charlie.

– Qui ça, « ils » ?

A nouveau la main se remet à trembler. Bill répète la question :

– Qui ça, « ils » ? Il faut me le dire. Je suis venu pour m'en occuper... Pas pour vous terroriser !

– Un homme... une femme... J'allais sortir étendre du linge quand ils sont arrivés. Ils vont me tuer aussi...

Pumpkin hausse les épaules :

– Mais non, ils ne vont pas vous tuer. Je suis là. Je vous défendrai. Vous les connaissez, cet homme et cette femme ?

Xiao se contente d'un signe de tête affirmatif.

– Comment les connaissez-vous ? Ce sont des

amis, des clients, des voisins ? Vous dites qu'ils ont tué votre mari. Vous savez où il est, au moins ?

Les paupières se baissent, demeurent closes quelques secondes, se relèvent :

– Ils l'ont emmené dans leur voiture, une blanche...

– Une voiture comment ?

– Je ne sais pas... J'ai vu que Charlie se débattait avec l'homme qui était sur la banquette arrière. C'est la femme qui tenait le volant. Ses bras s'agitaient dans tous les sens, sa tête était à l'envers. Puis la voiture a démarré.

Le sergent Franklin se tait. Elle en a trop dit ou pas assez. Un temps d'observation propre à mettre Xiao définitivement en confiance, puis :

– Vous les reconnaîtriez ?

– Lui, pas elle, dit Xiao dans un souffle. Il était déjà venu à l'hôtel...

– C'est un client, alors ?

Un mouvement de gauche à droite de la tête.

– Non. Il était venu pour Morales.

Le front de Pumpkin se plisse.

– Pour Morales ?

– Le petit ami de Koo, ma nièce. Il a été tué aussi. Le jour même où le policier faisait l'enquête.

Pumpkin a un brusque haut-le-corps.

– Qu'est-ce que vous me racontez là, Xiao ? Vous mélangez tout. Quel rapport entre le policier et l'assassin de Morales et de votre mari ?

Une lueur d'épouvante passe dans les petits yeux de la Chinoise.

– C'est le même ! Le policier qui était dans la voiture avec la femme était en civil mais je l'ai bien reconnu. Quand il était venu, en uniforme, la première fois pour Morales, j'étais dans la cuisine à faire le thé. J'avais remarqué qu'il était grand, bien bâti, et qu'il avait au poignet droit une gourmette qui cliquetait contre la crosse de son pistolet. Il ne m'a pas vue mais je l'ai bien observé. Il avait la photographie de Morales qu'il a présentée à Charlie. Il lui a dit qu'il était là avec d'autres en surveillance mais qu'il ne voulait pas l'arrêter à l'hôtel.

– La voiture, c'était la même ?

– Non. C'était une voiture de police. Même que Charlie a dit qu'il appellerait le policier au commissariat.

– Il avait laissé son nom ?

– Je ne me souviens pas. Ce n'est pas à moi qu'il avait parlé.

– C'est bien, dit Pumpkin avec un sourire confiant.

Quelques secondes, il garde le silence, les yeux fermés, laissant les phrases de la vieille Chinoise l'imprégner et lui imposer une conclusion brutale. Des flics portant une gourmette, il n'en connaît pas des centaines.

Une fois de plus un nom, un seul, lui vient en tête.

– Venez avec moi, dit-il en posant à nouveau le regard sur Xiao. Je vais vous montrer la photo de l'homme qui a tué votre mari.

37

9 novembre, 9 heures, Bisbee.

Ramon Barrios, drapé dans le poncho qu'il a rapporté de sa dernière expédition à la frontière mexicaine, respire la fraîcheur du matin, cet air pur qui vient du parc de Saguaro, peuplé de cactus géants. Juché, les jambes dans le vide, sur le haut d'un rocher, il tente de chasser les souvenirs fâcheux qui l'assaillent, comme des cauchemars de la nuit.

Ramon est rancunier. Il a horreur des observations, même justifiées. Surtout de celles que son esprit obtus juge illégitimes. Or, la veille au soir, après son retour de San Antonio, alors qu'il traversait la cour de l'école, Mademoiselle Olga l'a encore sèchement apostrophé :

– C'est bien compris, Ramon, n'est-ce pas ? Si je te vois encore rôder autour du dortoir, la porte !

Comme s'il n'avait pas le droit de jeter un œil sur les lits des enfants ! Pour répondre quelque chose, parce qu'il n'a pas été habitué à ne pas répondre, il a désigné le bâtiment d'un mouvement de menton. Il a grommelé :

– Si le sheriff savait ce qui s'y passe, chez vos pucelles, vous ne me parleriez pas comme ça !

Puis il a regagné sa paillasse, à même le plancher

disjoint, au-dessus du garage. Il n'a pas pu dormir, tourmenté par le désir de se venger de cette conne de directrice. Pas question, contrairement à ce qu'il a lancé à Olga, d'aller dévoiler ses agissements au sheriff de Bisbee, de crainte de se voir accusé de complicité d'enlèvements de mineurs. Sans parler de la peur qu'un passé tumultueux ne remonte à la surface et ne lui vaille quelques années de mise à l'ombre, dans un cul-de-basse-fosse mexicain, après son expulsion du territoire US.

Barrios a l'estomac serré. Comment sortir de ce dilemme ? Faut-il rompre le contrat qui le lie à cette Olga et partir à la recherche d'un nouvel emploi, avec tous les problèmes de sécurité que cela représente, ou abdiquer et lui obéir sans geindre, dans l'attente d'auspices plus favorables ?

Un caillou a roulé à terre, tout près. Ramon dresse l'oreille. La confuse appréhension d'une menace envahit son cerveau. Le viol de la jeune Indienne abandonnée, meurtrie, au pied d'un cactus lui revient en mémoire. L'indemnité qu'Olga a versée n'a sûrement pas éteint le ressentiment du père. Ramon s'en est aperçu à plusieurs reprises, lors de rencontres fortuites, lorsqu'il accompagnait la directrice à Bisbee, par exemple. Aujourd'hui, seul dans ce désert où vit un peuple de lapins sauvages, de serpents, de crapauds cornus et de lézards aux couleurs de joyaux, il se sent menacé. Il pourrait se faire assassiner, personne ne s'en apercevrait. Il vaut mieux ne pas moisir sur le terrain de chasse des Indiens.

Ramon Barrios, saisi d'angoisse, quitte son perchoir et reprend le chemin du ranch-école, sans un regard pour les grossières croix de bois datant de l'époque des pionniers, plantées sur les tombes aux épitaphes suggestives : « Il traita Bill Grog de menteur » et « A Samuel Likson qui ne s'est pas garanti assez vite ». Un endroit sinistre. Ramon avance dans le balancement de ses épaules de déménageur, emprunte le coude du sentier caillouteux qui surplombe le garage. Il aperçoit le toit d'argile cuite, roux et noir par endroits, le mur de pisé, croulant et moucheté de lichen sombre.

– Ramon !

Barrios sursaute. Il ne l'a pas vu arriver, cet homme qui l'interpelle mais qu'il reconnaît pour l'avoir vu à chaque livraison d'enfant à la Bonne Famille. Il ne connaît pas son nom, seulement le prénom, Vic, mais sa prestance, son autorité, l'indisposent. Devant lui, Mademoiselle Olga joue la chatte, les indispensables : « Vous lui direz, au patron, que je me décarcasse pour que tout aille bien... » Faux jeton, va ! Alors qu'avec lui, Barrios...

– D'où tu viens par là, Ramon ? De la chasse ?

Qu'est-ce que cela peut bien lui faire à ce malabar dont l'imposante gourmette jette son or aux feux du soleil ? Rien qu'avec le prix du bijou, Ramon pourrait vivre trois mois au moins sans travailler. Le temps de partir à l'aventure, au Nouveau-Mexique, par exemple, pour y trouver une place de jardinier-gardien.

– Pourquoi vous dites ça ? Vous voyez bien que j'ai pas de fusil...

En plus, il est miraud, le Vic. S'il revenait de la chasse, ça se verrait tout de même ! Qu'est-ce qu'il lui veut ce type ? La causette, c'est pas dans ses habitudes...

– Je plaisantais, Ramon. Je parlais de la chasse aux filles. Parce que par ici, faut être moine pour tenir le coup. Il n'y en a pas beaucoup des filles, à part les gamines de l'école. Je ne sais pas comment tu peux faire... Tu n'en connais pas une ou deux de pas farouches, à Bisbee ?

Victor Scaglia a touché le point sensible. Un frisson agréable sollicite l'échine de Barrios. Il est drôle, le Gringo. Des pas farouches ! Faudrait pouvoir les payer... Avec quoi ?

– A Bisbee, je vois pas, dit-il. A Douglas, sûrement. J'y suis déjà allé avec la patronne. Il y a pas mal de Mexicaines, des petites mignonnes qui ont passé la frontière en douce. Elles n'ont pas grand-chose à se mettre sous la dent. Peut-être que là... Mais faut pouvoir y aller, à Douglas...

Scaglia fait sauter dans sa main la clé de sa voiture.

– Une demi-heure de route, à peine, dit-il. Tu m'y conduis et je te paie une fille... Ça te plaît, comme programme ?

– Votre femme...

Scaglia lui lance un clin d'œil complice.

– On est entre hommes, non ? Tu crois que je vais aller lui chanter que je me tape une nana? Bien ronde, comme je les aime... On fait juste l'aller et retour. Comme j'ai des courses à faire, que ce soit à Bisbee ou à Douglas...

Barrios se balance d'un pied sur l'autre, les mains dans les poches de son pantalon de velours. Scaglia le soupçonne de caresser son sexe, à travers la doublure.

– Et Mademoiselle Olga ? s'inquiète-t-il, d'une voix blanche.

– T'occupe donc pas de Mademoiselle Olga. Je m'en arrange.

Le soleil colore peu à peu les éperons rocheux qui enserrent les plantations de coton quand Victor Scaglia quitte la Bonne Famille, laissant derrière lui Pablo et Aurora, pour reprendre la route de Los Angeles. Elle devient bientôt sinueuse et escarpée, serpente de plaines en forêts, ne fait que grimper et tourner, descendre et remonter.

– Tu es sûr qu'on ne peut pas retrouver le corps ? avait demandé Aurora au moment des adieux. Faudrait pas que le sheriff du coin rapplique à l'école quand Pablo y sera...

Victor ricane :

– Ça ne risque pas. Dans la grotte où je l'ai foutu, il ne résistera pas longtemps aux coyotes et aux lynx. Je n'avais pas encore fini de le découper qu'il y en avait déjà trois ou quatre qui attendaient leur festin... D'ici ce soir, Ramon Barrios ne sera plus qu'un lointain souvenir !

38

9 novembre, 11 h 45, Los Angeles.

Les dangereux virages de Mulholland Drive s'enchaînent sur plus de cinquante kilomètres, entre Hollywood Freeway, à l'est de Los Angeles, près des studios Universal, et Ventura Freeway, à l'ouest. La voie à double circulation serpente sur les hauteurs des Santa Monica Mountains, zigzague entre des blocs de rochers, des terrains en friche, des falaises et des canyons abrupts, envahis d'une épaisse végétation. Quelques amoureux de la solitude ont planté leur maison sur les éperons de l'un ou l'autre versant, selon qu'ils préfèrent la vue panoramique sur LA ou la vallée, avec les San Gabriel Mountains en toile de fond. Quand les dernières boucles de la route débouchent sur la Pacific Coast, entre Malibu et Cabrillo Beach, le spectacle est féerique, offrant l'Océan à perte de vue et la côte dentelée luisant dans le soleil au pied des montagnes sombres.

Cela n'a pas été une mince affaire, de découvrir le refuge de Victor Scaglia, perdu dans les rochers au bout d'un chemin de terre détrempé par la pluie inattendue des derniers jours. Pas de numéro. Pas de nom sur la boîte à lettres juchée sur un piquet branlant. La maison la plus proche se trouve à près de sept kilomètres de là, nichée, elle aussi, dans des agglomérats de roches, à l'abri d'un rideau de cactus.

En désespoir de cause, j'avais frappé à la fenêtre de ce home pour déshérités. C'était l'heure du déjeuner. Un rideau avait bougé et une tête d'enfant était apparue, puis s'était effacée brusquement, effrayée. Les pierres s'effritaient autour de la porte, comme si la baraque avait subi un siège et avait été criblée d'impacts de balles. J'entendais des cris d'enfants. Une femme généreusement enceinte surgit dans l'encadrement, l'œil méfiant, un marmot barbouillé de confiture accroché à ses jupes.

Le soleil tapait sur sa chevelure mouchetée de pelade, qu'elle grattait de ses doigts rouges, boudinés. Deux dents manquaient à la mâchoire supérieure. Perdu dans les plis graisseux de la jupe, le gosse s'était mis à pleurer.

– Qui vous demandez ?

– Mr Scaglia, un ami. Il a une voiture blanche, une Toyota Camry, vous voyez...

– Moi, les marques, je n'y connais rien, si vous voulez savoir.

J'avais beau exhiber la photo de Mrs Scaglia, *alias* Aurora Mendoza, la mégère m'avait claqué la porte au nez. Des hurlements, suivis d'une gifle retentissante, m'accompagnaient jusqu'à ma BMW.

A quelques centaines de mètres, une vieille femme au menton de sorcière vaticinait, assise sur une souche. D'où venait-elle ? Que prêchait-elle, dans ce désert ? J'avais préféré ne pas la déranger.

J'avais poursuivi mon chemin jusqu'à San Vincente Park. Le garde, un mutilé recroquevillé dans sa guérite, plongé dans les petites annonces du *Los Angeles Times,* avait levé le nez.

La photo d'Aurora ne lui disait rien, pas plus que le nom et le signalement de Scaglia.

Son moignon droit s'était tendu dans la direction de l'est.

– Il n'y a pas d'habitation, par ici, m'avait-il indiqué d'une voix chevrotante. Faudrait que vous remontiez vers la San Diego. Il y a quelques bicoques par là, du côté du tunnel et de la Sepulveda. Seulement, c'est comme les champignons, il faut les trouver !

Le laissant rire tout seul de sa plaisanterie, j'avais effectué un demi-tour, ne rencontrant sur ma route que des automobilistes pressés. L'employé du service des Driver's Licence de Sacramento avait pourtant été formel :

– La 234.8719 est une Toyota Camry modèle 87. Elle appartient à Victor Scaglia, Mulholland Drive, à LA. Achetée en première main au garage Toyota d'Anaheim Avenue, à Long Beach. Pas signalée volée. Vous êtes qui, exactement ?

J'avais annoncé, au culot :

– FBI. Vous avez l'adresse précise, à Mulholland ?

– Pas indiquée. Mais ce ne doit pas être difficile à trouver.

Tu parles ! On voit bien que l'employé n'avait jamais mis les pieds à Los Angeles. Il avait raccroché, mission accomplie. La mienne commençait.

Soudain, l'espoir... La Jeep blanche à bande tricolore du service des postes au sigle US Mail arrivait en sens inverse à allure réduite. Le temps de foncer jusqu'à la bretelle de dérivation, de revenir, l'accélérateur au plancher, jusqu'à Park Lane, et j'interpellais la jeune préposée à la jupe marron ultracourte. Manque de chance, elle n'était que remplaçante dans le secteur depuis dix jours.

– Je ne vois pas qui peut être ce monsieur Scaglia. Vous ne pouvez pas passer au bureau ?... Il fait quoi, comme métier ?

– Flic, je crois. Je l'ai perdu de vue il y a pas mal d'années. On était ensemble au Viêt-nam...

La fille avait réfléchi, pleine de bonne volonté.
– J'ai bien vu une voiture de police l'autre matin du côté de Reseda...
– Où est-ce Reseda ?
– En remontant sur San Vincente Park, vers la San Diego. Mais je ne vous garantis rien.
– Ils étaient peut-être en opération ?
– Je ne crois pas. La voiture était garée au bout d'un chemin de traverse, gyrophare éteint.
– C'est que mon ami était chez lui, alors...
– Je n'ai vu personne. Il y a bien un pavillon par là, mais c'est tout ce que je peux vous dire. On ne met jamais rien dans la boîte à lettres.

Reseda est un coin perdu, isolé de tout. J'ai sillonné le canyon du nord au sud, emprunté l'avenue Oriente pour revenir sur mes pas, suivi de nouveau le canyon sur au moins deux miles. En vain. Découragé, je me suis arrêté sur un terre-plein de fortune où des bûcherons avaient entassé des stères de bois. De longues blessures, dans le sol, signalaient le passage des tracteurs. Soudain, en levant les yeux, alors que je remettais le contact, j'ai perçu des cris de mouettes à quelque deux cents mètres. En observant leur manège, j'ai remarqué que certaines plongeaient derrière une haie de broussailles, que d'autres filaient à tire-d'aile, le bec chargé. Elles venaient certainement se ravitailler en ordures ménagères.

J'avais quitté ma voiture et je m'étais enhardi avec précautions à travers les éboulis. Les oiseaux s'activaient effectivement sur un jeu de poubelles. En m'approchant encore, j'avais découvert un baraquement de rondins composé d'un rez-de-chaussée et d'un étage bas, surplombant le ravin. Cela tenait de la cabane de trappeur et du ranch rudimentaire. Habité, ou non ?

Je suis un flic de terrain. L'ambiance bruyante

d'un bureau de police ne facilite pas le raisonnement à distance. Aussi, quand j'ai une piste, je ne la lâche pas. Je l'exploite à fond. J'assemble, sur place, les pièces du puzzle et je fonce, sans me soucier des lamentations des victimes ni des réticences administratives. Dans le temps, la méthode ne m'avait pas trop mal réussi, me permettant d'accrocher pas mal de crânes à mon tableau de chasse de flic officiel ou privé. Sur l'échiquier de mes enquêtes, j'avançais mes pions en tâchant de tout voir, tout entendre, tout enregistrer, jusqu'à ce que le suspect sorte de l'ombre et commette l'erreur fatale. C'est ça, un flic. La police regorge de fonctionnaires. Si elle comptait davantage de mordus, de battants, de vicieux de la procédure, les arrestations – les crânes – seraient bien plus nombreuses.

– Ne vous préoccupez pas de Willis, m'avait dit Baker. Tout ce qu'il lui faut, c'est du solide, du concret, *understand ?* Débrouillez-vous avec ce qu'on a trouvé à San Juan Capistrano, Rodger. Si vous dénichez quoi que ce soit de nouveau, appellez-moi. *Okay ?*

C'était bien dans mes intentions.

39

10 novembre, 1 heure, Los Angeles.

Après les gorges noires et profondes, nous passons entre les murailles que les bulldozers ont découpées. Richard Baker conduit nerveusement, le visage fermé, perdu dans ses pensées.

A peine avais-je fait le point sur mes récentes découvertes qu'il avait pris sa décision.

– Il faut recommencer notre coup de San Juan, Rodger. Cette nuit, on retourne à Mulholland.

La détermination de Richard m'avait amusé, conforté et inquiété à la fois.

– Vous ne craignez pas que Willis rue dans les brancards ?

Baker avait écarté définitivement l'argument.

– Willis cherche surtout à coincer ces salopards. Si nous trouvons quelque chose d'intéressant chez Scaglia à Mulholland, nous aurons carte blanche, faites-moi confiance.

Sa GTI tressaute sur les aspérités du chemin caillouteux. A 1 heure du matin, l'endroit est désert, sinistre. Tandis que nous dégringolons vers le fond du canyon, je me dis qu'un 4 x 4 aurait mieux fait l'affaire.

Encore quelques virages, et la façade de la maison se dessine au-dessus de nous, dans la clarté lunaire.

– Je vais voir si mon témoin a été déplacé, dis-je.

Lorsque je l'avais découvert, non sans mal, peu après midi, je m'étais approché du repaire de Scaglia. Les volets étaient clos, la cabane semblait vide. J'étais passé derrière, et avais constaté qu'un œil-de-bœuf placé entre le rez-de-chaussée et le premier étage devait éclairer une cage d'escalier. En faisant le tour du terre-plein, sur lequel des traces de boue séchée révélaient qu'une voiture y avait stationné, j'avais déniché dans une des deux poubelles un morceau de papier journal que j'avais plié en accordéon pour le glisser au bas de la feuillure de l'unique porte. L'élasticité du pliage en portefeuille le maintenait ouvert. Par contre, il tomberait à l'ouverture de la porte. Bon moyen de voir si quelqu'un était venu visiter la cabane...

Le témoin n'a pas bougé. Me voici rassuré. Baker m'a rejoint. Il mastique son chewing-gum avec une application accrue, signe évident d'une nervosité passagère.

– Il n'y a personne, dis-je. Qu'est-ce qu'on fait ?

– Les volets sont fermés, dit Baker après quelques instants de réflexion. Même ceux du premier.

– Il y a bien un hublot sur le côté, mais il faudrait casser la vitre pour entrer là-dedans... Si vous me faites la courte échelle, je pourrais jeter un coup d'œil à l'intérieur.

Baker colle sa haute stature contre le mur de rondins, joint les mains. En deux mouvements, je suis sur ses épaules. Mes doigts agrippent l'ovale de l'œil-de-bœuf. Je pousse. En vain. Le verrou est mis de l'intérieur. Je me laisse glisser à terre.

– Rien à faire, dis-je. Il nous aurait fallu un passe pour l'entrée. Et encore, si ce sont des serrures de sécurité...

Perplexes, nous reprenons notre inspection silencieuse, autour de la bâtisse.

– Et ça ! dit Baker.

– Quoi, ça ?

Du menton, il me désigne une excavation, au bas de la façade arrière, près de la gouttière. Quelque chose brille à l'intérieur, dans le rayon de sa torche électrique. Une vague forme d'anneau.

Déjà Baker déplie sa carcasse, se relève :

– C'est une clé, dit-il. Sans doute celle de l'entrée. Mon détecteur de poche est tombé dessus. Autrefois, on ratissait les champs de mines avec des détecteurs magnétiques. Aujourd'hui, les micro-démodulateurs vous renvoient les ondes métalliques qu'ils rencontrent sur leur parcours... C'est ça le progrès. Heureusement que la maison est en bois. Autrement, ça n'aurait pas cessé de vibrer.

Avec son flegme habituel, Richard introduit la clé dans la serrure, débloque le pêne, s'efface pour me laisser entrer.

– Allez-y pendant que je fais le guet, dit-il. On ne sait jamais.

La porte s'ouvre sans grincer. La lampe de Richard Baker guide mes premiers pas, puis j'allume ma propre torche. Pas le moindre bruit, pas le moindre souffle d'air. Je me déchausse. Le froid des dalles de plastique du couloir agace mes pieds nus. Je m'y engage lentement. Le faisceau électrique, à demi voilé par la paume de ma main, éclaire successivement trois portes.

Je monte quelques marches, passe devant l'œil-de-bœuf, débouche dans l'unique chambre mansardée du premier étage, à peine meublée : un divan recouvert d'une couverture de laine, une cuvette sur une table de toilette, un portrait de la Vierge avec une branche de buis clouée sous le cadre. La fenêtre est à demi cachée par de courts doubles rideaux.

Je redescends les marches. Que vais-je trouver dans la chambre du bas, garnie d'une armoire, d'un lit double à dessus-de-lit blanc, et d'une table de chevet ? Des vêtements de femme, d'abord, puis deux valises et, en vrac, des chaussures d'homme et de femme. Aucun papier dans le tiroir de la table de nuit. La chambre voisine sert de bureau, avec son lit d'angle et sa table sur laquelle trône une photo de Scaglia en uniforme du LAPD. Je résiste à la tentation de m'en emparer. Dans le cabinet de toilette, à côté, deux paires de babouches sommeillent au pied du lavabo. Quant à la troisième porte, elle donne sur un débarras, avec encore plusieurs valises et surtout des mégots un peu partout.

Je reviens à la porte d'entrée. Richard Baker, à quelques pas de là, surveille la route.

– Ça a été habité il n'y a pas longtemps, dis-je. Ce doit toujours l'être, car il y a du savon, un gant de toilette et des serviettes encore humides dans la salle de bains... Sans compter les mégots ! Scaglia y vient sans doute incognito... J'y rejette un œil.

Je disparais à nouveau dans l'obscurité de la première chambre. J'inspecte l'armoire. Les pantalons de femme révèlent une taille et des fesses étroites, les chemisiers sont dénués d'ampleur. Dans la poche d'un manteau bleu marine, un ticket de stationnement de la ville de San Juan Capistrano. Dans un sac à main, divers papiers gribouillés, des numéros de téléphone que je n'ai pas le temps de relever. Je glisse les papiers dans ma poche.

Des sous-vêtements féminins dans les tiroirs : slips, soutiens-gorge, mouchoirs. Une paire de boutons de manchettes aussi, et une montre Rolex en métal blanc et or.

J'allais oublier le placard à peine visible dans le coin gauche de la fenêtre. Je tire le loquet.

Ce n'est qu'une penderie de vêtements masculins. Deux costumes et une veste pendent sur les cintres. Un chapeau posé sur l'étagère du dessus. Je le soulève. Un Colt 45 apparaît, sombre et luisant dans le faisceau de ma torche. A côté, une boîte contenant une dizaine de balles. Je remets l'automatique en place, prélève par réflexe une cartouche au passage. Ça peut toujours servir...

Je regagne le couloir, tire la porte derrière moi, la verrouille. La clé réintègre sa cachette. Trois minutes plus tard, je rejoins Richard dans la voiture.

– Rien de spécial, dis-je, si ce n'est un Colt 45, et quelques balles, planqués sous un chapeau. En tout cas, Aurora Mendoza est passée ici. J'ai trouvé dans une poche un ticket de stationnement de San Juan Capistrano.

Baker boucle sa ceinture, remet le moteur en marche, fait demi-tour pour retrouver Mulholland Drive.

– On ne s'en tirera pas tout seuls, Rodger. J'irai voir Ron Willis, demain matin. Il est temps que le FBI s'occupe un peu sérieusement de notre ami Victor Scaglia...

40

10 novembre, 9 heures, Los Angeles.

Je m'assieds sur le divan de la terrasse, fais tourner la cuiller dans la tasse de *regular* tandis que la domestique à la peau cuivrée arrose les plantes, bouscule l'ordonnancement des pots. Elle se recule, considère le résultat de son travail d'un œil critique puis me lance avant de regagner sa sacro-sainte cuisine :

– Madame arrive tout de suite. Elle est au téléphone, avec son avocat.

Dressés dans la lumière pâle du matin, les buildings géants de Downtown paraissent accrochés aux nuages que le vent d'ouest pousse vers les San Jacinto Mountains couronnées de neige. Au-dessus de Santa Monica, les gros porteurs se suivent et virent avec un ensemble parfait pour commencer leur approche vers l'aéroport.

Une fois de plus, le café que m'a préparé la Mexicaine est une infâme eau de vaisselle. Par politesse, je n'ai pu le refuser. A peine a-t-elle le dos tourné que je m'empresse de vider ma tasse sur la terre fraîchement arrosée d'un pot de camélias, aux larges feuilles ovales et luisantes, au moment même où Élisabeth apparaît dans un déshabillé de soie ivoire.

– Excusez-moi, j'étais avec mon avocat, dit-elle. Un incorrigible bavard.

– S'il vous remonte le moral...

– Il pense plutôt à faire grimper ses honoraires. Ici, les consultations, même téléphoniques, se paient à la minute. J'en sais quelque chose...

Moi aussi. Et la méthode qui fait recette aux États-Unis est en passe de gagner la France. Fini, l'avocat unique, omniscient, à la clientèle inquiète, qu'il soulage régulièrement d'une « petite provision ». Désormais, une association de spécialistes en tout genre prend en charge le plaideur et fait tourner le compteur de l'horloge dès qu'il a franchi le seuil de leurs cabinets respectifs. Chaque minute qui passe augmente le prix de leurs honoraires. Une consultation téléphonique ne laisse pas plus de chance aux jaseurs parcimonieux. La facture est là pour leur rappeler que le temps d'un avocat américain, c'est toujours de l'argent.

– Eh bien moi, je viens vous remonter le moral, Élisabeth. J'ai du nouveau.

Je ménage mes effets. Bien que surprise, Élisabeth ne paraît pas rassurée pour autant.

– Si c'est pour me dire que Koo Trang Thu a quitté LA, je sais, dit-elle. Elle m'a téléphoné pour me dire au revoir et me remercier en même temps de la prime que mon avocat lui a versée.

A mon tour d'être étonné :

– Votre avocat ?

Un hochement de tête me répond.

– Qui a pris langue avec mon ex-mari. John avait promis de verser une prime à qui permettrait d'identifier le ou les ravisseurs. Il a tenu parole.

– Vous auriez pu au moins me prévenir...

La réponse ne se fait pas attendre.

– Vous n'êtes jamais là. Il me faut laisser cinq ou six messages sur votre répondeur pour avoir la chance de vous entendre.

Pendant quelques secondes, elle s'abîme dans la contemplation de ses ongles. Un ange passe.

En pensée, j'évoque les numéros de téléphone que j'ai découverts lors de nos visites à San Juan Capistrano et à Mulholland. Un mystère les entourait. Il me fallait le percer.

Le sommeil me fuit lorsque je suis sous pression. Alors, plutôt que de ressasser sans pouvoir m'en délivrer ces chiffres cabalistiques, je me suis levé et, à tête reposée, je me suis mis à éplucher, du commencement à la fin, tous les noms, toutes les adresses et tous les numéros de téléphone du carnet subtilisé à San Juan. L'un d'entre eux, toujours le même, revenait à trois reprises différentes sous des noms divers. Je l'enregistrais sous les initiales ORB 602.2358, puis Olga 602.2358 puis encore RBF 602.2358. Il manquait sûrement d'autres chiffres.

J'ai sorti l'annuaire de Pacific Bell du placard de l'entrée, j'ai consulté les indicatifs des différentes circonscriptions téléphoniques des États-Unis. Le nombre 602 est l'indicatif de l'Arizona. Je le retrouvais dans des numéros d'hôtels et de restaurants puisés dans le guide de l'Automobile Club de cet État-Bébé, comme on le surnomme en raison de son entrée tardive dans l'Union. Tous les numéros comportaient dix chiffres, que ce soit à Phoenix, Mesa, Los Olivos, Grand Canyon, El Chorro, etc.

Il m'apparaissait donc évident que trois chiffres étaient volontairement absents du 602.2358, lui aussi démasqué dans les papiers de Mulholland. La carte des États-Unis dépliée sur la table de la cuisine, je me suis concentré sur la région sud de l'Arizona, me fixant sur l'immense territoire que représente la région Phoenix, Mesa, Tucson, Douglas. Et dès 8 heures du matin, je faisais appel aux renseignements téléphoniques. Le 602 était bien l'indicatif de l'État, le 2358 correspondait bien à un abonné mais il manquait l'essentiel : le numéro de secteur postal. Le « zip code », la *zone improvement plan.* Je n'étais pas plus avancé. Il fallait absolument que je trouve ce code, escamoté à bon ou à mauvais escient.

Élisabeth relève la tête, me sourit gauchement.

– Excusez-moi, dit-elle. Je suis à cran. Qu'est-ce que vous avez de nouveau ?

– Les planques que Baker et moi avons faites n'ont pas donné grand-chose. Par contre les Mendoza ont fui San Juan Capistrano. J'ai une piste. Et pas mal d'espoir.

Élisabeth ferme les yeux, y appuie la paume de ses mains comme si cela pouvait suffire à l'éloigner du monde extérieur. Elle repose ses mains sur la table, me fixe :

– Que voulez-vous dire...

– Que j'espère bien retrouver Patricia assez rapidement. Baker et moi avons un flic pourri dans le collimateur, ainsi que le frère et la sœur Mendoza. Reste à déterminer où ils se trouvent...

Élisabeth exhale un soupir de découragement.

– Donc tout reste à faire... Et puis même. Les Mendoza, ce n'est pas encore Patricia. Vous me donnez de fausses joies.

– Non, Élisabeth. J'ai relevé un numéro de téléphone qui me chatouille agréablement les oreilles. Il me manque trois chiffres. Quand je les obtiendrai, je suis sûr que nous aurons fait un grand pas. Je suis intimement persuadé de les découvrir, aussi vrai que je vous vois en ce moment.

Sous mes yeux, en bas de la terrasse, un écureuil s'amuse à jouer les cascadeurs entre les branches d'un pin.

– Et comment les aurez-vous ces chiffres qui vous manquent ?

– Au service d'immatriculation de Pacific Phone, sur le Wilshire. J'ai voulu vous prévenir dès maintenant pour le cas où il faudrait vous tenir prête à m'accompagner.

A l'instant où je me lève du divan, Élisabeth me stoppe d'une pression sur le bras.

– Vous pensez vraiment pouvoir la retrouver ? dit-elle en me fixant désespérément.

– Maintenant, oui, Élisabeth. Oui.

41

10 novembre, 15 heures, Los Angeles.

Les gardes du Federal Building se raidissent lorsque la Ford officielle, chromée jusqu'au museau, s'immobilise. Sanglé dans son uniforme de parade, la main sur la crosse du Smith & Wesson suspendu au ceinturon de cuir noir, le chauffeur se précipite pour ouvrir la portière arrière. Le capitaine Spencer déplie sa haute stature, traverse le hall où grouillent tant de peaux différentes et de costumes hétéroclites, s'engouffre dans l'ascenseur-express qui le dépose sur le palier du dernier étage. Le menton relevé, le pas autoritaire, il s'achemine vers la porte blindée du Federal Bureau of Investigations.

– Inutile de m'accompagner, dit Spencer d'un ton solennel au planton de garde. Je connais le chemin.

Sans remarquer le haussement d'épaules dont le factionnaire le gratifie, il emprunte à grandes enjambées le couloir de gauche jusqu'à la porte capitonnée du chef de service, marque un temps d'arrêt devant la plaquette à voyants bicolores, ajuste sa cravate puis titille le bouton central. L'écran vert s'illumine, l'huis pivote. Ron Willis s'avance, la main tendue.

– Ravi de vous revoir, Spencer.

Le Supervisor referme la porte, désigne un fauteuil dans lequel le représentant du Commissariat central de Los Angeles se laisse choir, s'assied à son tour. Il attire à lui un pot à tabac octogonal, choisit une pipe dans un présentoir d'ivoire, la bourre avec une évidente satisfaction. Après avoir allumé le tabac à la flamme horizontale d'un briquet qui illumine ses mâchoires de joueur de base-ball, Willis admire pendant quelques secondes les volutes bleues de son poison personnel puis aborde brusquement le sujet :

– Vous avez une planche pourrie dans votre service, Spencer. Un salopard qu'il convient d'éliminer le plus rapidement et le plus discrètement possible si vous ne voulez pas que le quartier général et vous-même y laissiez des plumes.

La froideur du capitaine Spencer fond comme neige au soleil. Son visage se colore, ses traits dessinent les courbes de l'humiliation.

– Que voulez-vous dire ?

– Que si les médias s'emparaient de l'information, je ne donnerais pas cher de votre maintien à la tête de votre service. Aucun gouverneur ne croirait qu'un officier de haut rang puisse ignorer ce qui se passe au sein de sa brigade.

Spencer renforce sa garde. Trop de circonvolutions dans le propos.

– Expliquez-vous, dit-il d'un ton pincé. Si vous entendez par planche pourrie un policier corrompu, ce n'est pas nouveau. Tout le monde sait que les agents profitent de leur situation pour améliorer l'ordinaire... Que ce soit à New York, à Dallas ou dans le County le plus reculé.

Willis, du bout du doigt, rappelle à l'ordre un filament de tabac mal consumé qui tentait de s'échapper du fourneau de la pipe.

– Vous n'y êtes pas, Spencer, dit-il en dévisageant le capitaine. Il s'agit de faits beaucoup plus graves, d'activités criminelles qui entachent l'honneur de la police tout entière. La prévarication est une chose. Les rapts d'enfants et les assassinats en sont une autre. Vous connaissez Baker, l'ancien Supervisor adjoint du père Hoover, à Washington ?

– Vaguement, oui... Il vient de créer un bureau sur Melrose. Un des rares Fédés à connaître le métier sur le bout du doigt, d'après les circulaires. Il a été professeur à la National Police Academy...

Serrant sa pipe entre ses dents, Willis ouvre le sous-main de lézard noir que frôlait son coude droit, extrait des entrailles de la pauvre bête un papier couvert de notes manuscrites, le parcourt en tirant de lentes bouffées de fumée.

– Justement, dit-il sans lever la tête. Un policier extraordinaire qui continue à travailler pour le Bureau auprès duquel il est accrédité. Eh bien, Baker et un de ses amis français que vous avez entraperçu à votre service se sont saisis du dossier Tucson à la demande de la mère de l'enfant disparue. Ils sont arrivés à la conclusion que le rapt avait été perpétré par trois Mexicains, dont l'un a d'ailleurs été liquidé. Ils m'ont communiqué leurs noms.

Le visage de Spencer vire au blanc.

– Je ne comprends pas ! s'indigne-t-il, affectant un air supérieurement dédaigneux. Vous soupçonnez l'un de mes agents d'origine mexicaine ?

Willis relève la tête. D'un geste souple, il fait décrire à sa pipe un large cercle.

– Non, Spencer. Je soupçonne Victor Scaglia !

Comme mû par une décharge électrique, le capitaine Spencer quitte son siège, se dresse devant Willis qui ne se départit pas de son impassibilité.

– Qu'insinuez-vous là ? s'exclame-t-il. L'agent Scaglia est un de mes meilleurs éléments. Je ne permets pas...

– Moi, je me permets, coupe Willis, parfaitement calme. Scaglia est un de vos meilleurs éléments...

douteux. Une planche pourrie comme je vous disais tout à l'heure. Nous en avons maintenant la preuve, Baker, Borniche et moi.

– Borniche, le Français qui suspectait l'attorney Tucson d'avait fait kidnapper son enfant ?

– Une enquête est une bobine de fil, Spencer. Il faut toujours tenter d'en découvrir le bout pour pouvoir la dévider ensuite. Je ne dis pas que Scaglia a participé directement au kidnapping. Ce que j'affirme, par contre, parce que les charges sont là, c'est qu'il en a été l'organisateur. D'ailleurs, sa collusion avec les Mexicains est indéniable. Baker est formel.

Spencer se met à déambuler dans la pièce, en proie à une agitation subite. Puis il vient appuyer ses deux paumes sur le bord du volumineux bureau en acajou.

– J'ai beaucoup de respect et d'amitié pour vous, Willis, dit-il, la lippe mauvaise. Mais vous rendez-vous compte de ce que vous avancez ? Ou Baker est devenu fou ou c'est moi qui le deviens. Victor Scaglia travaille dans ce commissariat depuis des années !

De nouvelles volutes bleuâtres s'élèvent vers le plafond, accompagnées d'un bruit régulier de succion.

– Désolé de vous contredire, Spencer, dit Willis après un léger temps de silence, mais je commence à croire que le personnage vous a abusé. Ne le prenez pas en mauvaise part, il est plus fort qu'il en a l'air. Avez-vous seulement eu vent de ses relations avec les Mendoza ?

– Quels Mendoza ?

– Ses protégés, voyons ! Le frère et la sœur. Des spécialistes du cambriolage et très probablement les auteurs du rapt de Patricia Tucson. Deux immigrés en situation irrégulière, sans domicile fixe, propriétaires de faux permis de conduire et de cartes de sécurité sociale, les documents indispensables pour ne pas être inquiété aux USA. Aurora, la femme, est la maîtresse de Scaglia. C'est établi, vérifié, prouvé. Elle utilise sa voiture personnelle. Elle réside par intermittence dans la maisonnette qu'il possède sur Mulholland. On ne l'aurait jamais su si la Toyota Camry de Scaglia n'était pas tombée en panne à Long Beach. Le numéro de la voiture figure bien au fichier des licences au nom de Scaglia, mais il avait pris soin de donner une adresse fantaisiste sur Mulholland. Il a fallu enquêter là-haut, dans les collines. Et ça n'a pas été très facile, croyez-moi. Quant à Pablo, le frère, il a lui aussi disparu de leur domicile de San Juan Capistrano, après une visite éclair de Scaglia, venu sans doute les avertir d'un danger imminent... Non, mon cher, Baker n'est pas fou. Il a établi un dossier éloquent et les témoignages concordants permettront de confondre Scaglia quand nous le désirerons. Seulement, la petite Patricia est toujours entre leurs mains et votre éminent collaborateur sait, lui, où elle peut se trouver...

Willis suçote le tuyau de sa bouffarde avec une lenteur gourmande. Il garde le silence. Un silence qui se veut lourd de signification et qui donne à Spencer, dont le visage est redevenu livide, l'impression qu'il en sait beaucoup plus qu'il ne veut en dire.

– Vous ignoriez bien sûr le repaire de Scaglia, sur Mulholland ?

Spencer se rassied avec la mine d'un boxeur à demi KO dans son coin.

– Si vous croyez que je connais l'adresse personnelle de tous mes hommes... Je peux me renseigner, si vous voulez.

– Inutile, continue Willis, imperturbable. Officiellement, Scaglia habite Ewin Street, près d'Elysian Park. C'est en tout cas là où il habitait quand il n'était pas séparé de sa femme, qui vit maintenant à San Pedro, chez ses parents.

Spencer sort de sa poche un mouchoir, s'éponge le front. Il se tortille sur son siège. Les déclarations de Willis l'ont vraiment sonné. Scaglia, un policier corrompu ! Comme s'il lisait dans ses pensées à livre ouvert, Willis poursuit :

– Les témoignages sont irréfutables. Scaglia et sa maîtresse savent où la petite Patricia Tucson est détenue. Par eux, je veux remonter la filière, parvenir aux commanditaires de l'opération, mettre un terme aux agissements d'un gang qui sévit sur tout le territoire des États-Unis. D'où une discrétion totale à observer... Éventuellement, pourrais-je compter sur le sergent Bill Franklin ?

Spencer approuve sans mot dire.

– Sur sa discrétion, j'entends, bien qu'il soit l'équipier de Scaglia.

– Son chef de patrouille, corrige Spencer. Pumpkin est un garçon loyal, courageux, père de famille, intransigeant sur l'honneur et la profession.

– Et il ne s'est jamais aperçu que son adjoint n'était pas blanc-bleu ?

– Jamais ! Personne ne pouvait se douter de ce que vous m'avez annoncé... Il faut que cela vienne de vous pour le croire...

La fumée douceâtre de l'Amsterdamer le fait soudain tousser. Sa main dissipe la petite nappe qui finit par former au-dessus de sa tête une curieuse auréole.

– Excusez-moi, dit Willis. Je suis un incorrigible tabagique.

Il pose le culot de sa pipe sur un minuscule trépied d'argent, se lève, fait à son tour les cent pas dans la pièce.

– Pumpkin travaille toujours sur le dossier Tucson, n'est-ce pas ?

– Il tente de recueillir des tuyaux par-ci, par-là. Je ne sais pas où il en est... Il aimerait solutionner ce dossier qu'il a été le premier à connaître.

– Bien. Nous allons lui donner un coup de main, puisque vous me garantissez sa probité. Dites-lui de se trouver ce soir à 9 heures au bar du Dôme, 8720 Sunset Boulevard.

– C'est trop chic... Il n'osera jamais entrer...

– Il se mettra en civil pour retrouver Baker et Borniche. Ils lui expliqueront ce qu'ils attendent de lui.

Spencer a un instinctif mouvement de défense.

– Pourquoi n'assisterai-je pas au rendez-vous, Willis ?

– Parce que ce n'est pas la place d'un chef de service de faire une visite disons... illégale... chez Scaglia. Au contraire, vous serez là pour le retenir au bureau sous un prétexte quelconque. Il y a quelques jours, j'aurais été contre cette perquisition anticonstitutionnelle. Aujourd'hui, il nous faut aller vite, très vite, si nous ne voulons pas que les Tucson ou d'autres familles pleurent à jamais leurs enfants. D'accord ?

Lorsque le capitaine Spencer franchit la porte blindée qui le catapulte sur le palier, il a depuis longtemps perdu la superbe qu'il affichait à son entrée dans le hall du Federal Building.

42

10 novembre, 19 heures, Los Angeles.

Dans son uniforme noir de bonne coupe, la casquette sous le bras gauche, Victor Scaglia s'est figé devant le colossal bureau du poste de direction. Ses mâchoires carrées, son regard perçant et sa carrure ont de quoi impressionner. Si Willis ne l'avait pas mis en garde sur l'activité parallèle de son agent, le capitaine Spencer pourrait encore se laisser abuser. Il ne peut s'empêcher de comparer l'attitude réservée, disciplinée de Scaglia à celle d'un félin en embuscade.

Le commandant du LAPD n'a aucun moyen de pression contre un détective qu'il considérait jusqu'alors comme au-dessus de tout soupçon. Depuis son affectation à la brigade de voie publique, Scaglia n'a jamais démérité, au contraire. Sa perspicacité et ses excellents résultats en matière de délinquance pourraient même lui valoir une promotion au grade supérieur de sergent. Spencer se doit donc de ruser, d'inspirer confiance à son collaborateur, d'éviter surtout de paraître circonspect à son endroit. C'est pourtant Scaglia qui pose la première banderille à laquelle le capitaine ne s'attendait pas :

– Avec tout le respect que je vous dois, vous

paraissez soucieux, mon capitaine. Vous n'avez pas de problème de santé au moins ?

La voix, doucereuse, a l'accent de la sincérité. Les yeux feignent l'inquiétude.

– Non, non, se prend à répondre Spencer, surpris.

– Tant mieux, mon capitaine. A vous voir moins gai que d'habitude, je craignais quelque ennui de ce côté-là. Vous avez demandé à me voir ?

– En effet, dit Spencer après un moment d'hésitation. J'ai une mission à vous confier. Cigarette ?

– Merci, mon capitaine. Avec votre permission, je fumerai une des miennes.

Il tire une Pall Mall de sa poche, l'allume à la flamme du briquet que Spencer lui tend, rejette un nuage de fumée.

– Je vous écoute, mon capitaine.

– Voilà, Scaglia. Une réserve de vêtements doit être cambriolée à Rosemead, 1024 Garvey Avenue, selon un renseignement qui m'est parvenu. Vous ne patrouillerez donc pas cette nuit sur la Santa Monica comme d'habitude et vous irez planquer là-bas. Essayez de me mettre la main sur les chenapans, sans doute des mômes du quartier. On ne sait pas à quelle heure ils doivent opérer mais s'il ne se passe rien avant le lever du jour, vous levez la planque. Compris ?

– Compris, mon capitaine. J'y vais seul ?

– J'avais pensé à vous mettre avec Pumpkin mais il doit participer à une rafle sollicitée par le sheriff de Pasadena. A propos de Pumpkin, j'aimerais vous poser une question. Est-il aussi à cheval sur les principes qu'on le prétend ? Entre nous, bien sûr...

Un sourire cauteleux étire les traits de Scaglia :

– Vous me gênez, mon capitaine. Bill est un collègue doublé d'un ami. Je ne voudrais pas...

– Je sais, Scaglia, je sais. Cela restera confidentiel, croyez-le. J'aimerais être renseigné assez vite avant le tableau d'avancement. D'après ce qui m'a été rapporté, Franklin serait plus souvent à patrouiller du côté du Farmer's Market ou de Beverly Boulevard, là où les commerçants pullulent, plutôt qu'ailleurs. Vous voyez ce que je veux dire ?

Scaglia se tient sur une prudente réserve.

– Vous me mettez dans l'embarras, mon capitaine. Ce n'est pas parce qu'on reçoit un fromage par-ci, ou un gigot par-là, qu'on est corrompu. Le Gros Bill pas plus que les autres !

Le front de Spencer se plisse :

– On m'a parlé d'un lustre en cristal chez Luminaire, de La Bréa, d'un ordinateur Tandy chez Radio-Shack, au Beverly Center, de poignées de portes en bronze doré à l'or fin chez Midway Hardware, sur Pico Boulevard. Ce n'est plus du fromage ou du gigot, dites-moi. Tout à fait entre nous, Scaglia, vous ignorez vraiment si Pumpkin se fait acheter, ou vous ne voulez rien dire ?

Le sourire s'est effacé. Une tristesse a soudain envahi le visage de Victor Scaglia. Il écrase sa cigarette dans le cendrier, laisse un moment son index sur le mégot.

– Pour être franc avec vous, je ne suis au courant de rien, mon capitaine. Mais si vous me promettez la discrétion, je peux essayer de le cuisiner. Personnellement, je suis contre ces pratiques qui entachent l'honneur de la police. Mais que Pumpkin cache son jeu à moi, son ami, j'en suis sidéré !

Spencer se lève, consulte sa montre, tend la main par-dessus la table, serre celle de Scaglia.

– 19 heures, mon vieux. Filez à Rosemead. Dès que vous êtes sur place, vous me communiquez votre position, puis rapport toutes les heures. Pour Pumpkin, je peux compter sur vous, n'est-ce pas ?

– Vous pouvez, mon capitaine, dit Scaglia avant

de se diriger vers la porte. L'honneur passe avant l'amitié. Merci de votre confiance, mon capitaine...

Lorsque la porte se referme sur Victor Scaglia, le sourire de Spencer se fige en une moue de dégoût.

– C'est ça, grommelle-t-il entre ses dents. Fous-toi de moi, en plus !

43

10 novembre, 22 heures, Los Angeles.

Au volant de son Oldsmobile à la capote rapiécée, Pumpkin emprunte le Sunset Boulevard jusqu'à Benedict Canyon, s'engage dans la montée vers Mulholland, amorce les virages avec une maestria que j'admire. De temps à autre, il jette un regard dans le rétroviseur d'aile pour s'assurer que la voiture de Baker le suit. Nous passons sous la 405, coupons la Sepulveda. Juste au moment où un reflet de lune sur le Pacifique offre un spectacle grandiose pour qui aurait le loisir de le contempler, la guimbarde exécute une plongée sur Reseda. Nous roulons encore deux bons miles, le champignon au ras du plancher et, tout en appréciant la souplesse des amortisseurs américains, je ne puis m'empêcher de penser que la témérité du sergent Franklin lui jouera un mauvais tour dans l'avenir, surtout lorsque les canyons étroits et tortueux évoquent, de part et d'autre de la chaussée, des gouffres aux profondeurs insondables. Nous ralentissons enfin, à la hauteur d'un bois que j'avais repéré lors de mes incursions précédentes. Un endroit désert, sinistre.

– Nous pourrions nous garer là, dis-je. La maison n'est qu'à trois cents mètres, en contrebas.

Docile, Pumpkin obéit. Baker, qui colle à notre pare-chocs, lance un bref appel de phares pour nous faire part de sa présence. Je quitte l'Oldsmobile, les jambes en flanelle, vais à sa rencontre.

– J'ai réfléchi, dit-il en extirpant sa haute stature de la GTI. En tant qu'étranger, vous n'avez aucun pouvoir de police. Il suffirait qu'on nous tombe dessus pour avoir les pires ennuis.

– C'est-à-dire ?

– Que je préfère que vous fassiez le guet pendant que le sergent et moi opérons. Il y en a pour dix minutes. N'est-ce pas, Bill ?

Pumpkin ne répond pas. Il est d'une humeur de dogue. Jamais, il n'a été confronté à une telle situation. Un flic mobilisé pour piéger un autre flic, c'est une tragédie qui n'aurait jamais dû lui arriver, à lui qui aime son métier, qui aime Dieu, qui aime l'Amérique, qui est fier de la vie saine et propre qu'il ménage à sa famille, loin de la corruption policière dont les médias se repaissent à la télé et dans leurs feuilles de chou. Ce qu'il éprouve, Pumpkin, avec une émotion intense et douloureuse, c'est une sorte d'horreur devant la personnalité de Scaglia qui s'est révélée à lui, depuis quelques jours, comme un puzzle qu'on aurait progressivement reconstitué sous ses yeux. La longue entrevue qu'il vient d'avoir avec le capitaine Spencer a fait voler en éclats ses derniers doutes. Sous l'équipier modèle, familier, bon enfant, en qui il avait mis sa confiance, se dissimule un être froid, pervers. Tout s'enchaîne, tout l'accuse : ses absences répétées, sa présence au commissariat la nuit où la bande vidéo a été volée, le témoignage accablant de la femme de Charlie Ngoc Dahn...

En roulant vers le lieu de rendez-vous que nous lui avions fixé, d'étranges associations de faits, d'images, se bousculaient dans l'esprit de Pumpkin.

Scaglia, son ami, son frère d'armes, s'était moqué de lui à ce point ! Cela ne faisait qu'ajouter à la mauvaise humeur qui l'avait submergé quand il avait voulu garer sa voiture devant l'entrée du Dôme. Le voiturier s'était précipité.

– On ne se met pas ici, mon petit gros ! Il y a un parking. Deux dollars cinquante.

« Mon petit gros » ! Il ne perdait rien pour attendre, le Chicanos à l'allure de rastaquouère. S'il avait été en tenue, jamais ce larbin ne lui aurait parlé comme ça ! Franklin avait dû partir à la recherche d'un emplacement derrière Sunset et était revenu au Dôme, essoufflé, le visage congestionné. Son apparition dans le bar où un essaim de jolies filles, blondes, brunes et rousses, au décolleté avantageux, babillait avec aisance et légèreté, n'était pas passée inaperçue. Sa veste violette sur la chemise rose et la cravate verte n'étaient certes pas du meilleur goût eu égard aux élégances du lieu, mais le capitaine Spencer ne lui avait-il pas recommandé de quitter l'uniforme pour rencontrer Baker et monter à Mulholland ?

Quant à ma présence au Dôme, je ne peux pas dire qu'elle l'ait particulièrement enthousiasmé. Elle lui rappelait sans doute l'interrogatoire qu'il m'avait fait subir lors de ma folle équipée à Brentwood. Mais les préoccupations actuelles de mon sergent-tombeur reléguaient au second plan les tribulations d'un policier-détective-écrivain français en mission plus qu'extraordinaire. Le nez dans son verre de Coca, pris d'une agitation fébrile, il me jetait des coups d'œil à la dérobée tout en ne cessant de faire passer l'un sur l'autre, sur le comptoir, son trousseau de clés de voiture, une cuiller à café et un morceau de sucre que ses doigts boudinés étaient allés pêcher dans une coupelle en argent. Pumpkin semblait avoir acquis la dextérité que manifestait avec les objets de ma fouille le flic qui m'avait arrêté à Brentwood.

Depuis près d'un quart d'heure, Baker lui exposait point par point les étapes de notre enquête, et les soupçons accumulés sur son équipier. Chacune de ses phrases semblait enfoncer un peu plus la lame dans la plaie.

– Si je vous disais que Scaglia possède un Colt 45 qui a dû servir en maintes occasions et une Toyota Camry dont il confie le volant à sa maîtresse...

Instantanément, les propos du professeur O'Neil étaient réapparus dans la mémoire du sergent : « Les trois meurtres sont liés... Peut-être pas commis par la même personne mais *indiscutablement* par la même arme, un Colt 45 Commander... »

– Des 45, il y en a des tas, avait grommelé Pumpkin.

J'avais sorti de ma poche la cartouche prélevée à Mulholland et je l'avais posée devant lui, sur le bar.

– Et des tueurs qui utilisent ce type de munitions, vous en connaissez des tas ?

Bill Franklin avait pâli. Il m'avait semblé que ses doigts tremblaient quand il avait saisi la balle.

– C'est du .451 Detonics Magnum, avais-je poursuivi. A en croire le rapport de police effectué sur l'affaire Jesus Morales, c'est une balle de ce type qui a tué le Mexicain, sur l'Interstate 10. Avouez que c'est troublant, non ?

Quand nous avions quitté le Dôme, j'avais tenu à sceller notre réconciliation en prenant place dans sa voiture. Il n'en avait pas moins affiché un mutisme total tout au long de notre gymkhana automobile. Baker, au volant de sa voiture de sport, avait dû subir notre train d'enfer.

Il fait frais sur la colline, à 10 heures du soir. L'ombre qui la noie donne aux arbres et aux roches des allures inquiétantes. Poussés par le vent d'est, les nuages badigeonnent de gris une lune qu'un halo laiteux couronne. Le froid m'engourdit les oreilles et les doigts. Ce n'est pas le moment de lâcher prise, pourtant. Je maintiens l'équilibre, le pied droit posé sur une vieille souche glissante, le gauche coincé dans une enfourchure de branches, près d'un massif d'héliotropes aux senteurs de vanille.

Restreint à mon rôle de veilleur quelque peu ankylosé, j'essaie de dominer la situation. J'ai déjà acquis une certitude : personne n'est venu briser le cheveu-témoin que j'avais tendu entre la porte et le chambranle, maintenu par deux minuscules boulettes de chewing-gum. Le Colt 45 doit donc, logiquement, toujours se trouver à la même place, sous le chapeau de la penderie. Le talkie-walkie que m'a confié Richard devrait le prévenir de toute arrivée intempestive susceptible de troubler la perquisition en cours. Heureusement, comme sœur Anne, je ne vois rien venir. Seuls, quelques phares balaient les virages de Mulholland, au-dessus de ma tête, et les échos amplifient les emballements de moteurs dans la dure montée de Wooland Hills. Los Angeles scintille, au loin, de tous ses feux et la bise continue à aiguillonner mes oreilles.

Je ne sais quelle faune s'agite autour de mon tremplin improvisé, mais ça bruite, ça craque, ça crépite. Je crois même discerner, à deux pas de moi, la tête triangulaire d'un coyote. Mon imagination me joue de ces tours !

Soudain, un coup de feu trouble la nuit, qui me fait sursauter. Une détonation sèche, puissante, de l'autre côté de la maison, façade canyon, donc invisible de mon perchoir. Lorsque les sens sont ainsi mis en éveil, le moindre écho devient menaçant. A plus forte raison une explosion qui me semble d'autant plus violente que l'emplacement est quasi désert. Surpris dans leur sommeil, des oiseaux s'enfuient, effarouchés. Un hibou au vol pesant frôle mes cheveux.

Je ne sais quoi penser, je ne sais que faire. Je tends l'oreille dans l'attente d'un second coup de feu mais rien d'autre ne vient exacerber des nerfs déjà émoussés. Le cœur battant, j'abandonne mon piédestal de fortune et je m'approche de la maisonnette, à l'instant même où Pumpkin et Baker la quittent avec une précipitation qui me paraît anormale.

– Vous avez entendu ? dis-je. Il y a sûrement un braconnier qui se balade pas loin... Pourvu qu'il n'ait pas vu de lumière...

Un large sourire éclaire la face de Richard qui accélère le pas en direction de la voiture.

– Le braconnier, c'est Pumpkin, dit-il. Il a tiré un coup, un seul et cela suffisait, pour avoir une preuve. Il va aller porter la douille au labo...

– Vous n'avez pas confisqué l'arme ?

– S'il s'apercevait de sa disparition, Scaglia pourrait prendre des précautions. On l'a laissée sous le chapeau où nous la saisirons lors de l'enquête officielle. Ce sera la preuve de sa culpabilité..

Je me retourne, scrute l'obscurité.

– Je repars avec Franklin ? dis-je.

Baker émet un rire étouffé, me fait signe de le suivre.

– Non. On rentre tous les deux. Pumpkin file au labo du LAPD. Il m'a dit avoir en main trois ou quatre douilles du même type, retrouvées sur l'affaire Morales ainsi que sur des affaires précédentes. Si celle-ci a des caractéristiques identiques, notre sympathique Scaglia est bon comme la romaine. C'est comme ça que l'on dit chez vous ?

– C'est comme ça. Mais une objection, Votre Honneur. Si l'arme disparaissait ?

– Une réponse, mon cher Watson. Le capitaine Spencer a eu l'idée d'expédier Scaglia sur une planque de nuit bidon à Rosemead, au sud de San Gabriel. Je ne sais pas si vous connaissez, mais ce n'est pas la porte à côté. Quand on le relèvera, à 8 heures du matin, il y aura longtemps que le professeur O'Neil aura rendu son rapport.

– Parce que Pumpkin va le faire travailler cette nuit ?

– Ici, mon cher ami, nous ne sommes pas en France. Quand on est sur une affaire, les nuits, les dimanches et les jours fériés, ça ne compte pas. Et entre nous, O'Neil est un vieux mordu de la balistique, aussi fouinard et aussi pointilleux que l'est Franklin en matière de répression. Ce n'est pas peu dire.

TROISIÈME ACTE

44

12 novembre, 23 h 45, route de Tombstone à Bisbee.

La route escalade les contreforts des Galiuro Mountains. Après les champs de coton et les forêts de pins aux longues aiguilles jaunes, nous suivons les gorges déchiquetées de la San Pedro River. Le sergent conduit sec, l'œil farouche, comme s'il allait massacrer un commando de guerriers Peaux-Rouges. Près de lui, James Scott, le sheriff responsable du County de Tombstone, rumine son plan d'attaque, pesant le pour et le contre. Les cahots font à peine bouger sa masse de chair, calée sur le siège rudimentaire de la Jeep, alors que je rebondis à plaisir sur les aspérités du chemin.

Coiffé d'un stetson démesuré, la jugulaire coincée sous le menton, le chef de la police paraît d'autant plus impressionnant qu'il serre une mitraillette entre ses genoux et qu'il a endossé un gilet pare-balles où brille l'imposante étoile à cinq branches qui symbolise sa fonction. Une mascarade qui me semble d'autant plus inutile qu'il ne s'agit, pour cette nuit, que d'une simple reconnaissance des lieux. Mais Tombstone n'est-elle pas restée la ville de l'Ouest sauvage où les reconstitutions des attaques de diligences, pétarades nourries à l'appui, attirent chaque année des milliers de touristes, nostalgiques d'un Far-West révolu?

A peine avais-je contacté James Scott, en fin de soirée, qu'il prenait la responsabilité et la direction des opérations.

– On jette d'abord un coup d'œil. Après, on avisera.

– Attendons que Baker soit là, avais-je objecté. Si on nous repère, c'est cuit.

Scott avait tranché :

– Pourquoi voulez-vous qu'on nous repère ? Ce n'est pas parce que je suis en tenue de combat que j'oublie les précautions de base !

Je n'ai pas l'habitude des véhicules tous terrains qui semblent avoir pour fonction de broyer les vertèbres. Déjà, mes jambes sont ankylosées. J'ai l'impression que je ne pourrai plus jamais les dégager de l'enchevêtrement des crics, des jerricans et des cordages qui jonchent le tapis de sol. C'est l'enfer, l'arrière d'une Jeep.

Le pilote fonce vers un promontoire qui dresse, au-dessus des prairies, sa masse de grès rouge et blanc, de calcaire brun et gris.

Il est maintenant près de minuit. Les amortisseurs ont eu beau absorber une bonne part des creux et des bosses de la route pierreuse, mes reins souffrent. Nous n'avons pas rencontré un seul être vivant depuis notre départ. Heureusement, d'ailleurs, car le sergent fonce droit devant lui. Le vent soulève la visière de sa casquette de toile, l'antenne-radio siffle au-dessus de la capote, courbée comme la gaule d'un pêcheur de gros.

– Nous avons pris la route directe, dit Scott. Il y en a une autre, moins visible mais plus dangereuse.

Au bout d'une interminable succession de virages et de montagnes russes, c'est enfin la dégringolade vers le ranch. Les bâtiments, lovés dans un creux de terrain, offrent aux reflets lunaires leur agglomérat compact entouré d'une clôture grillagée. Au centre d'une cour pavée, un lampadaire diffuse une lumière blafarde.

Le sheriff manipule le micro de la radio de bord. Ça tousse, ça crache, ça finit par nasiller :

– Central, écoute...

– Ici Scott. Est-ce que Phoenix a répondu ? Parce que ça commence à être long !

– Il n'y a pas trente secondes, chef. Les bureaux ferment à 5 heures. Il a fallu qu'on aille chercher l'archiviste au Paradise Valley Country Club... Phoenix jouait contre Flagstaff. Alors, vous pensez...

– M'en fous, grogne le sheriff. Qu'est-ce que ça a donné ?

– C'est bien une Corporation, chef... Principal actionnaire et P-DG avec neuf cent cinquante parts sur mille, Sydney Watson, décorateur, domicilié à Malibu, Californie, 7230 Merritt Drive. Ce qu'on savait déjà !

– C'est tout ?

– C'est tout, chef. A part que l'acquisition a été faite au titre de résidence secondaire. Le service des Taxes, pour savoir s'il y a du personnel, était fermé. Je rappellerai demain.

Coupé ! N'en déplaise au Supervisor Ron Willis, les méthodes policières françaises, dont il se moque, portent leurs fruits. Elles prouvent qu'une piste ne doit jamais être abandonnée tant qu'elle n'a pas été suivie jusqu'au bout. Le droit est peut-être bousculé au passage, mais les tueurs, les voleurs, les violeurs, les escrocs et les marginaux de tous âges et de tous poils, ont-ils l'habitude de se poser des questions, eux ?

Le sheriff se tourne vers moi, le coude gauche sur l'armature du siège.

– Reste à savoir qui on va trouver là-dedans. Parce

que ça m'étonnerait qu'il y ait beaucoup de gangsters dans la maison d'un décorateur !

– Qui sait ? dis-je. Beaucoup de propriétaires ne connaissent pas le passé des gens qu'ils emploient !

Je dissimule ma satisfaction. Les éléments que j'ai recueillis à San Juan Capistrano et à Mulholland semblent, pour l'instant, constituer un bon puzzle. Le 602 ... 2358 n'avait pas été long à me livrer son secret. Une démarche au service d'immatriculation de Pacific Phone, sur le Wilshire Boulevard, à deux pas du Central Hospital, avait suffi.

Jadis, lorsque j'avais une recherche à effectuer sur un numéro étranger inconnu, je propulsais ma carcasse sous les combles du ministère des Postes, Télégraphe et Téléphone, rue de Grenelle à Paris. C'est ainsi qu'on le dénommait avant sa modernisation en ministère des Postes et Télécommunications et la transformation des facteurs en préposés. Là-haut, dans la semi-obscurité poussiéreuse, des montagnes d'annuaires m'offraient leur fatras croulant de feuilles jaunies, écornées, déchirées. L'effort de fourmi auquel je devais me livrer me faisait souvent perdre conscience du temps. Les chiffres tournoyaient par milliers devant mes yeux fatigués. Parfois, heureusement, ma ténacité était payante. Mon patron pouvait claironner : « Maintenant, on va enfin se hâter vers le dénouement. »

Hier, à LA, un jeune et distingué responsable du répertoire numérique de Pacific Phone s'est substitué à l'huissier parisien, manchot et rébarbatif, rescapé de la France combattante, qui officiait au ministère. Il lui a suffi d'ouvrir une armoire métallique à l'indicatif 602 de l'Arizona, et d'y saisir une disquette qu'il a glissée entre les joues d'un computer. Son index a alors frappé le chiffre 2358 sur le clavier. Des lettres et des chiffres de couleur verte ont commencé à scintiller sur le noir de l'écran. Des codes ont défilé, puis des noms, des adresses et des professions. Trente-deux abonnés, au total, sont apparus, titulaires du même terminal 2358. Dans le lot, un seul d'entre eux, le 602.357.2358 a attiré mon attention. J'ai aussitôt fait le rapprochement des initiales RBF, ranch de la Bonne Famille, à Bisbee, avec celles relevées sur le papier de Scaglia et qui correspondaient aussi à celles que j'avais découvertes dans le calepin ramassé à San Juan Capistrano.

– Il faut crever l'abcès, Rodger. Bisbee est dans le comté de Tombstone. Je connais son sheriff. Il est un peu poivrot sur les bords mais efficace et discret. Si vous voulez, je vous rejoins avec les tuyaux que je pourrai obtenir au FBI, à l'Internal Revenue Service et au Treasury Department. Un coucou pour Tucson part d'ici vers 10 h 30, heure locale, ce qui ferait 17 heures chez le sheriff. Qu'en pensez-vous ?

J'aurais eu mauvaise grâce à refuser son aide. D'autant qu'il avait ajouté :

– Si ça se précipite, vous agissez comme vous l'entendez. Surtout ne laissez filer personne.

Dans le quadrimoteur de la Pocono Airlines, Élisabeth, angoissée, n'avait pratiquement pas desserré les dents. Sauf au départ de Los Angeles, alors que nous bouclions nos ceintures de sécurité.

– Vous y croyez, vous, à cette piste ? avait-elle demandé avant de se replonger dans le silence, nouant et dénouant ses doigts délicats.

Je n'avais rien répondu. Je ne savais pas quoi répondre. Sans doute la piste était-elle bonne. Sans doute découvririons-nous quelque chose au ranch de la Bonne Famille. Mais y trouverons-nous Patricia ?

A Douglas, un seul coupé de location était disponible. Rouge vif. Pour la discrétion, j'étais servi. Sous un soleil de plomb, j'avais suivi la 80 en direction de Bisbee puis de Tombstone. La beauté poignante et désolée du désert précédait des plateaux où paissaient des troupeaux de moutons sous l'œil morne de jeunes Indiennes Navajos.

Il faisait nuit quand notre voiture avait atteint Tombstone, une ville somnolente qui garde du passé ses bars tapissés de glaces, son opéra aux fauteuils de peluche or et rouge, sa station de diligences et son Bott Hill Cemetery, lieu de repos éternel de plus d'un cow-boy. Deux chambres étaient libres au Sheraton House. Tandis qu'Élisabeth, épuisée et abattue, gagnait la sienne, je me précipitai au Central police pour faire la connaissance de ce sheriff « un peu poivrot, mais efficace et discret ».

Baker avait eu les mots justes. Le représentant de la police du County de Tombstone, un sexagénaire assez habile pour se faire élire tous les quatre ans dans des fonctions qui lui assurent une confortable aisance, me sembla d'entrée fort porté sur le bourbon. Son premier geste, en m'accueillant, fut de déterminer lui-même, avec soin, la dose de poison et les deux doigts d'eau de source qui allaient nous servir de rafraîchissements.

C'est qu'il faisait chaud, très chaud, à 8 heures du soir, dans son bureau de rondins où un râtelier de carabines Winchester faisait office de décoration murale. A l'arrière du baraquement qui tenait de la cabane de trappeur et du ranch rudimentaire, un bungalow, fait lui aussi de troncs d'arbres superposés, portait le mot « Jail » en lettres blanches. C'était la prison, dont d'épais barreaux de fonte protégeaient la porte et les fenêtres, éclairés en permanence par le feu puissant d'un projecteur.

Les présentations faites, après avoir sacrifié au rite du bourbon, j'en étais venu aux faits :

– Mon ami Baker m'a conseillé de m'adresser à vous pour une affaire confidentielle. Il vous en parlera demain.

Les petits yeux de Scott, vifs et mouvants sous les épais sourcils gris, trahissaient une curiosité qui ne m'avait pas échappé.

– Un dangereux Mexicain dont je dois m'assurer la présence se cache dans votre secteur, avais-je continué. Le Supervisor Willis, du FBI de Los Angeles, s'intéresse beaucoup à lui.

S'il était étonné, le vieux Scott cachait bien son jeu. Un sourire avait éclairé sa face ridée, il avait cligné de l'œil, l'air de dire « on en a vu d'autres ! »

– C'est si important que ça ? avait-il demandé en se renversant sur sa chaise.

– Très. La sœur du Mexicain est sans doute avec lui. Une femme tout aussi dangereuse...

Le visage avait perdu sa bonhomie.

– Ils ont enlevé une enfant, peut-être plusieurs, avais-je poursuivi. En les surveillant, nous aurons une chance de mettre la main sur un gang de kidnappeurs.

Les yeux du sheriff s'étaient arrondis de stupeur.

– Qu'est-ce que c'est que cette histoire ? Des rapts d'enfants chez moi ?

– Malheureusement, oui. Nous n'avons recueilli qu'un seul témoignage pour confirmer le fait. Mais comme il émane de la maîtresse d'un complice mort dans des conditions mystérieuses, il paraît sérieux. Nous ne pouvons compter que sur un flagrant délit... Ou sur les aveux du Mexicain et de sa sœur, dont j'ai retrouvé la trace au ranch de la Bonne Famille.

Scott avait pris son temps avant de répondre. Ramassant sur la table une courte pipe, il l'avait bourrée avec soin. Des gangsters qui se cacheraient dans sa circonscription ! C'était incroyable !

– Vous êtes certain de ce que vous avancez ? avait-il enfin demandé. Je connais ce ranch de la Bonne Famille. C'est une résidence privée, propriété de gens importants, de Los Angeles, avec lesquels nous n'avons jamais eu de problème. Ça me semble tellement énorme, ce que vous m'annoncez...

– L'information n'est pas à dédaigner et Richard Baker vous confirmera nos soupçons... Il faudrait que vous me la montriez de loin, cette fameuse résidence !

– A cette heure-ci ?

– Il faut absolument y aller de nuit si nous ne voulons pas attirer l'attention. Sinon, vous me faites un plan, je me débrouillerai...

Le sheriff avait allumé sa pipe et secoué la tête avec la lenteur d'un homme prudent :

– Vous ne trouveriez pas, avait-il grommelé. C'est difficile d'arriver là-bas même quand on connaît le coin. Il vaudrait mieux se renseigner en douce. Parce que si votre histoire est vraie, les kidnappeurs doivent être sur leurs gardes et ils pourraient nous voir venir de loin. C'est si vaste qu'on ne peut pas tout encercler... Ce ne sont que des prairies, des forêts, des mesas, la nature sauvage, quoi ! Avec des grottes et la San Pedro River qui offrent mille et une cachettes ! De plus, la clôture est électrifiée.

Scott m'avait regardé fixement, laissant la pièce s'emplir peu à peu de l'arôme de son tabac virginien.

– Vous allez penser que je radote, avait-il poursuivi, mais votre histoire me semble tellement énorme ! Les bâtiments ont été retapés et une piscine a été construite pour transformer le vieux ranch en une luxueuse résidence secondaire. Une gouvernante, belle femme d'ailleurs, veille au maintien des lieux et à la surveillance du personnel. Ah oui, il y avait un gardien, un type assez bizarre, porté sur le sexe, mais il a été viré... C'est du moins ce que dit Olga, la gouvernante. J'ai aperçu son remplaçant, un petit gros...

Ces derniers mots me font sursauter.

– Le type que je recherche est un Mexicain, petit,

chauve, adipeux... C'est sans doute lui. S'il est là, sa sœur doit y être aussi, et alors je peux vous garantir que votre ranch abrite des activités illégales.

– Bon ! avait conclu le sheriff en frappant dans ses mains le culot de sa pipe. On boit un petit dernier, je mets mon armure et on y va...

Voyant mon air étonné, il avait souri et précisé :

– Je ne pars jamais en expédition sans ma cotte de mailles. On sait toujours comment une histoire commence, on ne sait jamais comment elle peut finir. Un pauvre type peut devenir un forcené...

– Puisque nous n'avons pas l'intention de nous montrer, sheriff !

– D'accord ! Mais votre soi-disant kidnappeur a peut-être l'intention de nous voir, lui. Et de nous assaisonner.

Les volets sont clos, les bâtiments semblent vides.

– Je passe derrière, dis-je à voix basse. Attendez-moi ici...

La Jeep s'est arrêtée à deux cents mètres du ranch que Scott m'a désigné, une construction imposante entourée d'un mur blanc surmonté d'un grillage. A travers la grille à ouverture électrique, une allée gravillonnée, entre deux rangées de cactus nains, conduit au portique du pavillon. Les portes et les baies sont dissimulées par des volets bleu lavande. Des colonnes doriques, qui ne dépareraient pas la demeure de Christopher Briggs à Malibu, supportent de vastes balustres de fer forgé. Aucune lumière, si ce n'est le lampadaire de la cour.

– Vous voyez bien qu'il n'y a rien de suspect !

Le sheriff m'a rejoint. Il a ôté ses chaussures à semelles de caoutchouc, les a suspendues à son cou. Malgré la gravité de la situation, je réprime un éclat de rire.

– Difficile à savoir, dis-je. Il est plus de minuit.

Tout le monde doit dormir. Mais il faudrait en être sûr.

Il me fait signe d'approcher mon oreille de sa bouche, chuchote :

– Si vous voulez mon avis, il vaut mieux attendre demain. On se planquera sur le mamelon, au-dessus de la San Pedro. A la jumelle, on sera obligé de voir si quelqu'un ouvre les volets et la grille. Parce que je crois bien qu'il y a danger de mort, si on la touche.

– Bonne idée, dis-je, content de ne pas traîner trop longtemps dans les parages. A droite, là, qu'est-ce que c'est ?

– Les anciennes écuries. Elles ont été transformées en salles de jeu : ping-pong, billard, cinéma. J'ai su tout ça par les entrepreneurs, car je n'ai pas eu l'honneur d'être invité à l'inauguration.

Nous reprenons notre marche silencieuse vers l'arrière du ranch. Le site est hallucinant sous les rayons de lune. Vraiment le bout du monde. Le hennissement d'un cheval résonne au loin, dans le calme oppressant. Une dernière fois, mon regard fait le tour des bâtiments, de la clôture et des terrains alentour. Comment, en effet, empêcher quelqu'un de s'enfuir, de se perdre dans cette forêt si proche ?

Je frissonne. La fraîcheur est tombée brusquement sur le morne paysage. Noyé d'ombre, le canyon fait peur. Je reviens sur mes pas. Et tout à coup, c'est une bouffée de joie. Mes jambes deviennent molles. Devant moi, entre deux piliers surmontés de larges feuilles de palmiers, je découvre deux voitures : une Toyota Camry blanche dont je ne peux distinguer le numéro, et un 4 × 4 carrossé conduite intérieure, le modèle décrit par le garagiste de Long Beach comme appartenant à Pablo Mendoza. Je n'en crois pas mes yeux. Si je m'approchais du muret, je pourrais relever leurs numéros d'immatriculation, mais ne serait-ce pas risquer de donner l'éveil, si une sonnerie se déclenchait ?

Je me range aux arguments du sheriff : je vais regagner Tombstone, je vais passer une nuit calme et je reviendrai planquer demain, dans de meilleures conditions.

Passer une nuit calme ! Avec ce que je viens d'entr'apercevoir, ça m'étonnerait beaucoup !

45

13 novembre, 1 heure, Los Angeles.

Le sergent Bill Franklin transpire, bénissant l'obscurité qui règne sur Rosemead Park et empêche l'agent Scaglia de remarquer l'émotion qui le tenaille. C'est en vain qu'il tente de retrouver dans le masque de son équipier les vestiges d'une amitié qui fut autrefois solide mais que le mensonge et le crime ont anéantie. Une crainte mal définie le submerge, échappant à toute logique. Quelque chose de tragique, d'irréparable va se produire dans les minutes qui suivent, une sorte de cataclysme qui va les emporter, tous les deux, vers des destins différents.

– Donc, la planque n'a rien donné, dit-il d'un ton qu'il s'efforce de rendre le plus calme possible. Tu l'as levée à quelle heure ?

Scaglia étend ses longues jambes sous le tableau de bord, s'étire :

– 7 heures. J'en avais ma claque. Spencer a dû avoir un tuyau crevé. Tu verras, l'endroit est mortel. Pas un bar, pas une boutique. Le noir complet, total.

Pumpkin vire et prend la direction de Delta Avenue.

– Si c'était éclairé comme en plein jour, les truands n'auraient pas l'idée de casser les portes, allons ! On va bien voir si ce soir tout est normal. Il y a une sirène d'alarme ?

– En réparation depuis deux jours. Paraît qu'ils attendent une pièce de Pittsburg. Tu ne m'enlèveras pas de l'idée que le coup de la cambriole, c'est une histoire que le taulier a inventée pour être protégé pendant la réparation. D'ailleurs, on peut entrer là-dedans comme dans un moulin.

Les yeux de Bill Franklin se brident légèrement et, la tête inclinée de côté, il considère un instant Scaglia avant de demander :

– Vraiment ? Tu y es entré, toi ?

– Par le vasistas arrière, oui. En faisant le tour de la boîte, j'ai remarqué que le vasistas à lamelles de verre cathédrale n'était pas hermétique. C'est le genre de truc facile à crocheter avec un bout de fil de fer.

Pumpkin jette un nouveau coup d'œil sur Scaglia, qui a fait basculer sa casquette sur les yeux et croisé les mains sur la boucle de son ceinturon. Il engage la Chevrolet sur le chemin de terre qui entoure le bâtiment aux murs couverts de graffiti et d'affiches en lambeaux, roule en première sur une centaine de mètres. Voici le vasistas dont Victor lui parlait, à trois mètres cinquante environ du sol. En grimpant sur le toit d'une voiture...

Pumpkin s'arrête, il éteint les phares. La nuit se referme sur eux.

– Ne t'endors pas, Vic, on est arrivés.

Scaglia éternue, s'étire à nouveau, râle :

– Cet abruti de Spencer m'a fait attraper la crève la nuit dernière avec sa planque à la noix. En plus, il nous oblige à remettre ça jusqu'à demain matin...

– Des rondes, seulement, objecte Bill.

– Oui, eh bien, ronde ou pas, si à quatre heures il ne s'est rien passé, tu me déposes à une station de taxis et je rentre chez moi !

– Comment tu feras, avec la marchandise ? dit Pumpkin sur un ton des plus naturels.

Scaglia se redresse, relève sa casquette, dévisage Pumpkin l'air étonné :

– Quelle marchandise ?

– Écoute, Vic. Tu m'as bien parlé d'un vasistas facile à crocheter, non ?

– Oui, et alors ?

– Alors, on ne va pas se faire des cachotteries tous les deux. Ma femme a besoin de fringues, mes gosses aussi, ce n'est pas avec ma paie que je peux me les offrir, donc je me sers. Je mets la bagnole sous le vasistas, tu grimpes dessus et tu me passes ce que tu peux. Si ça ne colle pas, je les revendrai. Je serais moins gros, j'y passerais, moi, par le vasistas.

Pumpkin gonfle ses joues porcines pour donner plus d'importance à ses paroles. Pour capter la rouerie de Scaglia, il faut entrer dans son jeu. Malgré l'angoisse qui l'étreint, il manœuvre avec une aisance qui l'étonne.

Scaglia se gratte la nuque un instant et paraît réfléchir.

– Puisque tu me parles comme ça, Pumpkin, je vais aussi être franc avec toi. Avant-hier soir, ce salaud de capitaine m'a demandé ce que je savais sur toi, sur les cadeaux que tu recevais. Je n'ai rien dit, forcément. Même si j'avais su quelque chose, je ne l'aurais pas ouverte. Comment on fait, alors ? Parce qu'il faudrait pas que Spencer nous dégringole dessus...

Le gros Bill désigne le poste de radio et Scaglia comprend tout de suite.

– Il m'a dit de lui transmettre ma position dès que je serai sur place. Dès que je l'aurai appelé, on sera tranquilles.

– Pourquoi ?

– La voix en retour, pardi. Ce n'est pas difficile de

distinguer si la voix provient du Central radio ou d'une voiture légère...

Scaglia ne dit rien, le regard perdu sur le chemin caillouteux qui contourne le bâtiment. De fines gouttes de brouillard s'accrochent sur les balais des essuie-glace. On ne devine plus que vaguement la borne de pierre, à l'angle d'une allée où s'entassent des sacs d'immondices. Il se décide enfin à complimenter Pumpkin dont l'impeccable argumentation le désarçonne :

– Tu sais, je me demande parfois où tu vas chercher tout ça.

– Question de bon sens, dit Bill, avec modestie.

– Quand même ! Bon, voilà ce qu'on va faire. Comme je suis le moins épais, je passe, et je tâche d'ouvrir la porte d'entrée de l'intérieur. Ce ne doit pas être compliqué et ça vaudra mieux que de te filer les frusques par un vasistas. A moins que tu profites de l'ouverture pour venir faire ton choix. Si une autre patrouille passait, on dit qu'on a trouvé la porte ouverte et qu'on cherche les petits chenapans qui nous ont échappé par-derrière... Qu'est-ce que t'en dis ?

– Que je te renvoie le compliment. Moi aussi, je me demande où tu vas chercher tout ça. File-moi ton ceinturon et ton flingue. Harnaché comme tu es, tu ne pourras jamais passer.

Et Pumpkin ajoute avec une spontanéité qui l'éberlue encore plus :

– Dès que tu es dedans, je mets la bagnole devant l'entrée et je fais marcher le gyrophare. En cas de besoin, ça donnera plus de véracité à nos explications. Des types qui cambriolent font tout pour ne pas attirer l'attention sur eux. De plus, ça empêchera les curieux éventuels de venir mettre leur nez dans nos affaires.

Bill Franklin sent monter en lui un énervement

proche de la peur. Il faut que l'affaire réussisse. Dans des cas comme ça, il redevient un peu l'adolescent inquiet qu'il était et qui fuyait sous les quolibets et les horions de ses camarades. Malgré sa profession et l'entraînement rigoureux qu'il a subi, il n'a jamais pu s'endurcir complètement contre une certaine fébrilité. Il lui arrive souvent d'être en proie aux pressentiments, au doute. Dernier défaut de jeunesse...

La mission qu'il s'est fixée à lui-même, ce soir, est décisive.

– Il y va de l'honneur de la police tout entière, a dit Spencer.

Scaglia a franchi l'obstacle avec une facilité déconcertante. Avant de disparaître dans l'obscurité de l'édifice, il a agité la main pour montrer que tout se déroulait comme il l'entendait. Bill remet le moteur en route, allume les codes, enclenche le drive. C'est lui, désormais, qui va prendre la direction des opérations. Il tourne à gauche après la borne de pierre, parcourt environ quatre-vingts mètres, se retrouve devant la porte d'entrée. Il coupe le contact, actionne le gyrophare. Il n'y a plus qu'à attendre. Pas longtemps. Un panneau s'entrouvre. Scaglia apparaît dans l'interstice, lui fait signe de venir.

Silencieux, précis, Pumpkin saute de la voiture, la main sur la crosse du Colt 45 Combat Commander qu'il est allé, aujourd'hui même, retirer de sa cache de Mulholland. Il a du mal à rattraper Scaglia qui s'est évanoui dans les profondeurs de la réserve. Le bâtiment sent la moisissure. Un robinet mal fermé perd son eau, goutte à goutte, sur un évier où s'empilent des verres et des tasses ébréchés.

– Tu es là, Victor ?

– Dans le fond... Il y a plein de manteaux de fourrure sur les cintres...

Pumpkin heurte un présentoir qu'il n'a pas eu le temps d'éviter et se prend à s'injurier. Il s'en veut pour ce manque de sang-froid, passe la manche de son bras gauche sur son front moite de sueur. L'étrangeté des lieux, à l'aspect à la fois habité et abandonné, l'impressionne. Mais l'action est engagée. Il doit la mener à son terme.

Un léger bruit de pas. Scaglia est là, devant lui, sous le rayon lumineux qui tombe du vasistas défloré, les bras chargés de vêtements.

– Laisse tomber ça, Victor, dit Pumpkin d'une voix glaciale. Et regarde-moi bien en face. Je vais te tuer.

Scaglia, effaré, sursaute à la vue de l'arme pointée sur lui.

– Qu'est-ce qui te prend ? s'écrie-t-il. Tu es dingue ou quoi ?

– Je vais te tuer, Victor, reprend Bill en détachant les syllabes. Te tuer avec ton arme, ton Colt 45, l'arme qui a tué la petite Findler, Gonzalez, Morales, d'autres encore... Ne bouge pas. Ne parle pas... D'ailleurs, tu ne peux rien dire pour ta défense. Tu m'as trahi, tu as bafoué notre corps, tu as...

– Tu es fou, Pumpkin, qu'est-ce qui t'arrive ?

– Ne dis rien, ou je tire avant que tu aies tout entendu. Les preuves sont là, Victor, toutes les preuves, irréfutables... Tu es un monstre, un assassin. Qu'est-ce qui t'a pris de t'attaquer à des enfants, de tuer pour le plaisir de tuer ?

Pumpkin s'arrête. Une boule s'est nouée dans sa gorge. Sa main transpire sur la crosse du Colt 45. Il est tendu. Son regard ne quitte pas la silhouette de Scaglia, figée à un mètre de lui. Un amas de vêtements gît à terre.

– Je ne comprends pas, tente Scaglia. Je ne comprends rien à tout ce que tu me racontes...

– Ce n'est pas grave, Vic, puisque moi j'ai tout

compris. Je vais te poser une seule question, Vic. Et tu vas y répondre. Où est Patricia Tucson ?

Les yeux brillants, le visage en sueur, Scaglia ébauche un sourire. Il savait que tout finirait comme ça, un jour ou l'autre.

– Va te faire foutre, Pumpkin.

Le sergent Bill Franklin se sent tout d'un coup merveilleusement maître de lui. Il ne fait pas un geste, ni de la tête, ni du corps. Seul son index presse doucement, très doucement la détente.

Une détonation retentit. Une seule. Il n'y aura pas de coup de grâce.

Le sergent-détective Bill Franklin
à Monsieur le Capitaine Spencer,
commissariat central, Los Angeles, Californie.

J'ai l'honneur de vous rendre compte que ce jour, à 1 h 15 du matin, m'étant transporté 1024 Garvey Avenue à Rosemead, selon vos instructions, en compagnie de l'agent Victor Scaglia, matricule 2437, en vue de surveiller le magasin de vêtements Clothes House, *nous avons été alertés par un bruit suspect provenant de l'intérieur de l'établissement dont la porte d'entrée était entrouverte. Pendant que je suivais l'allée latérale gauche, afin de surprendre les éventuels voleurs en tenaille, l'agent Scaglia opérait dans l'allée latérale droite. Un coup de feu a retenti et j'ai entendu des pas se précipiter vers le vasistas ouvert, au fond du bâtiment. Je me suis rendu vers l'allée droite et j'ai heurté le corps de l'agent Scaglia qui avait été tué sur le coup par une balle de gros calibre. J'ai récupéré une douille sur le sol, après que les services de secours eurent été prévenus par radio, et je l'ai déposée dans les services du professeur O'Neil qui procédera aux comparaisons balistiques.*

Il semble que les malfaiteurs se soient introduits dans les lieux par le vasistas situé sur le mur arrière, contre lequel ils avaient amené leur véhicule pour tenter l'escalade. Des vêtements, sur le point d'être emportés, étaient amassés près de l'agent Scaglia, ce qui prouve qu'il s'est trouvé nez à nez avec son meurtrier. L'arme utilisée contre lui n'a pas été découverte. Après mes premières constatations, j'ai alerté toutes les brigades mais les recherches en vue d'identifier les coupables sont demeurées jusqu'à présent sans résultat.

J'ajoute que l'agent Victor Scaglia avec lequel j'ai été amené à collaborer à plusieurs reprises a toujours été, dans son service, un excellent élément.

Assis derrière son bureau encombré de paperasses, le capitaine Spencer lit fébrilement le rapport du sergent Pumpkin, le repose sur un sous-main de cuir crème, relève la tête.

– Quelle histoire, sergent ! dit-il d'un ton léger, presque gouailleur. Vous vous rendez compte, ce pauvre Scaglia... Une chance, il n'a pas d'enfants et sa femme vivait séparée de lui. Pas de famille, non plus. Vous croyez qu'on retrouvera l'arme du crime ?

Le sergent Bill Franklin ne peut maîtriser un tressaillement que Spencer remarque, mais il se ressaisit aussitôt. Il s'efforce à sourire et réplique, en policier averti :

– Pour faire un coup pareil, il fallait connaître les lieux. A mon avis, le tueur a dû flanquer son arme dans le Pacifique ou dans un de ces nombreux et immenses réservoirs qui ravitaillent LA en eau potable. Ce serait bien un miracle si un quidam parvenait à lui mettre la main dessus...

Spencer hoche la tête, se lève et contourne son bureau pour raccompagner son adjoint jusqu'à la porte.

– ... Et puis, entre nous, personne n'a vraiment envie de retrouver cette arme, vous n'êtes pas de mon avis ?

46

13 novembre, 17 heures, Tombstone.

Nous entamons la deuxième heure d'interrogatoire. Pablo Mendoza n'a pas encore craqué, mais il faiblit. Jusqu'alors, il s'est enfermé dans un mutisme exaspérant. Même le gilet pare-balles du sheriff Scott qui, toutes affaires cessantes, assiste aux opérations, n'a aucun effet sur lui. Il est assis au centre de la pièce, ridicule dans le costume de cow-boy qu'il avait endossé pour se rendre en ville : chemise à carreaux verts et jaunes, pantalon de cuir et bottes à éperons dorés ! Si on l'a soulagé de ses menottes, on l'a aussi délesté de son porte-cartes qui ne contenait qu'un permis de conduire plastifié à son nom et trois billets de dix dollars. Un détective l'a débarrassé sans ménagement du ceinturon à boucle dorée qui soutenait sa bedaine bien remplie. De temps à autre, il remonte son pantalon de cuir à lanières qui a tendance à se mettre en tire-bouchon.

Dès que Mendoza a compris ce que nous lui voulions, il s'est forgé un système de défense dont il ne démord pas. Ses yeux las ne regardent plus l'aréopage de policiers qui l'entourent. Nous sommes cinq, les uns debout, les autres à califourchon sur une chaise. Un malabar au front bas et aux mains de catcheur a fermé les persiennes et allumé le plafonnier. Ça sent la sueur, ça sent le tabac. Ça sent la curée !

L'embrasement matinal des Chiricahua Mountains est un de ces spectacles qu'un touriste, fût-il policier, ne peut oublier. Les heures de planque s'étaient égrénées sous un soleil qui donnait aux rochers sculptés par l'érosion des formes et des couleurs fantastiques. Alors que, sur le coup de 4 heures de l'après-midi, la déception commençait à se lire sur nos visages, les jumelles du sheriff s'étaient pointées, une fois de plus, sur la cour du ranch.

– Le voilà, avait-il murmuré. Une femme maigre déplace la Toyota pour lui permettre de sortir son 4 × 4.

Mon cœur cognait à grands coups quand Pablo avait pris la route de Bisbee. Nous avions suivi de loin ses larges feux rouges quand il freinait dans les virages et le miroitement de sa carrosserie, au bout de la route goudronnée menant à Douglas.

Pour un enlèvement, ç'avait été un bel enlèvement ! Le nabot ne s'attendait pas à celle-là. A peine le liquoriste avait-il chargé la commande de Mendoza – des cageots entiers de Cabernet Sauvignon – dans son 4 × 4, que deux diables, sortis d'on ne sait où, retournaient Pablo comme une crêpe, le plaquaient contre le capot du véhicule et le menottaient solidement, les mains derrière le dos. Pour la première fois, le Mexicain sentait la morsure de l'acier. Puis, ils l'avaient jeté comme un sac de linge sale sur la banquette arrière de leur Ford banalisée tandis qu'un troisième malabar qui les attendait, moteur tournant, démarrait sur les chapeaux de roues.

C'est qu'il fallait la tenir secrète, l'interpellation de Mendoza. Le succès de l'opération dépendait de la discrétion de tous. Surtout, de l'interrogatoire que nous avions décidé d'entreprendre sitôt l'arrivée de Baker.

– Surtout ne laissez filer personne, avait recommandé l'ancien responsable du FBI.

L'appréhension de l'échec, toujours possible, m'avait tenu en éveil une partie de la nuit. J'avais bien pris quelques heures de repos, allongé habillé sur le lit dont les ressorts évoquaient les chariots du Pony Express, mais comment dormir quand la chasse aux kidnappeurs promettait, peut-être, de tourner enfin à mon avantage ? A 6 heures du matin, j'avais abandonné cette couche que n'aurait pas reniée Buffalo Bill et, dix minutes plus tard, j'avais retrouvé un James Scott déjà affairé à la préparation d'un double bourbon.

En fin d'après-midi, alors qu'un orage violent était sur le point d'éclater, Mendoza faisait donc son entrée au poste de police de Tombstone.

– On va y avoir droit, avait commenté le sheriff. Et quand ça craque, bon Dieu, ce que ça peut craquer !

Inlassablement, nous continuons à harceler Mendoza. Le truand le plus averti, devant nos questions toujours identiques, n'y résisterait pas. Mais lui sait que la partie est perdue s'il abandonne son système de défense. Il s'enferme dans un silence qu'il espère garder le plus longtemps possible. Il connaît la technique de l'interrogatoire. Il est devenu aphasique, avec une obstination qui nous crispe les nerfs.

Sûr de son fait, Baker ne lâche pas prise. Moi non plus. Nous nous relayons comme si nous avions un vieux compte à régler avec lui.

– Vous refusez donc de nous dire ce que vous faites dans cette région ? insiste Baker. Réfléchissez bien. Votre liberté est en jeu. Votre vie aussi.

Les yeux du Mexicain ne sont plus qu'une fente. Il fixe Baker, trouve aussitôt la parade :

– Si je vous le dis, vous n'allez pas me croire.

– Allez-y, dit Baker le menton relevé.

– Eh bien voilà. Depuis plusieurs mois, je cherche du travail. Alors je sillonne les États-Unis, du Nouveau-Mexique à la Californie en passant par l'Arizona. Comme je suis Mexicain, j'ai intérêt à rester dans des États où l'on parle espagnol et où on a besoin de main-d'œuvre pour les jardins ou la maçonnerie. C'est aussi simple que cela. Mes papiers sont en règle et mon permis de conduire prouve mon identité. Je suis aussi passé à San Antonio mais je n'ai pas trouvé d'emploi.

Baker m'adresse un rapide clin d'œil. La stupidité de la réponse ne lui a pas échappé. Le sheriff, lui, fait semblant de se contenter de l'explication.

Je demeure songeur, le dos au mur, près du râtelier d'armes, attendant la fin de cette mascarade. Plus tôt nous en viendrons à bout, plus tôt aurons-nous une chance de retrouver Patricia et de la rendre à Élisabeth, qui patiente dans sa chambre d'hôtel.

Ce calme trompeur est en fait chargé d'électricité. Les nerfs sont tendus. Ceux de Baker, sous son air impassible, ceux de Scott, les miens... Je m'approche de cette boule de graisse qui commence à m'échauffer les oreilles.

– Personnellement, dis-je, je ne crois pas un traître mot de ce que vous venez d'inventer. J'enquête sur le rapt de Patricia Tucson. Il s'est produit à Los Angeles, le jour d'Halloween, sur le parking du Farmer's Market. J'aimerais que vous me racontiez ce que vous savez là-dessus.

Mendoza a pivoté sur sa chaise. Si ses yeux étaient des lance-flammes, je serais carbonisé sur-le-champ.

– Qu'est-ce que c'est que cette histoire de rapt ? s'étonne-t-il, essayant de prendre Baker à témoin. Je ne comprends rien à ce que vous dites...

– Moi, je comprends fort bien, dis-je en le fixant à mon tour. Et j'ai la certitude que vous n'y êtes pas étranger.

Pablo se lève, le visage révulsé, mais quatre poignes solides le clouent sur son siège.

– Répétez, pour voir ! menace-t-il.

– Je maintiens que vous êtes un des ravisseurs et je vous en apporterai la preuve. Parlons de Scaglia, si vous voulez bien. Vous connaissez Victor Scaglia, je suppose ?

Au rouge du visage a succédé une pâleur subite. Mendoza a accusé le coup. Ce n'est pas le moment de le lâcher. Je poursuis.

– Scaglia est flic au LAPD. Il est surtout l'amant de votre sœur Aurora. Personne n'y verrait d'inconvénient si Aurora et lui ne s'intéressaient de près aux enfants mineurs. Et s'ils ne vous avaient pas entraîné avec eux dans le métier de kidnappeur. Un sale métier, mais que vous avez préféré à celui de chômeur. Parce que vous êtes sans emploi, Pablo Mendoza. Malgré vos fausses cartes de Social Security, vous n'avez jamais travaillé. Nous en parlerons tout à l'heure.

Mendoza se tourne vers le sheriff, hausse les épaules, se rassied en secouant la tête. Ce que je viens de dire lui semble si saugrenu, en tout cas si loin de lui, qu'il ne trouve rien à répondre. Pourtant, au mouvement rapide de sa glotte, j'ai vu qu'il était touché. C'est toujours ainsi, quand un suspect est en difficulté. Un bref mouvement de paupières, une langue qui passe sur des lèvres desséchées, la glotte qui amorce un mouvement ascensionnel tant l'émotion contenue est forte, donnent à l'observateur attentif la preuve qu'il touche au but. Mendoza, malgré sa résistance, n'échappe pas à la règle.

Je décide de poursuivre mon offensive, sous un nouveau clin d'œil d'encouragement de Baker.

– ... Pourquoi ne répondez-vous pas ? Il y a dix secondes, vous me menaciez. Mon propos vous semblait insolent. Et quand je vous parle de Scaglia et de fausses cartes, vous ne réagissez pas.

Si, il réagit. En niant tout, comme je m'y attendais.

– Parce que je ne connais personne de ce nom, et que je ne vois pas où vous voulez en venir.

– Dans ce cas, votre mémoire est vraiment défaillante ! Vous avez quitté votre logement de San Juan Capistrano après la visite éclair de Scaglia qui a entraîné votre sœur et ses valises dans sa planque de Los Angeles... Ce n'est pas moi qui ai écrit le mot qu'elle avait laissé sur la table à votre intention, si par hasard, vous n'aviez pas remarqué le chiffon-signal à la fenêtre !

Le masque de Mendoza se crispe. J'ai capté, dans l'œil, un éclair de désespoir. Il se demande d'où je tiens mes informations, mais il essaie encore de bluffer :

– C'est ridicule ! profère-t-il d'une bouche dédaigneuse. Je suis un honnête homme, catholique pratiquant. Je n'admets pas qu'on mette ma parole en doute...

Je saisis la balle au bond, l'interromps pour rectifier :

– Pourtant, vous avez souvent menti aux autorités officielles. Ne serait-ce que pour obtenir des permis de conduire, des cartes de crédit à des noms fantaisistes. J'en ai récupérés pas mal... Vos photos sont collées sur tous ces faux documents que j'ai déposés au FBI de Los Angeles.

Là, il perd pied, le nabot ! Il nous regarde à tour de rôle, sans rien trouver à répondre. Baker repart à l'attaque :

– Des enlèvements d'enfants, des meurtres ont été commis sur les instructions de votre ami Scaglia. Nous savons tout du rôle des uns et des autres, de vous, de votre sœur Aurora, de Scaglia, de Jesus Morales... Vous avez donc intérêt à nous dire la vérité, avant qu'il ne soit trop tard.

Mendoza commence à être sonné. Il semble que

ses yeux se rétrécissent encore. Je devine ce qui se passe dans sa tête : pourquoi diable a-t-il laissé traîner ses faux permis dans ses bottes où les flics les ont sûrement découverts ?

Il choisit de s'adresser au sheriff Scott, d'une voix qui se veut conciliante.

– Je ne comprends rien à cette histoire, sheriff, vous pouvez me croire. Puis-je téléphoner à mon avocat ?

– Vous téléphonerez quand vous aurez dit la vérité, dis-je en me plantant devant lui. Patricia est passée entre vos mains. Je veux savoir où elle se trouve actuellement.

Le front de Pablo s'est déridé, ses yeux ont repris une largeur normale.

– Je suis incapable de vous répondre, dit-il, presque désinvolte. Je n'ai jamais entendu parler de ça. Qu'est-ce que vous pouvez inventer pour faire tomber des honnêtes gens ! Quel cinéma !

La mesure est comble. Je ne puis me contenir.

– En fait de film, Pablo Mendoza, je vais vous raconter le scénario que je connais. Vous n'avez pas voulu dire où vous résidiez. Parfait. Vous m'expliquerez alors ce que vous faites au ranch de la Bonne Famille et ce qu'y fait votre sœur Aurora. Vous m'expliquerez aussi pourquoi votre sœur habite Mulholland, une cabane isolée appartenant à Victor Scaglia avec, au premier étage, une petite chambre donnant sur le canyon. Un enlèvement est un crime fédéral... puni de mort, Mendoza. Est-ce que vous savez ce que cela signifie ? Si vous refusez de collaborer, tant pis pour vous...

Je laisse en suspens la phrase lourde de menaces. Le front de Mendoza, ses joues, ruissellent de sueur. La peur, la haine, ou l'atmosphère tendue, suffocante, de la pièce ?

– Voyez-vous, dis-je d'une voix forte en me tournant vers le sheriff, j'ai tant d'éléments pour faire inculper Pablo Mendoza que ce n'est pas la peine de continuer. Qu'il décide de se taire, tant pis pour lui. Ce qui m'importait, c'était Patricia Tucson. Mendoza sait où elle se trouve. Alors, donnant-donnant. Sinon...

Mendoza a fermé les yeux. Il essaie d'évaluer le temps qu'il restera en prison si je mets ma menace à exécution. Le maximum, sans doute, car sa situation d'immigré ne plaidera pas en sa faveur. Les magistrats n'aiment pas les kidnappeurs d'enfants.

Je sens qu'il va lâcher quelque chose, un os à ronger, sans doute. Comme tous les bons menteurs, il sait qu'il faut doser la vérité et le mensonge. A moi d'apprécier sa proposition à sa juste valeur.

– Que voulez-vous que je vous dise ? demande-t-il, la voix sourde.

– Où se trouve Patricia. Nous avons suffisamment enquêté sur vous pour savoir que vous êtes un de ses ravisseurs. Vous devez nous dire ce qu'elle est devenue !

– Vous me parlez de choses que j'ignore.

– Alors, n'en parlons plus.

Mendoza respire profondément. A voix basse et très vite, comme s'il voulait que les paroles soient déjà oubliées :

– Je suis un clandestin, c'est vrai. C'est pour ça que je ne voulais pas donner mon adresse. Mais je n'ai pas enlevé d'enfant. Je suis dans la région en vacances, en même temps que pour chercher du travail... Au ranch j'ai le gîte et le couvert.

– C'est une pension de famille ?

– Non. Mais le propriétaire loue une chambre ou deux pour se faire un peu d'argent.

Il a repris une telle assurance que j'en arriverais à douter de sa culpabilité. Nous nous sommes trompés sur sa capacité d'encaisser les coups. Il est plus rusé que je ne le pensais.

– On reprendra tout ça dans un moment, dis-je en me levant. Je vous laisse réfléchir. Après, on changera sûrement de méthode. Il le faudra bien !

L'interrogatoire a repris. Les yeux de Pablo détaillent à tour de rôle les flics qui l'encerclent, le dévisagent telle une bête fauve. Son cou épais, sanguin, arrive à la hauteur du dos de son siège. Sa chemise débraillée laisse apercevoir une poitrine grasse et velue.

– Redressez-vous, ordonne Baker.

Pablo, tel un robot, s'exécute. Un sourire crispé s'est installé à demeure sur ses lèvres porcines depuis le début de l'interrogatoire. Il glisse à nouveau sur sa chaise. Baker persifle, d'une voix cinglante :

– Je vous ai dit de vous redresser. Est-ce que vous allez continuer à vous foutre de moi longtemps ? Si oui, debout et à poil.

La métamorphose de l'ancien du FBI m'a stupéfié. Je le connaissais gentil, calme, passif. Il se révèle un autre homme. L'œil dur, la voix sèche, impérative, le ton sans réplique. Le truand le plus aguerri ne devait pas peser lourd devant lui quand il était en fonction. Pablo le sent. Il a du mal à garder une attitude narquoise.

Baker, inlassable, recommence l'interrogatoire comme si le temps ne comptait pas. Je connais la technique mais il la pratique avec une obstination que j'admire. Les répliques fusent avec une telle vitesse que j'ai du mal à les suivre.

– On reprend tout à zéro, dit-il. Vous vous appelez ?

– Vous le savez.

– J'aimerais que vous me le disiez.

– Pablo Mendoza.

– Non.

– Mon permis de conduire, devant vous, est bien à ce nom. Ce n'est pas ma faute si je m'appelle Mendoza...

– Ce n'est pas la mienne si vous avez fourni un faux état civil au bureau de Colorado Boulevard. On ne vous a demandé aucune justification d'identité. C'est le drame de notre administration. Passons. Que fabriquez-vous dans ce coin de l'Arizona ?

– Je vous l'ai dit aussi. Je cherche du travail tout en prenant des vacances.

– Où ça ?

– Un peu partout. Le coin me plaît, alors je vais, je viens...

– Avec des cageots de bouteilles de vin dans votre 4 × 4 ?

– Ça m'arrive d'avoir soif. J'en donne aussi aux Indiens qui m'accueillent. Ce n'est pas défendu d'avoir soif !

– Vous pouviez vous approvisionner sur place... A Bisbee, à Tucson, à Nogales, à Tombstone... Pourquoi Douglas ?

– Comme ça...

– Ce n'est pas une réponse.?..

– Ce n'est pas non plus une question...

Baker, impassible, ne relève pas l'insolence. Il poursuit :

– Ça coûte cher, des vacances... Il faut manger, boire, mettre de la benzine dans votre moteur, coucher à l'hôtel ou chez l'habitant... Comment faites-vous pour régler tout ça ? Vous payez avec une carte de crédit ? En espèces ? Par chèque ?

– En espèces, toujours. Avec mes économies... Je vous ai dit que je vivais dessus. Quand il n'y en aura plus, tant pis !

Baker désigne le porte-billets sur la table.

– Elles n'ont pas l'air importantes, vos économies. Avec vingt-trois dollars, on ne va pas loin. Qui dit vacances et économies dit travail. On tourne en rond...

– Bon, puisque vous voulez savoir, je ramasse des balles dans les tournois de golf ou de tennis... Ça paie bien et le fisc ne peut rien dire.

– Et si on vous appliquait le troisième degré ? dit Baker, d'un ton calme.

– Je pourrais faire constater les marques des coups par le toubib et mon avocat.

Un sourire étire les lèvres de Baker.

– Et le ranch ? Tiens, parlez-moi donc du ranch où vous séjournez pendant vos vacances... Et où vous garez votre 4 × 4, près de la Toyota de votre sœur Aurora qui curieusement s'y trouve, elle aussi, en vacances.

Pablo a un léger mouvement de recul. Le visage de Baker touche presque le sien.

– ... Quand je dis votre sœur Aurora, reprend-il, je veux parler de la voiture de Scaglia, le flic pourri du LAPD. C'est à lui, la Camry. Un gangster, Scaglia. On l'a arrêté ce matin. Et on l'interroge actuellement au Federal Building. Vous ne le reverrez pas de sitôt, votre beau-frère de la main droite, avec tout ce qu'il a sur le dos. Sauf chez le juge. Il ne pensait pas à ça non plus quand il est venu chercher Aurora à San Juan pour la planquer à Mulholland. Vous non plus, d'ailleurs.

Pablo a tiqué. Ses mâchoires se contractent. L'interrogatoire prend une tournure à laquelle il était loin de s'attendre. Il tente une diversion :

– Elle habitait où, ma sœur, d'après vous ?

A mon tour d'intervenir. Je me poste devant Pablo dont le visage marque l'ahurissement.

– A Los Angeles. A Mulholland, on vient de vous le dire... Quand elle est tombée en panne d'alternateur, à Long Beach, le mécano du garage Toyota l'a raccompagnée chez Scaglia, à LA. Vous le connaissez, ce mécanicien, c'est un de vos compatriotes...

Pablo regarde le sol. Son éternel sourire fait maintenant peine à voir. Je poursuis mon avantage.

– Vous dites vous appeler Mendoza. Très bien ! Mais pourquoi pas Mapola, ou Gimenez, ou Sereno ? Ce sont les noms portés sur les permis de conduire qui vous ont été délivrés. Alors ! Seriez-vous parjure, Pablo Mendoza ?... Une seule chose à votre avantage : votre crédit était toujours couvert. Dites-moi, vous allez continuer longtemps...

Baker qui s'était un peu écarté de sa proie prend aussitôt le relais :

– ... à jouer au petit soldat ? Tout ce que vous avez déclaré et que j'ai enregistré peut se retourner contre vous. Votre nom, nous le connaissons. Ce que vous faites au ranch de Bisbee, nous le savons. Vos relations avec Scaglia, elles sont tirées au clair. En ce moment, il est sur le gril, Scaglia. Et d'après les tuyaux qu'on nous a déjà passés, il ne vous fait pas de cadeaux...

Pablo lève les yeux vers Baker comme s'il ne comprenait pas la portée de ses paroles.

– Quels cadeaux pourrait me faire un flic que je ne connais pas ? s'entête-t-il.

C'est d'un ton extrêmement calme que Richard distille sa réponse :

– Le cadeau de vous envoyer sur la chaise électrique. « Old Sparky », la vieille étincelle, ne demande qu'à accueillir votre volumineux fessier pour lui balancer ses 2 500 volts... A moins que vous ne préfériez la pendaison, ou l'intraveineuse comme au Texas.

Cette fois le regard se brouille...

– Je commence à en avoir par-dessus la tête de vos conneries, poursuit Baker. Je vais aller cueillir votre sœur. Quand on lui expliquera que Koo la Chinoise que vous croyiez avoir tabassée à mort a parlé, que Xiao, la femme de son oncle, a parlé, que son amant Scaglia, lui aussi, a commencé à parler, on verra dans quelle salade vous allez vous trouver. Vous pouviez profiter du statut de témoin. C'est la loi. Celui qui fait des révélations peut ne pas être poursuivi. Vous n'avez pas su en profiter. Tentative de meurtre sur la personne de Koo Trang Thu, crime fédéral de kidnapping d'enfant, ça va faire mal...

Maintenant Pablo n'a plus seulement les habits d'un cow-boy de foire, il a la tête, livide, défigurée. La tête d'un cow-boy pendu haut et court.

Baker lui donne le coup de grâce :

– Expliquez-nous pourquoi vous avez abattu votre ami Jesus Morales, celui qui s'était déguisé en Mickey pour enlever la petite Patricia Tucson, le jour de Halloween.

Il m'adresse un coup d'œil complice tandis que l'accablement se lit sur les traits de Pablo. Si seulement nous pouvions approcher du dénouement.

Pablo n'en mène pas large. Moi non plus. Allons-nous en finir ? Va-t-il lâcher le morceau, oui ou non ? On n'entend dans la pièce que son souffle rauque, précipité. Les détectives-malabars sont, comme le sheriff, en bras de chemise, les manches roulées au-dessus du coude.

– Vous n'êtes plus bavard, reprend Baker.

Pablo lève vers lui son visage décomposé. Ses yeux hésitants, asphyxiés comme des poissons privés de leur bocal, clignotent vers notre assemblée de bourreaux. La voix de Baker s'élève à nouveau :

– Vous n'êtes pourtant pas si dur que ça, espèce de con ! Il est difficile de se mettre à table, je sais, mais vous n'êtes pas stupide au point de vous taire et de préférer qu'on vous colle en cage pour un bon bout de temps avant de vous faire griller, plutôt que de profiter de la clémence de la loi...

Deux coups frappés à la porte stoppent la conversation.

– Oui ? hurle le sheriff. Qu'est-ce que c'est ?

Un de ses adjoints pénètre dans la pièce, tend un télégramme au sheriff qui le parcourt avant de le passer à Baker. Richard sourit, adresse à Pablo un regard compatissant, lui donne une tape sur l'épaule. Son attitude est si naturelle que le Mexicain ne peut se douter du subterfuge.

– Écoutez ça, dit-il. L'acte de contrition de votre ami Scaglia qui nous arrive tout frais de Los Angeles. C'est lui qui parle.

Richard prend son temps, ménage ses effets tandis que Mendoza, abasourdi, se demande ce qui va encore lui tomber sur le crâne.

– « La Toyota Camry 234-8719 est ma propriété. Je la prête à mon amie Aurora, 2856 Paseo Mapola à San Juan Capistrano, qui est en ce moment dans l'Arizona. C'est son frère Pablo qui a abattu Jesus Morales après l'enlèvement de Patricia Tucson. C'est également Pablo qui a assassiné Charlie Ngoc Dahn, l'oncle de Koo la Chinoise, à Manhattan Beach... C'est encore Pablo... »

Le Mexicain se lève d'un bond, hors de lui. Quatre mains puissantes le clouent à nouveau sur sa chaise. Il se met à hurler :

– C'est faux ! Je n'ai tué personne ! Je n'ai rien à voir avec ce flic pourri !

– Moi, je lis ce que raconte Scaglia, dit Baker. Si c'est inexact, vous le lui direz lors de la confrontation chez le juge. Qui prouvera que vous dites la vérité ? Scaglia est un vicieux. Il connaît la loi. Vous savez ce que vous risquez. La mort, puisqu'il s'agit d'un enlèvement d'enfant. Avec les preuves qui convergent sur vous, je crains que vous fassiez connaissance avec la rôtissoire. Tout le monde parle et vous êtes le seul à dire que c'est faux...

– Parce que c'est faux, je le jure ! Sur la Vierge, sur le Christ...

Je m'approche de lui, plante mes yeux dans les siens.

– Alors, c'est le moment de vous dédouaner. Scaglia est une crapule, tout le monde le sait. Vous n'êtes pas blanc-bleu non plus, mais pas un assassin, j'en suis sûr. Son intérêt, à Scaglia, est de vous faire payer à sa place. Quand vous avez enlevé Patricia, un cameraman amateur a filmé la scène. Scaglia a volé la bande video au siège du LAPD, mais il a seulement oublié qu'une copie avait été tirée. Je l'ai visionnée au Federal Building, avec Koo Trang Thu. Koo que vous avez essayé de tuer, mais qui est en vie. Elle vous a formellement reconnu. Inutile de nier. La seule chose qui puisse vous tirer d'affaire maintenant, c'est de nous faire retrouver Patricia. Tout dépend de vous. C'est votre vie que vous jouez, Mendoza.

Les épaules du Mexicain se tassent encore plus. Il baisse la tête. Un souffle sort de ses lèvres.

– Vous avez gagné. Je vais tout vous dire...

47

13 novembre, 19 heures, Douglas.

Il fait déjà nuit lorsque Mendoza quitte la Ford banalisée du sheriff qui l'a ramené à Douglas. L'orage gronde. Dans les rues détrempées, les éclairs prennent les flaques d'eau pour des miroirs. Quelques automobilistes drivent leur voiture amphibie avec la modération d'un candidat au permis de conduire. Les vitrines donnent à Broadway Street l'apparence d'une chenille lumineuse.

Pablo avance par bonds, d'auvent en auvent, se protégeant de son mieux jusqu'au 4 × 4 qui l'attend devant le rideau métallique du drugstore. Son stetson ruisselle, sa chemise est trempée et le cuir fauve de son pantalon s'est teinté de sombres auréoles. Une américaine, au passage, l'arrose copieusement en roulant dans une flaque.

Un dernier bond projette Pablo sur son siège. Il lance son chapeau sur le tapis de sol, s'ébroue, met le contact. Tandis qu'il fait ronfler le moteur à coups répétés d'accélérateur, la voix du grand flic blond résonne à ses oreilles : « Je lis ce que raconte Scaglia. Avec les preuves qui convergent sur vous, je crains que vous fassiez connaissance avec la rôtissoire... » Salaud de Scaglia ! Ordure de flic ! Et dire que cette idiote d'Aurora a ce type-là dans la peau !

Une bouffée de chaleur et de haine envahit Pablo. Il entrouvre la glace. Une rafale d'air frais mêlé de pluie le revigore. Le Mexicain dirige son véhicule vers le cœur de la ville, prend soin d'éviter le Civic Center où, sous le porche, un flic en uniforme tente de résister aux bourrasques. Entre deux bâtisses de style baroque, une allée se présente. Il s'y engage pour déboucher dans une rue parallèle à Broadway, où l'enseigne d'un restaurant de spécialités mexicaines clignote. Pablo se prend soudain à avoir faim. Puisqu'il est trop tard pour rejoindre le ranch où on l'attendait vers 5 heures et trop tôt pour agir conformément aux ordres des flics, autant calmer ses tiraillements d'estomac. Il se gare devant un magasin de poteries aux couleurs rutilantes, tombe en arrêt devant un sombrero brodé d'or et d'argent, juché sur une paire de bottes aux montants incrustés de pierreries. Instantanément, sa pensée vole vers celles qu'il a abandonnées à San Juan Capistrano, sans les soulager des faux permis qu'elles dissimulaient. Voilà où le conduit son imprudence ! Depuis quelques heures, il n'est plus qu'un détenu en sursis. Libre, mais prisonnier quand même, à cause de ce maudit bracelet que le Fédé lui a verrouillé sur la cheville droite, avant qu'il quitte le bureau de police.

– Qu'est-ce que c'est ce truc que vous me mettez ?

– Un émetteur miniature. Comme nous n'avons en vous qu'une confiance limitée, nous limitons les risques, s'il vous prenait l'envie de nous fausser compagnie. Ce bijou émet des ultra-sons. Une chaîne invisible, en quelque sorte. Écoutez...

Il avait eu le toupet de lui coller un écouteur sur l'oreille. Toutes les cinq secondes, les bip-bip gazouillaient avec une régularité de métronome.

– Je vais garder ça combien de temps ?

– Ça dépend. Et si vous essayez de l'enlever, un sifflement nous avertira, même à distance.

Pablo pousse la porte du Mexicana Restorante, s'installe à une table près de la fenêtre. L'établissement est désert. Il choisit une tortilla farcie et du guacamole, une purée épaisse d'avocat mélangé de chile, de tomate et d'oignon. Le vin que la serveuse à la figure anguleuse lui fait goûter lui semble bon.

– *Deseo telefonear a Bisbee,* dit-il.

Elle lui désigne un appareil posé sur l'extrémité du comptoir. Pablo se lève, frappe de son index les touches numérotées, attend la fin de la sonnerie. Il demande :

– *Aurora, haga el favor.*

– De la part de qui ? répond une voix féminine.

– Pablo.

Il y a un moment d'étonnement au bout du fil. Le souffle rauque, il attend la réponse. Il jette un coup d'œil derrière lui. Dans sa poche, ses doigts triturent sa pince à billets.

– Elle n'est pas là pour l'instant, Aurora. Il y a une commission à lui faire ?

– Où elle est ?

– Je ne sais pas. Dans sa chambre, peut-être. Ou dans la cour. Vous voulez lui dire quoi ?

Pablo découvre ses crocs en secouant la tête. Pourquoi cette mère maquerelle d'Olga veut-elle toujours tout savoir ? Il n'a jamais aimé la façon dont elle pose des questions. Ses minauderies de sainte-nitouche l'agacent. Qu'est-ce que ça peut lui faire à cette moucharde ce qu'il a à dire à Aurora ? Si elle s'imagine qu'il va lui faire des confidences sur ce qu'il a raconté aux flics, elle se trompe ! Elle s'en apercevra assez tôt.

– Dans la cour, avec le temps qu'il fait, ça m'étonnerait, dit-il d'un ton rogue. Prévenez-la simplement que je ne rentre pas dîner. Je suis avec un ami.

– Le vin ?

– Il est dans ma voiture, le vin. Vous ne pensez pas que je vais le boire, non ?

– Et le boîtier pour ouvrir la grille ?

– Je l'ai, le boîtier. Bonsoir !

Il raccroche, rejoint sa table, de mauvaise humeur, commande un café, puis un second. Il a le temps. S'il regagnait sa chambre avant minuit, Aurora lui tomberait dessus.

« Qui c'est cet ami, Pablito ? Je le connais ? Tu ne m'en as jamais parlé de ton ami. Il n'y a pas de danger, au moins ? »

Des questions, encore des questions ! Comme s'il avait toujours cinq ans ! Tandis que le café coule goutte à goutte dans le filtre, Pablo sent un étrange sentiment de découragement l'envahir. Il leur a tout dit, tout raconté aux flics, pour se libérer. Du début jusqu'à la fin. En déchargeant Aurora le plus possible. Mais a-t-il bien fait de parler ? N'aurait-il pas dû tenir sa langue plus longtemps ? Difficile, avec tout ce qu'ils savaient sur lui. Si Scaglia s'était tenu tranquille, ils n'en auraient pas su autant. Et lui, Pablo, ne l'aurait pas mouillé. Ni expliqué pourquoi Jesus Morales avait payé de sa vie sa défaillance. Il s'était soulagé, Pablo. Ce salopard de Scaglia avait voulu l'enfoncer ? Il allait voir ce que ça allait lui coûter !

Mendoza règle la note, s'achemine vers la sortie. Il pleut toujours. Il hésite. Que pourrait-il faire en attendant minuit ? Douglas est une ville gaie, d'habitude, pas comme Bisbee ou Tombstone. Avec des bars où l'on s'amuse, quand on a du dollar en poche. Avec ce temps pourri, les boîtes doivent être vides. Comme le restaurant. Ce qu'il a de mieux à faire, c'est s'installer dans son 4 × 4 et se reposer. Vers 11 heures, il prendra le chemin du ranch. Ce qui compte, désormais, c'est sa tranquillité. Le Fédé lui a donné lecture d'un article intéressant de la Constitution. De kidnappeur, il est devenu témoin. Dans le fond, elle a du bon, leur constitution, aux Gringos...

Pablo, optimiste, remet son moteur en marche.

Nous venons de couper la 90, Bisbee-Sierra-Vista. Nous roulons à la vitesse limite de la Jeep de commandement, compte tenu du rideau de pluie qui submerge le pare-brise. Les pneus crantés soulèvent des geysers de boue jaunâtre. Les essuie-glace patinent. Mes vertèbres n'en ont jamais tant enduré !

J'éprouve pourtant la satisfaction mêlée de crainte du flic qui touche au but. Pendant des jours, des semaines, des mois, on fouine, on cherche, on planque, on interroge. L'insuccès vous donne des envies de tout laisser choir. Et puis soudain, au moment où on ne s'y attend pas, la chance frappe à votre porte, l'étincelle surgit qui vous met sur une piste et vous restitue le désir de repartir en chasse en oubliant les déboires précédents.

C'est ce moment privilégié que je savoure, tout en maudissant cette nouvelle séance de tape-cul qui me secoue comme un prunier, ainsi qu'Élisabeth qui s'est accrochée à mon bras. J'aurais préféré la laisser à l'hôtel, mais comment la tenir à l'écart du dénouement si proche ?

– Quand ça craque, ça craque, avait prophétisé le sheriff, entre deux rasades de bourbon.

Je dirais, moi, que ça se déchire ! La nuit est tombée tout d'un coup, une descente verticale, vertigineuse du soleil, comme j'en ai rarement vue sous les Tropiques. Puis, les éclairs se sont succédé, traçant leurs zigzags de feu dans le ciel d'encre. L'orage d'une violence inhabituelle a englouti Tombstone sous des trombes d'eau. Maintenant encore, alors que nous godillons en pleine mesa, le feu d'artifice persévère, obligeant notre chauffeur à négocier au ralenti des virages qui longent les canyons tapissés de fougères géantes. Dans la lumière des phares, des blocs de rochers surgissent. Le tonnerre déchire les tympans. La foudre plonge à travers la végétation telle une bombe incendiaire dans les entrailles d'une base sous-marine. En pleine chevauchée fantastique, nous attaquons les derniers contreforts montagneux. La gaule-antenne de la radio de bord arrache quelques branches aux pins qui dégringolent, alignés, jusqu'aux rives bouillonnantes de la San Pedro River.

Richard Baker consulte sa montre lumineuse.

– A 8 heures, le chef du SWAT Team [1] a mis ses hommes en position sur les hauteurs qui dominent le ranch, dit-il. Les malheureux doivent nous bénir !

– S'ils ne se sont pas fait repérer, ce n'est que demi-mal, dis-je.

Sous l'arche d'un vieux pont, les eaux de la San Pedro caracolent, éclaboussant d'écume les roches à demi immergées. Nous contournons le squelette d'un arbre déraciné pour nous garer près d'une Land Rover de reconnaissance, aux codes voilés de bleu. Une silhouette courtaude, en uniforme et casquette bleu marine, portant un gilet pare-balles noir et armé d'une carabine Remington de gros calibre équipée d'un dispositif de visée de nuit s'en détache, nous adresse un salut décontracté, se présente :

– Lieutenant Parker du SWAT, sheriff. Tout est en ordre. La Toyota n'a pas bougé. Le 4 × 4 est arrivé à 23 h 10 et la grille s'est refermée électriquement derrière lui. Aucune allée et venue suspecte, depuis. Le manque de lumière dans le bâtiment principal nous paraît tout de même bizarre.

– Qu'entendez-vous par là ? questionne Scott, sur la défensive.

1. *Special Weapons And Tactics*, unités spéciales d'intervention de la police américaine, comparables à nos GIPN et GIGN.

– Qu'on se demande s'il y a quelqu'un d'autre que le chauffeur du 4 × 4 dans la propriété. Un petit gros, qui porte un chapeau de cow-boy. On l'a identifié à la jumelle infrarouge.

– S'il n'y avait personne, ronchonne Scott, on ne serait pas là. A cette heure-ci, ils roupillent tous !

Il se tourne vers Baker, poursuit :

– Combien de temps vous faut-il avant de donner l'assaut ? J'imagine qu'on ne va pas rester à planquer toute la nuit. Ou Pablo a dit vrai, ou il a menti. En le chatouillant un peu, il n'aurait pas été long à dire ce qu'il avait sur l'estomac. Vous êtes trop bon, ami Baker.

Puis Scott revient au lieutenant pour demander :

– Par où peut-on passer sans attirer l'attention ?

– Premier sentier à gauche, sheriff. Un cul-de-sac domine la cuvette du ranch. J'y ai deux hommes, en surveillance.

– On y va.

La Jeep effectue un demi-tour, suit le cours de la rivière, en aval, bringuebale sur le chemin caillouteux. Les éclairs accompagnent notre progression. Un décor de science-fiction ! A mesure que nous approchons du ranch, le nœud des virages se resserre.

– Sans vous commander, dit Richard en se tournant vers moi, j'aimerais que vous restiez ici, avec Mrs Tucson. Je vais avancer encore un peu. Par le sous-bois on doit atteindre la clôture.

Scott hoche la tête à plusieurs reprises, marmonne dans le tuyau de sa pipe :

– Et après ? Comment allez-vous faire pour pénétrer dans cette tanière, avec la grille électrifiée ?

– Nous n'avions pas l'intention d'entrer, dis-je. Du moins pas dans un premier temps. C'est Pablo Mendoza qui va sortir. Avec les gosses.

Il grommelle, par principe, quelques mots inintelligibles, se calme pendant que le pilote qui a engagé son véhicule sur un terre-plein herbeux, à l'abri d'un roc de granit, coupe le contact. Je saute à terre, aide Élisabeth à descendre. Comme par miracle, la pluie a diminué d'intensité. Les nuages courent vers le sommet des montagnes, à l'est, et par intermittence, une trouée de ciel clair apparaît.

Accroupis à l'abri d'un taillis, nous découvrons à une centaine de mètres en contrebas la large cour éclairée du ranch. Richard lève le pouce en signe de confiance et s'éloigne dans l'obscurité. C'est le moment crucial. Mes espoirs vont se concrétiser. Ou s'évanouir dans cette nuit d'orage.

– Mendoza ne devrait plus tarder, dis-je. Dès que le courant sera coupé, la grille ne posera plus de problème. Sauf celui de l'escalade.

Scott garde un instant le silence, puis goguenard :

– Et qui va le couper, le courant ?

– Lui. Il a la possibilité d'enlever les fusibles. Il suffit de les trouver !

– Et s'il ne les trouve pas ? dit Élisabeth à mi-voix.

– On verra. Il ne voulait pas que sa sœur se doute de sa collaboration avec nous. L'ouverture de la grille déclenche une sonnerie dans le pavillon. Une fois aurait paru normale. Deux pouvaient donner l'alerte.

– On aurait pu entrer dans la place avec lui, rétorque Scott, toujours irrité.

– Patience, dis-je. Il sera temps d'employer les grands moyens si Pablo ne se manifeste pas. Ça m'étonnerait qu'il se dégonfle avec ce que Baker lui a collé à la cheville. La preuve, le voilà qui apparaît dans la cour. Regardez.

Pablo s'exhorte au calme. Il se répète que ses fâcheux pressentiments ne sont pas fondés, qu'Olga et Aurora dorment et que les flics tiendront parole.

Les épaules tassées, il longe le dortoir, se dirige vers l'entrée du garage où, dans un coffret métallique, sous le compteur, est fixé l'interrupteur général de courant. La pluie qui s'est remise à tomber fouette son visage. Le pavé luisant, le bâtiment principal aux volets fermés, la Toyota de cette ordure de Scaglia, la petite Tucson qu'il tient par la main et qui, abrutie par les drogues, le suit docilement, tout ce spectacle noyé dans la grisaille de la nuit ne lui parvient qu'au travers d'une sorte d'écran d'hébétude. Si on l'interrogeait, à ce moment précis, il dirait qu'il rêve, dans une salle de cinéma, devant un film de série noire. Pourtant il avance, de toute la vitesse de ses courtes jambes. Et, sous ce rêve éveillé, une idée l'obsède : les flics seront-ils là ?

– Minuit, minuit et demi dernier carat, lui a ordonné le sheriff avant de le faire reconduire à Douglas, où l'attendait son 4 x 4, gorgé de pluie. Sinon, on déclenche le carnage. Ils ont été trop bons avec vous, les Fédés ! Si c'était moi qui avais eu l'affaire...

Parvenu au commutateur, Pablo l'abat d'un coup sec, et la cour est plongée dans l'obscurité.

L'angoisse, la frayeur assaillent à nouveau son cerveau. Pablo secoue les épaules, se ressaisit, presse un peu plus le pas. « Minuit, minuit et demi ! » Il a l'impression que tant qu'il ne sera pas sur la clôture, dont il aperçoit maintenant le muret de base, il se trouvera exposé, sans défense. En quelques secondes, le paysage ingrat, qu'éclairait faiblement le lampadaire de la cour, se transforme en un monde hostile, peuplé d'ennemis. Patricia, les yeux agrandis par la peur, fixe son visage saturé de pluie, dégoulinant, décomposé. Le visage d'un traqué.

Soudain, une brusque traction sur sa main le fait se retourner. Il pousse un juron. Elle a glissé dans une flaque d'eau. A travers les gouttes qui cinglent ses paupières, il l'entrevoit à peine. Elle patauge, la jupe relevée, les jambes maculées. Ses genoux sont couronnés.

– Si tu ne te dépêches pas, on ne sera jamais à l'heure, bougonne-t-il. Viens vite, ta maman t'attend.

Elle se relève avec peine, sans rien dire, frissonnant. Pablo s'en veut, tout d'un coup, d'éprouver de la tendresse pour cette fillette qui s'essouffle, le teeshirt plaqué au corps, les yeux hagards. Il ralentit l'allure, la soutient par le bras. Des bidons d'huile, des pneus de voitures et de tracteurs, un compresseur à pistons, des accumulateurs hors d'usage, obstruent le passage. De l'autre côté de la clôture que Pablo n'avait jamais vue si haute, des ombres attendent.

Adossé contre le pilier de soutien, il écarte les pieds pour se mettre d'aplomb, joint les mains. Patricia a compris. Ce grillage à franchir, c'est la porte de la liberté. Elle plante un pied dans le tremplin formé par les doigts entrelacés, serre le cou de Pablo, se détache du sol.

– Tu accroches le grillage à l'endroit du poteau et tu grimpes sur mes épaules.

Patricia s'exécute. Mais ses mains sont encore loin du faîte. La dureté coupante du métal la fait grimacer.

– Sur ma tête, qu'est-ce que ça donne ? murmure Pablo.

Le faisceau puissant d'une torche électrique illumine un instant les deux êtres soudés verticalement, les mains du Mexicain rivées aux chevilles de la fillette. Les pieds de Patricia tâtonnent, glissent sur le crâne de Pablo qui raidit les muscles de son cou. Il est rassuré, les flics sont là.

– Tu y arrives ?

– Non, gémit Patricia. Il manque beaucoup.

– Attends...

Le Mexicain pivote lentement sur les talons, se place face au pilier. Il distingue, par-delà le grillage, des formes indécises, qui se détachent à peine d'un massif. Une fois encore, la torche lance un éclair qui s'évanouit aussitôt.

– Je vais grimper sur le muret et on va coordonner nos mouvements, dit Pablo. Quand j'annoncerai un, tu agripperas le grillage par les mains et les pieds, le temps que je monte. Après tu te poseras sur ma tête. On recommencera autant de fois qu'il faudra jusqu'en haut du grillage.

Enregistrant un soupir d'acquiescement, il élève son pied droit, cale de biais sa chaussure sur le béton, plie légèrement la jambe gauche pour mieux asseoir sa détente.

– Tu y es ? Un...

Il sent, d'un seul coup, son crâne se libérer. Il s'agrippe au fil de fer, amène vivement le pied gauche à la hauteur du pied droit. Quand Patricia reprend appui, il s'arc-boute.

– Alors ?

– Encore un peu, souffle Patricia.

Pablo se déchausse, enlève ses chaussettes, cale son gros orteil dans un interstice du grillage. Il glisse ses phalanges entre les fils qui les cisaillent, fait un nouvel effort.

– Ça y est, crie Patricia à la seconde tentative.

Une traction des bras et elle amène les épaules à la hauteur de ses mains. Elle passe une jambe, puis l'autre, mais elle se met soudain à hurler :

– Non, non, j'ai peur, je vais tomber !

– Tais-toi ! ordonne Pablo, horrifié. Ne bouge plus, j'arrive.

Avec l'agilité d'un singe, malgré son poids, il atteint le haut du poteau, enfourche le grillage. Une jambe d'un côté, une de l'autre, il réussit à maintenir l'équilibre, à presser la fillette contre lui. Il reprend son souffle. A ses pieds, les ombres ont quitté le fourré. Un homme tend les bras.

– Tu me donnes tes mains et tu serres très fort les miennes, dit Pablo. Ensuite tu te laisses pendre. Tout ira bien, tu verras...

Patricia se cramponne à lui, se met à nouveau à hurler.

– Non ! J'ai peur !

Il lui prend les poignets, la repousse, se plie en deux. Patricia, les jambes dans le vide, se débat. Sa gorge exhale une plainte. Une pointe de fil de fer a labouré sa cuisse, au passage. Le sang goutte sur le visage de Baker qui s'est précipité, les bras levés.

– Lâchez-la, je la tiens ! ordonne-t-il.

Ses mains puissantes recueillent Patricia. Pablo respire, soulagé. Il a rempli la première partie de son contrat. La petite Tucson est libre. Sa peur, ses souffrances s'éloignent à une vitesse vertigineuse. Il retrouve tout d'un coup une sérénité qui l'avait depuis longtemps abandonné.

La seconde partie du contrat va se dérouler comme la première. Plus facilement, sans doute, car les deux autres filles sont un peu plus âgées que Patricia. Donc un peu plus lestes, et surtout plus volontaires. Pour le moment, elles attendent, cachées sous des bottes de foin, dans la grange. Si les cris de la fillette n'ont pas alerté Aurora ou Olga, tout va se dérouler comme il l'avait laissé entendre aux flics. Mais que tout aurait été facilité s'il avait eu à sa disposition l'échelle que cette garce d'Olga a enchaînée au pilier du garage !

Pablo entreprend avec précaution la descente de son perchoir. Les mailles du grillage achèvent d'engourdir ses mains ensanglantées. Il ne peut retenir un juron lorsque le pouce de son pied droit reste coincé entre deux anneaux de fil de fer qui se sont resserrés sous la pression de son poids. Le pied gauche dans une large flaque d'eau, il tente de se délivrer de cette tenaille douloureuse qui le retient prisonnier.

Aurora Mendoza tend l'oreille. Il lui a bien semblé, tout à l'heure, percevoir un cri d'enfant, malgré le grondement du tonnerre et le martèlement incessant de la pluie contre le toit et la fenêtre de sa chambre. Hésitante, elle se lève, écarte les rideaux... Quelque chose lui paraît anormal. Il ne lui faut que quelques secondes pour réaliser que c'est l'obscurité de la cour qui est inhabituelle. Le projecteur central est éteint.

En plissant les yeux, il lui semble percevoir une agitation, là-bas, près du grillage !

Sans plus réfléchir, la Mexicaine agrippe un imperméable et se rue hors de sa chambre. Elle court sous le patio, refermant son poing sur la crosse d'un petit Smith & Wesson 4.38 Centennial que lui avait confié Scaglia, traverse en quelques enjambées la zone à découvert qui la sépare du commutateur central et l'enclenche d'un coup sec.

La cour, brusquement, s'embrase. Aurora, éblouie, ferme les yeux, mais un cri aigu, déchirant, la fait sursauter. Là, près du grillage, un homme s'effondre, le corps agité d'atroces convulsions, la jambe droite retenue par le treillis métallique. Une immonde odeur de chair grillée parvient jusqu'à ses narines.

Brutalement, le corps de l'homme s'arc-boute puis retombe, inerte, dans une flaque de pluie. Le visage roule sur le sol et les yeux sans vie viennent se braquer sur elle. Ce n'est qu'alors qu'elle reconnaît Pablo.

Hurlant de rage ou de douleur, elle court droit devant elle, brandissant son arme.

Soudées l'une à l'autre, leurs visages ruisselant de

larmes, Élisabeth et Patricia se sont retrouvées. Je n'ai pu empêcher la mère de s'élancer, indifférente à tout, au moment où sa fille franchissait le grillage. A l'instant où je les rejoins, j'aperçois en un éclair la silhouette décharnée d'Aurora Mendoza, traversant la cour baignée de lumière.

BAISSER DE RIDEAU

Paris, 4 mai, 10 h 35.

C'est une journée douce et sereine, une journée comme je les aime, bénissant le retour des hirondelles, l'éclosion des bourgeons, les jambes fines des Parisiennes sous les robes légères. On a beaucoup chanté avril au Portugal mais rien ne vaut Paris au mois de mai. Que sa patronne, sainte Geneviève, soit remerciée de me faire don d'une si belle matinée de printemps. Le ciel est éblouissant de lumière et je me sens plus en condition que jamais. Je sifflote, en me rasant, une chansonnette de mon répertoire. Un coup d'eau de toilette et je suis prêt à affronter autant la ville que la rogne de mon éditeur à qui je n'ai pas remis mon dernier manuscrit en temps voulu. J'ouvre la fenêtre, respire largement un air moins pollué que celui de Los Angeles, fais jouer mes muscles.

Soudain, la sonnerie du téléphone vrille mes oreilles. J'empoigne l'appareil tandis qu'une voix enjouée questionne à l'autre bout du fil :

– Je ne vous dérange pas, au moins ?

– Non, non, dis-je tandis que je m'efforce d'identifier cette voix à l'accent chantant qui ne m'est pas inconnue.

– Patricia et moi sommes ici pour la journée. Si vous n'êtes pas trop occupé, on pourrait peut-être se voir ?

Je reprends vite mes esprits. Élisabeth Tucson à Paris ! Pour une surprise, c'est une surprise.

– Avec joie. Où êtes-vous ?

– Hôtel Molière, en face du Luxembourg. Patricia passe des tests chez un neurologue de la rue de Vaugirard entre midi et deux heures. Il n'avait pas d'autre rendez-vous à me proposer. Si vous n'êtes pas libre, n'en parlons plus.

C'est un appel indirect où je ne m'y connais pas. Un court moment de réflexion puis :

– Vous connaissez *Chez Marie ?*

– Non. Qu'est-ce que c'est ?

– Un petit resto de la rue Servandoni, presque à l'angle de Vaugirard. Une heure moins le quart, si vous voulez. On déjeune ensemble.

Le coq au vin au bouzy, la rosette d'agneau à l'estragon et la mousse glacée aux noisettes font du restaurant *Chez Marie* un refuge du monde littéraire et artistique. Marie, la propriétaire-maître queux, viendrait-elle à le quitter, toutes les pièces de l'édifice des arts et des lettres du quartier Saint-Germain s'effondreraient peut-être comme un jeu de construction auquel on ôterait une cheville.

Je suis en avance. L'établissement est tranquille. Quelques banquettes de cuir rouge sont occupées mais ce n'est pas encore la ruée des habitués de cette salle tuyau de poêle dont les murs s'ornent d'affiches et de cadres de la Belle Époque. C'est le moment de calme que j'apprécie. J'ai le temps de rêver. Je m'installe à la table que j'ai réservée et que me désigne une jeune et jolie serveuse. Au bar, deux femmes que Marie a accueillies en les embrassant ont pris place sur les hauts tabourets. Deux attachées de presse sûrement puisque la conversation roule sur Ex-Libris.

La voici, Élisabeth, exacte au rendez-vous, souriante, détendue, impressionnante dans un tailleur Saint-Laurent qui enserre ses formes. Elle centralise tous les regards. Je me lève, viens à sa rencontre, l'embrasse, l'entraîne à ma table. Si j'en juge par la joie qui éclate sur son visage, elle a l'air ravie de me retrouver. Quel contraste avec la femme angoissée, torturée, qui m'avait accompagné à Bisbee cinq mois auparavant! La récupération de Patricia l'a transformée.

– Heureux de vous revoir dans une forme aussi éblouissante, dis-je. Le climat provençal, sans doute ?

– La sérénité depuis que j'ai quitté LA, plutôt. J'y avais trop souffert. Vous avez su pour John ?

– Ma foi non. Que lui est-il arrivé ?

– Il s'est remarié avec une chanteuse de rock qui l'a plaqué deux mois après.

– Et sa secrétaire de Brentwood ?

Élisabeth éclate de rire.

– Quand elle a vu qu'il la trompait, elle l'a plaqué aussi. Elle est venue un jour me raconter toutes ses fredaines. Ça ne m'intéressait pas mais ce que je n'ai pas entendu, elle me l'a écrit. Une folle jalouse. Dire que je le soupçonnais d'avoir enlevé sa fille et qu'à cause de moi vous avez passé une nuit au poste...

– Entre une pute et un clochard, dis-je. Mais il faut avoir goûté à tout, dans la vie.

Marie a pris la commande et s'est éloignée. Élisabeth pose sa main sur la mienne.

– Je n'oublie pas ce que vous avez fait, dit-elle avec un je ne sais quoi de tendresse ou de reconnaissance dans le ton. Mon père non plus. A propos, vous ne lui avez jamais adressé votre note d'honoraires!

– N'en parlons plus. Patricia, donc ?

Le visage redevient sérieux. Sa main quitte la mienne.

– Son kidnapping l'a beaucoup traumatisée et les toubibs du Cedars-Sinaï Medical Center m'ont conseillé de changer d'air. Nous avons définitivement quitté Kings Road. John, bien sûr, voulait s'opposer au départ mais, pris par ses amours tumulteuses, il a finalement dû s'y résigner. Mon avocat m'a beaucoup aidée. Vous ne connaissez pas non plus la meilleure ?

– Comment le pourrais-je ? Je ne vous ai revue qu'une seule fois depuis notre excursion à Tombtone et Bisbee...

– Il m'a redemandée en mariage quand il est venu voir Patricia à Aix-en-Provence. Soi-disant pour l'équilibre de ma fille. J'ai refusé. J'ai trop vécu l'enfer en sa compagnie.

– Et maintenant ?

Elle me décoche un clin d'œil complice.

– Maintenant rien. Tant que Patricia ne sera pas complètement remise de son traumatisme... Le rapt l'a perturbée à un point que vous ne pouvez imaginer, surtout la nuit où vous êtes tous intervenus. L'électrocution du Mexicain, les cris de sa sœur, ceux de la demoiselle Olga... Quelle histoire !

Quelle histoire, en effet ! En cette nuit d'orage, tous les mauvais esprits de l'univers se sont donné rendez-vous au-dessus de nos têtes. Spectacle grandiose, hallucinant, cette succession d'éclairs qui incendient les montagnes, dessinent sur les nuages lourds de pluie des dômes et des cratères que le jeu des ombres transforme en allégories mystérieuses, angoissantes. Mon regard est rivé sur Aurora, femme démon, vibrante de haine dans la cour du ranch, le pistolet à la main, fouettée par la pluie. L'anxiété me ronge. Se rangera-t-elle aux sommations que le porte-voix du lieutenant du SWAT lui a transmises ? Bizarre, insupportable état de tension.

A quelques mètres d'elle, au pied du muret, Pablo gît comme un pantin désarticulé. Et derrière le grillage, le sheriff, Baker et moi, dans l'attente du dénouement de cette tragédie. Trempés, nous aussi. Patricia, elle, a retrouvé sa mère qui pleure, qui pleure...

Un rayon lumineux, émanant d'un puissant projecteur, vient brusquement encadrer la silhouette d'Aurora qui, en guise de réponse, ajuste son tir dans sa direction. La détonation paraît bien timide à côté du fracas de tonnerre qui déchire les oreilles à ce moment même. La riposte ne se fait pas attendre. Un second craquement, semblable à celui d'un drap qu'on arrache, couvre le miaulement d'une balle. Frappée de plein fouet, Aurora écarte les bras, exécute un saut de carpe et retombe, inanimée, sur le sol. Quelques soubresauts de son corps avant l'immobilisation définitive. Je suis stupéfié. Mais en Amérique, la police n'a pas l'habitude d'être tenue en échec.

Déjà, les hommes du SWAT ont pratiqué une brèche dans le grillage, investi le ranch, délivré les autres enfants terrorisés par l'action. Le temps de me retourner, Baker a disparu. Il est là-bas, sur le faîte de la grille d'entrée qu'il escalade pour se précipiter vers le bâtiment central d'où il surgit en compagnie de la directrice en chemise de nuit.

– Une opération comme ça, ça ne peut que s'arroser, conclut le sheriff en guise d'oraison funèbre. Chapeau, messieurs.

Le déjeuner se termine. Il n'est pas dans mes intentions de refuser le dessert maison. Élisabeth, elle, par souci de sa ligne, écarte la proposition de la jeune serveuse.

– Qu'est-il advenu de cette femme qui tenait le ranch? demanda-t-elle.

– Olga ?

– Oui, c'est ça.

– Elle a été reconnue coupable de complicité d'enlèvement d'enfants et de sévices sexuels, dis-je. Suffisamment pour qu'elle ait des comptes à rendre à la justice.

– La loi américaine, vous savez, quand on accepte de témoigner...

– D'accord, mais elle avait d'autres délits sur la conscience. Ce que la Cour retiendra, ce sont les aveux qu'elle a faits au FBI et surtout les éléments qu'elle lui a fournis pour le démantèlement de ce gang qui, malheureusement, ne doit pas être unique. Grâce à elle, un bon coup de filet a été opéré à San Antonio chez un certain Harry Cheesman, alors en pleine activité pornographique...

– Et Briggs ?

– Vous avez dû suivre l'affaire dans les journaux, à l'époque. Malheureusement, si Sydney, le propriétaire du ranch de la Bonne Famille, a pu être arrêté dans son magasin d'antiquités de Melrose, il n'en a pas été de même de Christopher Briggs, mystérieusement averti de l'opération en cours. Aux dernières nouvelles, il aurait trouvé refuge chez un de ses clients, en Arabie saoudite. Quand on pense que son homme de main était un flic pourri !

– Pumpkin ?

Je soulève une épaule en signe de dénégation.

– Non pas Pumpkin, le malheureux ! Celui-là vous avait interviewée sitôt la disparition de Patricia au Farmer's Market. Un brave homme, le gros Bill. Non, le pourri c'était Victor Scaglia, un agent de son groupe. Abattu par un cambrioleur qu'il tentait d'appréhender dans une réserve de vêtements de South LA, selon la version de Pumpkin, qui était à ses côtés.

Le sourcil d'Élisabeth se fait interrogateur.

– Pourquoi ? Il y aurait une autre version ?

D'un geste de la main, je balaie la question.

– Officiellement, non. Mais pour moi, pour Baker, pour le capitaine Spencer et pour Willis, le Supervisor du FBI, tout est bien qui finit bien. L'honneur de la police est sauf.

» Il faut toujours que l'honneur de la police soit sauvegardé, Élisabeth !

Los Angeles 1989
Paris 1990

TABLE

Cet ouvrage a été réalisé sur
Système Cameron
par la SOCIÉTÉ NOUVELLE FIRMIN-DIDOT
Mesnil-sur-l'Estrée
pour le compte des Presses de la Cité
8, rue Garancière, 75006 PARIS

Imprimé en France
Dépôt légal : mai 1990
N° d'édition : 5841 – N° d'impression : 14585